Dieter Wandschneider

Grundzüge einer Theorie der Dialektik

Rekonstruktion und Revision
dialektischer Kategorienentwicklung
in Hegels ,Wissenschaft der Logik'

Klett-Cotta

Klett–Cotta

Printed in Germany
Schutzumschlag: Klett–Cotta–Design
Gesetzt aus der 10 Punkt Baskerville von
kcs kochcomputersatz, Hildesheim
Auf säure- und holzfreiem Werkdruckpapier
gedruckt und in Fadenheftung gebunden von
Ludwig Auer, Donauwörth
Einbandstoff: Garantleinen

Die Deutsche Bibliothek – CIP-Einheitsaufnahme
Wandschneider, Dieter:
Grundzüge einer Theorie der Dialektik.
Rekonstruktion und Revision dialektischer Kategorienentwicklung
in Hegels ,Wissenschaft der Logik' / Dieter Wandschneider –
Stuttgart: Klett-Cotta, 1995
ISBN 3-608-91748-9

Vittorio Hösle in Freundschaft
und spekulativer Verbundenheit

Inhalt

Vorwort

Ihren Ausgang nimmt die vorliegende Untersuchung von Hegels ‚Logik', um diese sodann auch kritisch in Frage zu stellen. Der Titel – ‚Grundzüge einer Theorie der Dialektik' – ist anspruchsvoll, doch zumindest für das hier Intendierte zutreffend. Dieses selbst, das ist mir bewußt, kann, angesichts ambitiöser, aber darum nicht schon gelungener Versuche, als ein zweifelhaftes Unternehmen erscheinen, dem gegenüber Skepsis angebracht sei. Auf solche Skepsis ist der Text eingestellt. Die hier entwickelten Überlegungen suchen nicht das schützende Dunkel esoterischen Räsonierens, sondern immer wieder und vor allem Klarheit. Inwieweit dieses Ziel erreicht wurde, muß sich erweisen. Mein Anliegen war es jedenfalls, durch größtmögliche Explizitheit der Formulierung die *Stringenz* dialektischer Argumentation sichtbar zu machen. In diesem Sinn sollte der vorliegende Text eigentlich aus sich verständlich sein, d.h. man sollte ihn verstehen können, ohne Hegelexperte zu sein. Anderseits[1] ist zu sagen, daß die Teile 2–5 konstitutiv aufeinander aufbauen, sodaß die jeweils späteren sich vermutlich nicht schon versiertem Durchblättern erschließen.

Die Frage, was Dialektik sei, ist bisher außerordentlich kontrovers diskutiert worden und insoweit noch ohne befriedigende Antwort. Das ist eine unerfreuliche Situation: Nicht nur daß damit unqualifizierter Polemik Tür und Tor geöffnet ist; auch das objektiv-idealistische Programm Hegels ist so sehr mit der Möglichkeit einer dialektischen Logik verknüpft, daß es mit dieser steht und fällt. Es ist daher ein dringliches Desiderat, über die *Stringenz* dialektischer Argumentation Klarheit zu gewinnen. Das aber ist nur auf der Grundlage einer *Theorie der Dialektik* möglich. Damit ist das Anliegen dieser Untersuchung bezeichnet, wobei es hier insbesondere um die Begründung eines *ausweisbaren Verfahrens* dialektischer Kategorienentwicklung geht. Eben dieser methodische Aspekt war bislang, kann man sagen, das eigentlich ungelöste Problem. Hier wird nun gezeigt, daß und in welchem Sinn *antinomische Strukturen* dafür von zentraler Bedeutung sind. In grundsätzlicher Hinsicht ist damit das Projekt einer *Selbstrekon-*

---

[1] Bei den Schreibweisen ‚anderseits', ‚sodaß', ‚darüberhinaus', ‚garnicht', ‚zugrundeliegend' u.a. handelt es sich im folgenden um bewußte Abweichungen von der Dudennorm.

struktion der Logik in Angriff genommen, das seinerseits im programmatischen Rahmen eines ‚objektiven Idealismus' zu sehen ist.

Für mich gewinnt in dieser Untersuchung eine langjährige Auseinandersetzung mit dem Problem der Dialektik monographischen Ausdruck. Mein Ausgangspunkt war die Lektüre der ‚Phänomenologie des Geistes' als Student. Wochenlang suchte ich dem Geheimnis der Dialektik am Beispiel der ‚Sinnlichen Gewißheit' und ‚Wahrnehmung' auf die Spur zu kommen – wie ich gestehen muß: vergeblich. In der Tat ist die phänomenlogische ‚Erfahrung des Bewußtseins' so sehr mit empirisch-konkreten Elementen (‚hier', ‚jetzt', ‚dieses', ‚Ding' usw.) verquickt, daß der logisch-kategoriale und methodische Charakter dialektischer Begriffsentwicklung von daher schwerlich faßbar wird. Die nachfolgende Beschäftigung mit Hegels ‚Logik' freilich ließ mich eher noch ratloser zurück – eine Ratlosigkeit, die auch in vielen ‚Logik'-Exegesen mit Händen zu greifen ist. Diese Not, in der besonders der ist, der Hegels Philosophie Relevanz zutraut, hat den Wunsch, Licht in das dialektische Labyrinth zu bringen, immer wieder bestärkt und erneuert. Wesentlich gefördert sehe ich mich in diesem Anliegen durch Arbeiten von W. Wieland, D. Henrich, K. F. Fulda, T. Kesselring und V. Hösle.

Ein Wendepunkt im Zug meiner eigenen Bemühungen um das Problem der Dialektik ist durch eine – schon 1986 abgeschlossene, aber erst kürzlich erschienene – Untersuchung zum Antinomienproblem markiert (Wandschneider 1993a). In diesem Zusammenhang wurde mir der Charakter *antinomischer Strukturen* und zugleich *deren Relevanz für eine Theorie der Dialektik* deutlicher erkennbar. Mehr oder weniger explizite Hinweise darauf, daß die Dialektik Antinomisches enthält, finden sich schon bei Hegel selbst und dann auch in neueren Arbeiten (z. B. Kulenkampff 1970, Henrich 1976, 1978 und besonders Kesselring 1984). Mein eigener Ansatz verfolgt diese Denklinie weiter in Richtung auf eine ausgearbeitete *Theorie der Dialektik*. Ich glaube, daß sich – um zwei notorische Probleme einer Dialektiktheorie zu nennen – von den hier entwickelten Überlegungen her klärt, i*n welchem Sinn der Widerspruch in dialecticis zugelassen ist* (und zugelassen werden *muß*) und *welche Funktion er dabei für den Prozeß kategorialer Synthesebildung hat.* Damit sind in der Tat zentrale Punkte des Dialektikproblems bezeichnet, ohne deren Aufklärung keine Theorie der Dialektik zu haben ist. Daß der vorgelegte Entwurf nur ein erster Ansatz zu einer solchen Theorie ist, der weiterer Diskussion und Ausarbeitung bedarf, ist mir nur zu bewußt.

Die Untersuchung gliedert sich in *sechs Teile*: Nach einer einleitenden Charakterisierung des objektiv-idealistischen Philosophieentwurfs als dem Horizont Hegelscher Dialektik sowie der ihr zugrundeliegenden Idee (1.) folgt eine Analyse antinomischer Strukturen (2.), um von daher das Instrumentarium für das Verfahren dialektischer Kategorienentwicklung zu gewinnen. Diese wird sodann als Rekonstruktion und zugleich auch Revision der Hegelschen Argumentation durchgeführt und umfaßt in Hegels ‚Logik' etwa die ‚Logik der Qualität' (3.). Es folgen allgemeine Überlegungen zu systematisch-methodischen Fragen des entwickelten Ansatzes (4.) und zu globalen Aspekten eines Systems dialektischer Logik (5.). Die Arbeit schließt (6.) mit dem Versuch einer Selbstvergewisserung hinsichtlich der Stringenz dialektischer Argumentation, ihres eigenen logischen Status und des systematischen Orts dieser Untersuchung selbst.

Das Buch ist *Vittorio Hösle* gewidmet. Entscheidende Einsichten zu Hegels Philosophie und, wie der Text ausweist, insbesondere zur Möglichkeit von Dialektik verdanke ich dem langjährigen, freundschaftlichen Austausch mit ihm. Herzlich gedankt sei ihm auch für die Durchsicht und Diskussion einer früheren Manuskriptversion. – Viel bedeutet haben mir Gespräche mit Christian Stetter (Aachen) über sprachphilosophische Probleme und die Platonische Dialektik, insbesondere des ‚Parmenides'. Danken möchte ich auch meinem Kollegen Peter Vardy (Enschede, Niederlande) zusammen mit den anderen Teilnehmern eines Dialektikseminars (durchgeführt im Wintersemester 1994 am Philosophischen Institut der Rhein.-Westf. Technischen Hochschule Aachen), in dem ich den entwickelten Ansatz zur Diskussion gestellt habe. Dankenswerterweise hat sich das Auditorium nie zufriedengeben mögen und hartnäckig und unerbittlich Klärung eingefordert. Sehr zu danken habe ich last not least meinen Mitarbeiterinnen und Mitarbeitern am Philosophischen Institut der RWTH Aachen, insbesondere M. Bormann, H. Sieger, D. Wesche, für die engagierte Hilfe und Sorgfalt bei der technischen Erstellung des Textes.

1. Einleitung

1.1 Der objektiv-idealistische Denkansatz

Was ist Dialektik? Diese Frage ist bis in die Gegenwart außerordentlich kontrovers beantwortet worden, wie die zahlreichen Publikationen zu dieser Thematik bezeugen. Eine Zählung würde allein für die letzten drei Jahrzehnte leicht über ein halbes Hundert Titel ergeben. Eine gewisse Aktualität des Gegenstands läßt sich daran sicher ablesen. Deutlich ist aber auch, daß sich mit dem Begriff ‚Dialektik' sehr Verschiedenes verbindet. Das gilt schon für die philosophische Tradition – man denke nur an die unterschiedlichen Begriffe von Dialektik bei Platon, Aristoteles, Kant, Schleiermacher, Hegel, Marx. Die erwähnten Publikationen spiegeln diese Vielfalt wider und beleuchten das Problem von sehr unterschiedlichen Standpunkten her.

Zunächst deshalb ein Wort darüber, was im folgenden zu verhandeln sein wird. Gegenstand dieser Studie ist die *Hegelsche Dialektik*, genauer die in Hegels ‚Wissenschaft der Logik' entwickelte *dialektische Logik*[2] im Sinn einer *Methode ‚dialektischer Begriffsentwicklung'*. Das bedeutet, daß *logische Fragen* im Mittelpunkt stehen werden. Inwieweit dafür allerdings *formallogische* Mittel einsetzbar sind, gehört selbst mit zu dem, was es zu klären gilt. Man kann nicht umstandslos von der Formalisierbarkeit dialektischer Zusammenhänge ausgehen. Als Zauberformel eitel-bedeutsamen Räsonnements indes ist ‚Dialektik' hier anderseits auch nicht verstanden.

Die Frage ist freilich auch: Kann Hegels dialektische Logik heute noch als ein *lohnender* Erkenntnisgegenstand gelten, oder hat ein solches Projekt *nur noch historisches Interesse?* Die Beantwortung dieser Frage hängt davon ab, wie man das Hegelsche Unternehmen grundsätzlich beurteilt[3]: Wer diesem – wie der Verfasser – nicht lediglich historische Bedeutung zuspricht, hat sich damit unvermeidlich auch das Problem der Dialektik

---

[2] Fragen einer *realphilosophischen Dialektik*, die möglicherweise ganz andere Strukturen zeigt, sind hier nicht Gegenstand der Erörterung. Überlegungen zur Dialektik von *Naturkategorien* habe ich in Wandschneider 1982 und im Anschluß an die vorliegende Untersuchung in Wandschneider 1993b entwickelt.

[3] Kritisch hierzu Schulz 1959, 1962, 1975, 1977.

aufgeladen, das mit dieser Position konstitutiv verbunden ist. Das von Hegel Intendierte soll darum zunächst etwas näher dargelegt werden.

Hegel vertritt bekanntlich eine *idealistische* Position; freilich keinen *subjektiven* Idealismus im Stil des frühen Fichte, der es unternimmt, die Welt vom Subjekt her zu fundieren. Ein solcher Ansatz kann mit guten Gründen als gescheitert gelten: *Fichte* glaubt, das weltkonstituierende Prinzip in der unmittelbaren *Ich-Evidenz* zu haben. Diese aber, da sie aufgrund ihres letztlich privaten Charakters nicht zur Fundierung einer allgemeinverbindlichen Philosophie taugt, wird von Fichte schon in seiner ersten ‚Wissenschaftslehre' von 1794 durch das Prinzip eines *absoluten Ich* ersetzt[4]. Als eine vom konkreten Ich abgelöste Konstruktion ermangelt ihm freilich jene ursprüngliche, unmittelbare Ich-Gewißheit, von der Fichte ausgegangen war, mit anderen Worten: Die Konstruktion eines absoluten Ich muß, da sie sich nicht mehr auf *unmittelbare Evidenz* berufen kann, eigens *begründet* werden, was Fichte indes, denke ich, nicht leistet. Die gleiche Kritik trifft meines Erachtens *Schelling*, der mit genialischem Gestus Konstruktionen an die Stelle von Begründungen setzt. Seine frühe Intuition einer Geist und Natur gleichermaßen zugrundeliegenden *absoluten Identität* bleibt ebenso thetisch und unausgewiesen wie jenes *unendliche Subjekt*, das er später der Darstellung seines Systems, etwa in den ‚Münchener Vorlesungen' von 1827, zugrundelegt.

Demgegenüber sieht *Hegel* klar, daß nur das *Logisch-Ideelle* als absolutes Prinzip in Betracht kommen kann, wenn dessen Absolutheit wirklich *begreiflich* und *ausweisbar* sein soll. Zugleich ist deutlich, daß auch das von Fichte oder Schelling prätendierte Absolute philosophisch immer schon Argumentation und damit Logik *voraussetzt:* Auch darin erweist sich das Logische als fundamentaler. Wenn Hegel ihm deshalb Absolutheit zuspricht, so heißt das weiter, daß es nicht lediglich ein subjektives Denkprinzip sein kann, sondern in einem quasi Platonischen Sinn als *objektiv verbindlich* gelten soll. Hegels philosophischer Entwurf ist damit vom Typ eines *objektiven Idealismus.* Damit ist weiter prätendiert, daß ein solches Ideelles, dem nicht nur subjektiver, sondern objektiver Charakter zugesprochen wird, zugleich als *seinsbegründendes* Prinzip zu begreifen ist. Dieses transsubjektive *ontologische* Prinzip ist Hegel zufolge also *das Logische,*

---

4 Vgl. Fichte, Werke 1834–1842, z.B. 251, 260, 264, 271, 277, oder Fichte, Werke 1965, z.B. 388f, 395f, 399, 404f, 409f.

d.h. der Gegenstand dessen, was er ‚Wissenschaft der Logik' nennt. Wesentlich für Hegels Position ist, mit anderen Worten, daß sie das Logische als *ontologisch fundamental* betrachtet, d.h. als Grundprinzip *allen* Seins. Das Logische liegt danach nicht nur dem Denken, sondern auch der Natur zugrunde.

Freilich: Was ist ‚das Logische' im Sinn Hegels? Das zu explizieren ist nach Hegelschem Verständnis eben die Aufgabe der *Dialektik* oder *dialektischen Logik*, und insofern ist die Dialektik, wie schon bemerkt, mit Hegels objektivem Idealismus konstitutiv verbunden.

Ist das nun nicht eine hoffnungslos unplausible und längst überholte Philosophie? Die Geschichte scheint darüber ihr Urteil gesprochen zu haben. Die triumphale Entwicklung der empirischen Wissenschaften im 19. und 20. Jahrhundert ging einher mit dem ‚Zusammenbruch' der idealistischen philosophischen Systeme. An deren Stelle sind materialistische, lebens- und existenzphilosophische, positivistische und neoempiristische, neotranszendentalistische, sprachanalytische und manche andere Entwürfe getreten[5]. Das Schicksal des Idealismus, und insbesondere des Hegelschen, schien damit besiegelt. Welchen Sinn kann es dann haben, sich erneut mit Hegelschen Denkansätzen zu befassen?

Es bedarf keines besonderen Scharfsinns zu sehen, daß auch die genannten nach-Hegelschen Positionen keineswegs unüberholbar, sondern im Gegenteil in einem entscheidenden Punkt defizient und damit grundsätzlich inakzeptabel sind: Ich meine den Umstand, daß sie nicht in der Lage sind, *ihren eigenen Ansatz zu begründen.* Zu Recht fordert man von einer Philosophie, daß sie ihre Behauptungen auch begründe. Aber das betrifft nicht nur die innerhalb ihres Rahmens formulierten Aussagen, sondern in besonderem Maße auch ihre eigene Argumentationsbasis. So unerläßlich gerade diese Forderung ist, so wenig naheliegend ist sie auf der anderen Seite. Denn dafür muß sich die philosophische Argumentation auf sich selbst zurückwenden, und eine solche Reflexion auf sich selbst liegt ihr in sachbezogener Einstellung naturgemäß fern, sodaß ihr der eigene begründungstheoretische Mangel nur zu leicht entgeht. Ich möchte dies an drei Beispielen – Empirismus, Materialismus, Transzendentalismus – etwas näher erläutern:

---

5 Hierzu ausführlich Schulz 1972.

(1) Der *Empirismus* betrachtet die Erfahrung als alleinige Wissensgrundlage, zumindest unseres Wissens von der Natur. Aber selbst mit dieser Einschränkung (wobei also z.B. Logik, Mathematik, Ästhetik, Ethik usw. ausgeklammert sind) gilt, daß dieses *Prinzip* des Empirismus seinerseits *nicht wiederum empiristisch begründbar* ist. Es kann nicht aus der Erfahrung stammen, da *Prinzipien* nicht erfahrbar sind (ebenso wenig wie z.B. allgemeine Naturgesetze). Diese Kritik richtet sich wohlgemerkt nicht gegen die empirische Wissenschaft, die ihr unbestrittenes Recht hat, sondern gegen den Empirismus als eine *philosophische* Theorie mit dem Anspruch, die richtige zu sein. Als solche aber müßte sie auf die Frage, warum ich Empirist sein sollte, eben auch eine empiristische Antwort geben, dies also mit Erfahrung begründen können. Aber das ist schon deshalb nicht möglich, weil Erfahrung, mit Kant zu sprechen, immer nur zeigen kann, wie etwas *ist*, nicht aber, *warum* es so und nicht anders sein müsse (Kr.d.r.V., A1).

(2) Große Attraktivität hat heute diejenige philosophische Auffassung gewonnen, die anknüpft an aktuelle evolutionstheoretische Argumentationen zur Entstehung und Höherentwicklung organismischer Lebensformen, bis hin zur Ausbildung von seelischen und sozialen Strukturen im Tierreich sowie Formen des Geistigen beim Menschen. Solche Erwägungen sind offenbar *materialistisch* inspiriert; denn sie zielen darauf ab, organisches und selbst geistiges Sein allein aus den Gesetzen der anorganischen Materie herzuleiten. Auf diese Weise werden in der Tat wichtige neue Einsichten möglich, vielleicht sogar zum Leib-Seele-Problem. Keine Frage: Der Materialismus hat seine Berechtigung und seine Meriten, aber als *philosophische* Grundposition ist auch er *defizient*, denn auch für ihn gilt: Er kann sein *Grundprinzip*, die Materie, nicht wiederum *materialistisch* begründen. Daß es Materie gibt (und wesentlich auch die dazugehörigen Naturgesetzlichkeiten), muß er ohne Begründung *voraussetzen*.

(3) Kritik dieser Art trifft letztlich auch *transzendentalphilosophische* Auffassungen, obwohl es sich dabei durchweg um hochreflektierte Denkansätze handelt, die im weiteren Sinn auf Kant zurückgehen und im Neukantianismus sowie in modernen, vor allem sprachphilosophischen Kontexten neue Aktualität gewonnen haben. Charakteristisch für sie ist die Annahme gewisser im (individuellen oder kollektiven) Subjekt liegender ‚transzendentaler Bedingungen', die für den Zugang zur Wirklichkeit eine Schlüsselfunktion haben sollen. Wirklichkeit kann uns danach nur im Rahmen transzendentaler Formen – z.B. Wahrnehmungsschemata, kategoria-

len Formen, Sprachstrukturen u.ä. – gegeben sein, die solchermaßen zumindest mit-konstitutiv für die uns begegnende Wirklichkeit sind. Daß in diesem Zusammenhang die ‚transzendentale' Funktion des Subjekts, seiner begrifflichen, sprachlichen, eventuell auch kulturellen Konstitutionsleistungen, im Hinblick auf den Wirklichkeitsbegriff überhaupt mitbedacht wird, muß sicher als ein philosophisches Verdienst gewürdigt werden. Aber auch hier kann weitergefragt werden: Woher stammen die genannten transzendentalen Bedingungen? Warum gibt es gerade diese und nicht andere? Gibt es ausschließlich subjektive Bedingungen der Wirklichkeitskonstitution oder auch objektive? Liegen solchen Bedingungen wiederum andere Bedingungen zugrunde, oder sind es ‚letzte Gründe'? Ist etwas Derartiges überhaupt denkbar? – alles Fragen, die im Rahmen transzendentalphilosophischer Positionen keine Antwort finden und in diesem Sinn auch hier Anlaß geben, von einem *begründungstheoretischen Defizit* zu sprechen.

Philosophisch ist das zweifellos ein gravierender Mangel, insofern philosophische Auffassungen nicht auf *Dezision* gegründet werden können. Die genannten Ansätze mögen manches für sich haben – ein Großteil unseres Wissens stammt tatsächlich aus der Erfahrung; die materialistische Argumentation hat im Rahmen naturwissenschaftlicher Erklärung ihren guten Sinn, und transzendentalphilosophische Denkweisen haben der Philosophie, wie angedeutet, ganz neue Perspektiven eröffnet –, aber sie sind in gewissem Sinn *bodenlos*, d.h. ohne gesicherte Argumentationsbasis. Sie können manches erklären, aber *ihr eigenes Prinzip* bleibt philosophisch ungeklärt. Warum also sollte man eine dieser Positionen übernehmen und nicht vielmehr eine andere? Diese Frage bleibt dort ohne Antwort.

Vergleichen wir damit den *objektiven Idealismus* Hegelscher Prägung, der die *Logik* als unhintergehbares Grundprinzip versteht: Hegel selbst ist der Meinung, daß die objektiv-idealistische Position dergestalt auch noch eine Begründung ihres eigenen Standpunkts leisten könne und in diesem Sinn *voraussetzungslos* sei. Freilich: Ist der Gedanke einer voraussetzungslosen Philosophie nicht völlig unrealistisch, um nicht zu sagen absurd, denn: Muß nicht in jeder Philosophie *argumentiert* werden, und enthält nicht jede Argumentation notwendig Voraussetzungen, ohne die sie nicht Argumentation sein könnte? Man denke nur an das argumentationslogisch unverzichtbare *Prinzip des zu vermeidenden Widerspruchs* oder auch *Fundamentalkategorien* wie die von ‚Identität' und ‚Differenz'. In jedem Fall setzt Philosophie die Möglichkeit von Argumentation und damit *Logik* voraus.

Und auch diejenige Philosophie, die die Logik zu ihrem Prinzip erhebt, setzt somit immer schon – Logik voraus.

Das klingt trivial, aber überlegen wir, was damit tatsächlich gesagt ist: Die Logik setzt Logik voraus; das bedeutet doch nichts anderes als: Die Logik setzt *sich selbst* voraus – das ist ein erstes Resultat. Ein zweites läßt sich durch eine einfache Überlegung gleich anschließen als Verschärfung des ersten: Die Logik setzt *nur* Logik voraus, denn: Wer etwa die nicht unbillig scheinende Forderung stellte, die Geltung der logischen Prinzipien müsse auch *begründet* werden, weiß nicht, was er fordert; denn Begründen ist ja selbst ein *logisches* Verhältnis, und die geforderte Logikbegründung könnte mithin nur innerhalb der Logik selbst statthaben, oder anders gewendet: Die Logik kann sich, wenn überhaupt, dann nur selbst begründen. Einen außerlogischen Standort, von dem her die Logik *logikunabhängig* begründet werden könnte, kann es prinzipiell nicht geben.

Insgesamt: Die Logik setzt Logik und nur Logik voraus, und das heißt, sie hat keine anderen Voraussetzungen als sich selbst. Sie kann nicht von außerlogischen Voraussetzungen abhängen, und eben deshalb ist der Begriff der *Voraussetzungslosigkeit* hier tatsächlich legitim. Die Logik erscheint so als ein grundsätzlich *unhintergehbares, kategorisch gültiges Prinzip*.

Diese – eher andeutenden – Überlegungen geben in etwa Hegels Grundintention wieder. Zu sagen, Hegel habe dies auch bewiesen, wäre sicher zu hoch gegriffen. Wohl finden sich immer wieder Formulierungen wie die vom Logischen als dem „Absolut-Wahren“ (5.56)[6] oder vom „Begriff“ als *„absoluter Grundlage“* (6.245) oder von der „Absolutheit des Begriffes“ (6.264). Doch für sich genommen kann solchen Statements schwerlich schon der Charakter von Argumenten zugesprochen werden; und erst recht gilt das für das dunkle Wort Hegels, die Logik sei *„die Darstellung Gottes ..., wie er in seinem ewigen Wesen vor der Erschaffung der Natur und eines endlichen Geistes ist“* (5.44).

Um so wichtiger für eine Einschätzung der Möglichkeit dessen, worum es Hegel ging, sind grundsätzliche Erwägungen wie die eben durchgeführten, aus denen die Unbedingtheit der Logik *unabhängig* von solchen Hegelschen Formulierungen einsichtig wird. Trotzdem sind auch hier Einwände zu gewärtigen: Ist die Rede von ‚der Logik‘ nicht viel zu undiffe-

---

[6] Angaben dieser Art verweisen stets auf: Hegel, Werkausgabe in 20 Bänden (s. Literaturverzeichnis), hier z.B. Bd. 5, S. 56.

renziert? Gibt es nicht sehr verschiedene ‚Logiken', ebenso wie es ganz verschiedene ‚Mathematiken' gibt? Und mit welchem Recht könnte einer dieser Logiken oder womöglich allen kategorische Geltung zugesprochen werden?

Die Antwort auf solche Fragen ergibt sich, wenn wir sie ernst nehmen und probeweise einmal versuchen, die Geltung der Logik *in Frage zu stellen.* Das ist natürlich immer möglich, soweit es sich bei Logiksystemen um Sprachkonstrukte handelt, die als solche auf *Konventionen* beruhen. Eine Konvention kann ja durch eine andere ersetzt werden. Es wäre also absurd, hier von kategorischer Geltung zu sprechen. Nun gibt es aber gewisse *Prinzipien* der Argumentation, die auch derjenige beachten muß, der die Unbedingtheit der Logik bestreitet, sofern sein Bestreiten ernstgenommen, d. h. seinerseits als *Argumentation* verstanden werden soll. Man kann sicher mancherlei bestreiten, aber mit Sicherheit nicht dasjenige, was für dieses Bestreiten selbst immer schon in Anspruch genommen werden muß, nämlich die *Sinn- und Geltungsbedingungen von Argumentation.* Wer diese bestreitet, weiß nicht, was er tut; denn was er so auf semantischer Ebene bestreitet, setzt er im performativen Akt des Bestreitens zugleich voraus, d.h. er verstrickt sich in einen sogenannten *performativen Widerspruch.* Eine solche Position ist also *inkonsistent,* und aus diesem Grund ist es unmöglich, die Sinn- und Geltungsbedingungen von Argumentation selber zu bestreiten[7].

Damit ist so etwas wie ein *Kernbestand unaufhebbarer fundamentaler logischer Strukturen* sichtbar geworden, die argumentativ prinzipiell nicht ausgehebelt werden können, insofern durch sie Argumentation überhaupt erst ermöglicht ist. Ich möchte in diesem Sinn von einer *‚Fundamentallogik'* sprechen, der als solcher *kategorische Geltung* zugesprochen werden muß.

Die Argumentation findet sich grundsätzlich schon in Platons Sophistikkritik und ist in der Gegenwart aus der von K.-O. Apel inaugurierten sogenannten transzendentalpragmatischen Begründung moralischer Normen vertraut, wobei allerdings auf die Unhintergehbarkeit der *Sprache* rekurriert wird[8], während, wie dargelegt, alles an der in die Sprache gleichsam hineinverwobenen *Logik* – im Sinn einer Fundamentallogik – hängt.

---

[7] Vgl. z.B. Kuhlmann 1985; Wandschneider 1985, 1994; Hösle 1987b, 1990.

[8] Vgl. z.B. Apel 1982.

Daß die Logik – im Sinn von ‚Fundamentallogik' – kategorisch gültig ist, heißt nach dem Gesagten, daß die Logik keinen anderen Grund als die Logik selbst haben kann. Insofern könnte man sie auch *selbstbegründend* nennen[9]. ‚Selbstbegründung' – das klingt freilich nicht weniger anstößig als ‚kategorisch gültig': Ist ‚Selbstbegründung' nicht lediglich ein Euphemismus für eine ganz gewöhnliche *Petitio principii*, die das zu Beweisende nicht beweist, sondern per Annahme schon voraussetzt?

Wie sich gezeigt hat, liegt der Fall der Fundamentallogik doch anders; denn es kann ja *begründet* werden, daß sie prinzipiell unhintergehbar ist. Genau dies ist hier der Sinn von ‚Selbstbegründung', der somit nicht mit einer zirkelhaft erschlichenen Begründung in der Weise einer Petitio principii verwechselt werden darf. Entscheidend ist, daß auch noch die Form der Selbstbegründung eine *Begründung* ist, insofern sie eben nicht auf willkürlichen Annahmen beruht, sondern logisch zwingenden Charakter besitzt. Zirkelschluß und Selbstbegründung sind nicht dasselbe[10].

Es gibt eine ganze Reihe stützender Argumente, die ich hier auf sich beruhen lasse; lediglich eine Bemerkung noch hierzu: Wer behauptet, die Anerkennung der Logik setze bereits die *willkürliche Entscheidung* zu argumentieren voraus, übersieht, daß der Entscheidung Denkakte vorausliegen, mit denen – und das ist eben nicht willkürlich – gleichfalls schon

---

[9] W. Flach (1964, 58, 64) verwendet in diesem Sinn den inzwischen geläufigen Terminus ‚Letztbegründung'.

[10] Sehr klar sieht das schon H. Ulrici (1841), der zweifellos einen wesentlichen Beitrag zu der nach Hegels Tod einsetzenden Kontroverse um dessen Philosophie geleistet hat: Er stellt fest, „daß jeder Versuch, die immanente Denknothwendigkeit zu beweisen, nur auf einen *Zirkelschluß* hinauslaufen könne". Soll nämlich „die Denknothwendigkeit selbst als solche bewiesen werden, so hieße das nur, die Denknothwendigkeit aus der Denknothwendigkeit beweisen, d.h. die Denknothwendigkeit bewiese nur sich selbst, indem das zu Beweisende zugleich vorausgesetzt würde. In der That kommt die Philosophie aus diesem Zirkel schlechterdings nicht heraus, d.h. in der That ist die Denknothwendigkeit die absolute Beweis*kraft*, durch welche Alles bewiesen wird, und die eben deshalb selbst nicht anders woher bewiesen werden kann, sondern unmittelbar sich selbst beweist, indem sie aus *sich* irgend ein Anderes beweist" (1841, 48). „Daß also das Hegelsche System die Denknothwendigkeit im Allgemeinen voraussetzt, ist ihm schlechterdings nicht zum Vorwurf zu machen; denn diese Voraussetzung ist selbst eine Denknothwendigkeit" (49).

Logik in Anspruch genommen *ist*. Auch denkend steht es mir *nicht frei*, mich für die Logik zu entscheiden oder nicht.

Ich habe diese weiter ausholenden grundsätzlichen Überlegungen hier eingeschaltet, um darzutun, daß eine philosophische Auffassung vom Typ des objektiven Idealismus Hegels in der Tat in der Lage ist, auch noch den eigenen Standpunkt zu begründen. Gehe ich die in über zweitausendjähriger Denkarbeit entwickelten Grundpositionen einmal durch, so scheint mir der objektive Idealismus, oder zumindest das damit verbundene *Programm*, überhaupt die einzige Position zu sein, die eine Begründung des eigenen Standpunkts einschließt. Diese *begründungstheoretische Auszeichnung* ist zweifellos ein entscheidender Vorzug im Vergleich mit anderen philosophischen Entwürfen.

Aber der *objektiv-idealistische Anspruch* geht weiter. Er prätendiert, wie schon angedeutet, daß das Logisch-Ideelle *darüberhinaus auch die Seinsstrukturen naturhafter und geistiger Realität bestimmt*. Die der Logik zukommende *Idealität* ist danach als ontologisch primär, die Realität hingegen als eine *sekundäre* Seinsart zu fassen, die durch das Logisch-Ideelle bedingt und bestimmt ist – eine unserem idealismophoben Zeitalter sicher höchst befremdliche These. Ich möchte das damit verbundene Problem hier nicht im Detail entfalten – das wäre Gegenstand einer eigenen Abhandlung[11] –, sondern stattdessen nur einige *Plausibilitätsargumente* geben.

Logik und Realität scheinen wenig gemein zu haben. Logisch notwendige Aussagen, so sagt man, haben zwar für das Denken, aber nicht für die Realität Verbindlichkeit. Dem wäre entgegenzuhalten, daß, wenn zwei mal zwei vier ist, dann auch zwei mal zwei Äpfel vier Äpfel sind[12]. Die Äpfel können sich der Logik nicht entziehen. Hier drängt sich freilich die Frage auf: Geht es in der Welt *nur logisch* zu? Die Welt ist voll von Absurditäten. Indes: Auch ‚absurd' ist eine Kategorie, deren Sinn selber *nicht* absurd, sondern rational faßbar ist. Oder: Ein Stein, denkt man, hat nichts mit Logik zu tun. Aber sein Verhalten ist vollständig durch *Naturgesetze* bestimmt, die ihrerseits nichts Materielles sind, sondern so etwas wie eine dem Stein inhärierende ‚Logik' repräsentieren. Und in diesem Sinn kann sich in der Tat die Vermutung einstellen, daß möglicherweise *allem* Sein, nicht nur geistigem,

---

[11] Vgl. z.B. Wandschneider 1985; Hösle 1987a, 1987b, 1990; Wandschneider 1990a.

[12] Vorausgesetzt ist dabei, daß die reale Aggregation von Äpfeln nicht aufgrund von Naturgesetzen nicht-additiv ist.

sondern auch naturhaftem Sein, eine Logik zugrundeliegt; ‚Logik' hier also nicht als ein bloß subjektives Vermögen verstanden, sondern, wie Hegel auch formuliert, als „die Vernunft dessen, was ist", als ein allgemeiner, allem Sein einwohnender „Logos" (5.30), eine Logik also, die dem Denken und der Realität gleichermaßen zugrundeliegt.

Das ist zweifellos eine hochmetaphysische, Platonisierende Auffassung, die gewiß nicht selbstverständlich genannt, hier aber auch nicht systematisch entwickelt werden kann. Es gibt indes ein sehr grundsätzliches Argument, das in diesem Zusammenhang hilfreich ist: Wer etwa die Meinung vertritt, Denken und Realität hätten nichts miteinander zu tun, verstrickt sich wiederum in einen performativen Widerspruch: Denn der formulierte Gedanke sagt ja selbst etwas über die Realität aus, eben daß diese dem Denken unerreichbar sei. Er traut sich selbst also durchaus eine die Realität treffende Charakterisierung zu und nimmt somit das, was er bestreitet, selbst schon in Anspruch. Eine solche Position ist *inkonsistent* und darum inakzeptabel.

Daß Realität keineswegs etwas dem Denken Unerreichbares, ‚Denkfremdes' ist, zeigt sich ferner darin, daß uns eine Realität, die nicht in Denkbestimmungen, *Kategorien*, faßbar wäre, überhaupt nicht begegnen kann. Eine denkfremde Realität wäre ja bereits als ‚denkfremd' (und natürlich auch als ‚Realität') kategorisiert. Ein *schlechthin Denkfremdes* kann es, mit anderen Worten, aus logischen Gründen nicht geben. Und im übrigen: Was es ‚gibt', das hat Sein und ist so jedenfalls als ‚seiend' *kategorisierbar*, kurzum: Es kann prinzipiell nichts geben, das nicht *kategorial* faßbar wäre. Was existiert, ist notwendig durch Kategorien bestimmt und somit *logisch faßbar*.

Es geht jetzt nicht darum, inwieweit eine solche Auffassung Kantisch genannt oder auch von der Kants abgehoben werden kann. Wesentlich ist in diesem Zusammenhang nur zu erkennen, daß auch die Realität der Logik untersteht oder umgekehrt: daß dem ‚Logischen' auch *ontologische Relevanz* zukommt[13]. Diese zweite Kernaussage eines objektiven Idealismus Hegelscher Prägung kann so zwar, wie schon gesagt, nicht als bewiesen gelten, aber doch eine gewisse Plausibilität für sich in Anspruch nehmen. Die

[13] Vgl. hierzu Fuldas kritische Bemerkungen zur Verwendung des Ontologiebegriffs im Kontext Hegelscher Philosophie (1991a, z. B. 11, 15) und Holz' (1991) Replik darauf.

erste Kernaussage des objektiven Idealismus hingegen – die unhintergehbare, kategorische Geltung des Logischen – ist im Sinn der vorhergehenden Überlegungen sensu strictu zu verstehen, und das bedeutet zugleich, daß der objektive Idealismus seinen eigenen Standpunkt zu begründen vermag. Landläufigen Vorurteilen zum Trotz kann eine solche Auffassung daher keineswegs als erledigt gelten, im Gegenteil, der *historische* ‚Zusammenbruch' des Idealismus hat zwar neue Entwürfe auf den Plan gerufen, die *begründungstheoretisch* aber hinter ihn zurückfallen und darum bei Licht besehen keine akzeptable Alternative darstellen.

Von ganz anderer Art ist die Frage, inwieweit man den *historischen Hegeltext* heute noch unterschreiben kann. Ich muß diese Frage hier zunächst offenlassen; sie wird erst im Fortgang dieser Untersuchungen zu beantworten sein. Aber für das Folgende ist es sicher hilfreich, zwischen dem idealistischen *Programm* und dessen möglicherweise unzulänglicher *Ausführung* zu unterscheiden: Das Programm kann durchaus sinnvoll sein, auch wenn seine bisherige Realisierung mit Mängeln behaftet, untriftig oder partiell vielleicht sogar widerlegt sein mag.

1.2 Die Idee der Dialektik

Fundament des objektiven Idealismus, so hatte sich gezeigt, ist *das Logische* bzw. *die Logik* als die Wissenschaft des Logischen – Logik näher im Sinn einer Fundamentallogik, d. h. als ein Kernbestand unhintergehbarer logischer Grundstrukturen. Das Prinzip des zu vermeidenden Widerspruchs war diesbezüglich als ein Beispiel genannt worden. Hier muß sich die Frage nach *Umfang* und *Struktur* einer solchen Fundamentallogik stellen.

Zunächst ist festzustellen, daß sicher nicht einfachhin das, was wir heute als *formale Logik* kennen, dafür in Betracht kommt, weil die formalen Systeme, insofern sie wesentlich auch Sprachkonstrukte sind, *konventionelle Elemente* enthalten (s. o.). Daß es sich dabei zudem um eine *Sonderform* des Logischen handelt, ergibt sich schon aus dem Zusatz ‚formal', dessen es sonst nicht bedürfte. Wir sind zwar geneigt, die moderne formale Logik, die seit ihren Anfängen bei Frege und Russell eine atemberaubende Karriere hinter sich gebracht hat, für die Logik schlechthin zu halten, vergessen dabei aber, daß sie nur die bloße *Form* des Gedankens betrifft, indem sie von allem Inhalt abstrahiert.

Daß in logicis aber auch *inhaltliche* Hinsichten relevant sind, wird schon durch eine einfache Reflexion auf die Bedingungen der Möglichkeit formaler Logik selbst deutlich: Denn die formalen Mittel müssen ja ihrerseits eingeführt, definiert werden, und dazu sind Termini wie ‚Satz', ‚Prädikat', ‚Beweis', ‚identisch', ‚verschieden', ‚widersprüchlich', ‚begründet' u.ä. nötig, die ersichtlich *inhaltlichen* Charakter haben; denn sie müssen ihrer *Bedeutung* nach verstanden werden, wenn sie bestimmungsgemäß verwendet werden sollen.

Linguisten würden hier vielleicht geltend machen, daß solche Bedeutungsgehalte keine apriorischen Konstanten seien. Sie seien nur im faktischen Sprachgebrauch festzumachen und damit *empirischen Schwankungen* unterworfen. In *inhaltlicher* Hinsicht sei eben darum *keine Verbindlichkeit* erreichbar.

Dieser Einwand hat in empirischer Hinsicht natürlich seine Berechtigung. Auf der anderen Seite ist aber auch zu sehen, daß Argumentation notwendig die Möglichkeit der *Bedeutungsnormierung* voraussetzt. Wenn ich nicht weiß, was der Gesprächspartner meint, kann ich nicht mit ihm argumentieren. Daß ein Hund vier Beine hat, ist eine falsche Aussage, wenn mit ‚Hund' ein Vogel gemeint ist. Von diesem wiederum ist es richtig zu sagen, er habe siebzehn Beine, wenn ‚siebzehn' hier im Normalsinn von ‚zwei' zu verstehen ist. Mitteilung setzt *Mitteilung eines identischen Sinns* voraus. Der Einwand, wir könnten uns *grundsätzlich* nicht verstehen, weil es einen solchen identischen Sinn nicht gebe, verstrickt sich wiederum in einen *performativen Widerspruch*. Denn wer uns dieses sagt, unterstellt eben damit, daß wir ihn verstehen. Kurzum: Kommunikation und Argumentation setzen Mitteilbarkeit voraus und damit auch die Möglichkeit, daß Bedeutungen *normiert* werden können. Nur so ist ihre Identität in der Auffassung verschiedener Subjekte garantierbar.

Das klingt geheimnisvoll, gehört aber zur alltäglichen *Dialogpraxis*. Sicher mißverstehen wir uns auch immer wieder, aber wir können dies auch *korrigieren*. Wir können Bedeutungen klären, indem wir sie gegen andere *abgrenzen* und sie so unseren Bedürfnissen entsprechend *eingrenzen*. Ohne diese Möglichkeit der Störungsbeseitigung hätte Sprache nie beginnen können. Sie gehört, was durch Wittgensteins an sich wichtigen Gedanken autonomer ‚Sprachspiele' leicht aus dem Blick gerät, zu den konstitutiven Bedingungen von Sprache; und der *Dialog* ist die Weise ihrer Realisierung.

Von daher wird nun ein Verständniszugang zum Verfahren *dialektischer Logik* möglich: In erster Näherung könnte man die Dialektik etwa als ein *geregeltes Dialogverfahren zur Bedeutungsnormierung* charakterisieren, als einen systematisch geführten Dialog mit dem Ziel einer schrittweisen Rekonstruktion *kategorialer Grundbestimmungen* wie ‚Sein', ‚Dasein', ‚Identität', ‚Grund', ‚Begriff' usf. Dialektische Logik ist dergestalt als ein Verfahren zur Generierung normierter Bedeutungen, als eine Art *Entwicklungslogik,* wie man sagen könnte, zu verstehen. Daß so etwas möglich ist, gehört, wie gesagt, schon zu den Bedingungen der Möglichkeit von Kommunikation und Argumentation. Was im Alltagsdialog freilich nur ungeordnet und zufällig geschieht, soll vermittels Dialektik nun in systematischer Form geleistet werden.

Ziel des dialektischen Verfahrens in Hegels ‚Wissenschaft der Logik' ist in diesem Sinn die systematische Rekonstruktion der logischen Grundbestimmungen[14] und weiter die vollständige Ausarbeitung des hier als ‚Fundamentallogik' bezeichneten Systems inhaltlich-logischer Grundkategorien und logischer Grundprinzipien: *Dies* – nicht etwa die Neuauflage einer ‚Kategorientafel' à la Kant – ist als das zentrale Anliegen dialektischer Logik zu verstehen.

Damit ist zunächst der *Anspruch* des dialektischen Verfahrens charakterisiert. Ist dieser aber auch einlösbar? Dies einer Klärung näherzubringen, ist das Anliegen der folgenden Untersuchung, und das heißt vor allem auch, Klarheit darüber herbeizuführen, *inwieweit ein ausweisbares, stringentes Verfahren dialektischer Argumentation möglich ist. Um das dialektische Verfahren und seine argumentative Absicherung* ist es hier also vorrangig zu tun.

Bisherige diesbezügliche Bemühungen geben freilich Anlaß zur Skepsis. Die Frage: „Was ist Dialektik?", so schreibt D. Henrich noch vor anderthalb Jahrzehnten, sei „bisher ohne Antwort geblieben". Ja, es sei Hegels Schülern und Nachfolgern nicht einmal gelungen, „auf Verlangen einzelne Hegelsche Argumentketten oder auch nur eine einzige Seite Hegelschen Textes überzeugend zu rekonstruieren" (Henrich 1976, 208 f).

Das ist zweifellos eine unerfreuliche Situation. Nicht nur, daß damit unqualifizierter Polemik Tür und Tor geöffnet ist; auch das objektiv-idealistische Programm ist, wie angedeutet, essentiell mit der Möglichkeit einer dialektischen Logik verknüpft, sodaß es als ein dringliches Desiderat bezeichnet werden muß, über die *Triftigkeit* dialektischer Argumentation Klarheit zu gewinnen. Das aber ist nur auf der Basis einer *Theorie der Dialektik* möglich.

---

[14] Mit K. Hartmann (1973, 124) könnte man auch von einer „hermeneutic of categories" sprechen (allerdings mit systematischem und Stringenzanspruch).

Damit soll nicht gesagt sein, daß die Applikation einer Methode fehlerhaft wäre, solange keine *Theorie* derselben verfügbar ist. Man denke nur an die Schulmathematik, in deren Rahmen zwar nur sehr elementar, aber doch triftig argumentiert werden kann. *Strikte Rechenschaft* darüber ist freilich nur durch Rekurs auf das zugrundeliegende Axiomensystem möglich. Auch das von Hegel virtuos praktizierte Verfahren ist (mehr oder weniger) en détail nachvollziehbar, aber seine *Kriterien* und *Tragweite* bleiben ohne eine ausgearbeitete *Theorie der Dialektik* im dunkeln. Hegels eigene Methodenreflexion (vgl. 6.550 ff) kann, so treffend sie die Verfahrensweise der Dialektik möglicherweise beschreibt, diesbezüglich nicht als zureichend erachtet werden. Sie behält im Grunde versichernden Charakter, d.h. sie versetzt uns nicht in die Lage, das dialektische Verfahren gegen Einwände zu verteidigen oder Methodenfragen zu beantworten[15].

Inzwischen, so ist einzuräumen, hat sich die theoretische Perspektive gelichtet. Es gibt eine ganze Reihe interessanter Analysen zu Teilen der Hegelschen ‚Logik' und darüberhinaus auch Ansätze zu einer *Theorie der Dialektik*[16]. Nach älteren Arbeiten, etwa von J. Cohn, R. Heiss, G. Günther, H.-G. Gadamer und anderen, sind in jüngerer Zeit wichtige Beiträge – u.a.

---

[15] So auch Henrich (1967, 104), der bezüglich der dialektischen Argumentationen Hegels vermutet, daß dieser selbst „keinen ausgearbeiteten Begriff von ihnen und dem Gesetz ihrer Abfolge und den besonderen Bedingungen ihrer Anwendung besaß". Fulda (1978a, 38) bemerkt im Blick auf Adornos und Sartres theorieabstinenten Umgang mit der Dialektik: „Der Verzicht auf eine dialektische Logik der philosophischen Grundbegriffe ist um den Preis der Dialektik selber erkauft. Die Quittung dafür ist die Wehrlosigkeit der Dialektiker gegenüber der Kritik von seiten der formalen Logik und der allgemeinen Wissenschaftstheorie".

[16] M. Wetzel geht in seinem – hinsichtlich Intensität, intellektuellem Engagement und philosophischem Horizont – beeindruckenden Opus magnum (1986, vgl. auch 1971) demgegenüber ganz eigene Wege, die ihn zur Ortung von Dialektik im Rahmen einer „selbstreflexiven Erkenntniskritik" führen. Wetzels Anliegen zielt dabei vor allem auf eine „neue Grundlegung einer ‚Wissenschaft der Erfahrung des Bewußtseins'" ab. Seine Ausführungen zur Dialektik sind dementsprechend erkenntnistheoretisch dominiert und in diesem Sinn vorerst „Prolegomena" zu einer noch auszuarbeitenden dialektischen Logik, während es im vorliegenden Zusammenhang dezidiert um die *konkrete Gestalt* – auch und gerade in verfahrensmäßiger Hinsicht – einer solchen dialektischen Logik zu tun ist (Wetzel 1986, Titelformulierungen).

von K. Hartmann, D. Henrich, H. F. Fulda, W. Wieland, T. Kesselring, V. Hösle – zu diesem Thema erschienen. Diesen Bemühungen verdanken wir neue Einsichten in die Struktur dialektischer Argumentation, und der Versuch, zu einer überzeugenden *Theorie der Dialektik* zu kommen, kann so immerhin auf schon geklärte Bestimmungsstücke zurückgreifen[17]. Zu erwähnen sind ferner Untersuchungen zur *Formalisierbarkeit* der Dialektik oder auch zu einer *formalen Dialektik*, z. B. von M. Kosok, N. C. A. da Costa, T. M. Seebohm und R. Hegselmann.

Von grundsätzlicher Bedeutung für eine Theorie der Dialektik scheinen mir vor allem zwei Hinsichten zu sein: Zum einen die von W. Wieland (1978) formulierte und von V. Hösle (1987a) weiter explizierte Auffassung, derzufolge jede logische Kategorie (mit Ausnahme der Abschlußbestimmung) eine *semantisch-pragmatische Diskrepanz* enthält. Diese besteht darin, daß die *explizite Bedeutung* einer Kategorie nicht alles das ausdrückt, was für ihre Bedeutung implizit schon *präsupponiert* ist[18]. Daß dies in der Tat so sein muß, leuchtet unmittelbar ein; denn für die Explikation einer Bedeutung muß argumentiert und dafür immer schon der ganze Apparat logischer Kategorien und Prinzipien vorausgesetzt werden. Diese Spannung zwischen dem semantischen Gehalt und dem, was für die ihm vorausliegenden Argumentationsakte pragmatisch präsupponiert ist, nötigt zur Einführung von Kategorien, durch die jener ‚pragmatische Bedeutungsüberhang' sukzessiv weiter semantisch expliziert wird, mit anderen Worten: Die in einer Kategorie enthaltene semantisch-pragmatische Diskrepanz, die unter bestimmten Bedingungen zu einem performativen Widerspruch verschärft werden kann, macht die Notwendigkeit verständlich, immer neue Kategorien einzuführen, solange der pragmatische Bedeutungsüberhang besteht.

Die andere grundsätzliche Hinsicht betrifft die besondere *Rolle der Negation* für den Modus dialektischen Fortschreitens. D. Henrich (1976; 1978) hat auf die Bedeutung der *selbstreferentiellen Negation* hingewiesen[19]; T. Kes-

---

[17] Eine gute Übersicht über vorliegende Ansätze gibt Kesselring 1984, 22 ff.

[18] In einer früheren Arbeit habe ich dieses Verhältnis als die Diskrepanz von Explikation und – zu ‚subjektivistisch' – Zielvorstellung, Intention charakterisiert (Wandschneider 1982, Kap. 1.2). ‚Präsupposition' betont demgegenüber die objektiven logisch-semantischen Bedingungen einer Kategorie.

[19] Vgl. hierzu die ausführlichen, instruktiven Auseinandersetzungen mit Henrichs Ansatz bei Puntel 1978, 136 ff, und Kesselring 1984, 159–165.

selring (1984) hat den *antinomischen Charakter* dieser Struktur betont und von daher versucht, ein Schema dialektischer Begriffsentwicklung zu begründen. *Antinomischen Strukturen,* so wird gezeigt, kommt eine Schlüsselfunktion für die Aufklärung dialektisch-logischer Zusammenhänge zu. Allerdings wird in diesen – hochinteressanten, wenn auch den Leser ein wenig ratlos zurücklassenden – Arbeiten keinerlei *Methodik* entwickelt, an die hier systematisch angeknüpft werden könnte.

Im folgenden soll nun gezeigt werden, daß und wie diese beiden Hinsichten miteinander *verbunden* werden müssen. Dies soll in der Weise einer *Rekonstruktion* des Teils von Hegels ‚Wissenschaft der Logik', der im wesentlichen die *‚Logik der Qualität'* umfaßt, konkretisiert werden. Es wird hier also nicht darum gehen, lediglich eine Kommentierung des Hegeltextes zu geben; das ist schon vielfach unternommen worden, wobei die Ausbeute für eine Theorie der Dialektik, scheint mir, insgesamt eher gering zu veranschlagen ist. Ich möchte vielmehr versuchen, zunächst *Grundstrukturen dialektischer Argumentation* sichtbar zu machen, um diese dann am Text zu verifizieren. Freilich hat eine solche ‚Verifikation' ihre Schwierigkeiten. Sie kann zweifellos nicht als eine umstandslose Bestätigung der Hegelschen Textvorlage verstanden werden. Vielmehr muß sie immer auch die Frage stellen, inwieweit Hegels Vorgehen überhaupt als akzeptabel gelten kann. Die beabsichtigte Rekonstruktion hat insofern auch den Charakter einer *Kritik.* Das Ergebnis wird in der Tat sein, daß im Vergleich mit Hegels Kategorienentwicklung einschneidende *Revisionen* zu gewärtigen sind.

Doch wie weit darf der revisionistische Kahlschlag gehen? Bleibt von Hegels Intentionen so überhaupt noch etwas übrig? Diese Frage kann mit Hinweis auf die vorher akzentuierte Unterscheidung des objektiv-idealistischen *Programms* von seiner faktischen *Durchführung* so beantwortet werden: Selbst wenn sich herausstellen sollte, daß Hegels Argumentation in wesentlichen Punkten nicht triftig ist, kann das Unternehmen als solches doch sinnvoll sein. Das entspricht der hier vertretenen Auffassung, die somit nicht als ein Plädoyer für Hegelorthodoxie, Hegelianismus, sondern als Beitrag zur kritischen Rekonstruktion eines objektiven Idealismus zu verstehen ist.

Zum weiteren Vorgehen möchte ich folgendes vorausschicken: *Antinomischen Strukturen,* so wird sich zeigen, kommt eine Schlüsselfunktion für die Aufklärung dialektisch-logischer Zusammenhänge zu. Aus diesem Grund soll vorab eine Analyse des ‚antinomischen Mechanismus' durchgeführt werden. Etwas unbefriedigend ist dabei, daß dieser Teil so noch keinen ausdrücklichen Bezug zum Problem der Dialektik hat. Der umgekehrte Weg von der Dialektik zum Antinomienproblem und von da zurück zur Dialektik wäre in diesem Fall aber umständlich gewesen. Um der Klarheit der Gedankenentwicklung willen habe ich mich daher entschlossen, zunächst einmal das methodische Instrumentarium für die anschließenden Untersuchungen zur Dialektik bereitzustellen – mit der Versicherung, daß dieses Rüstzeug später tatsächlich gebraucht wird.

Die *methodische Relevanz* antinomischer Strukturen wäre zweifellos offensichtlicher, wenn hierbei an Arbeiten anderer Autoren angeknüpft werden könnte. Leider existieren aber, soweit ich sehe, bislang keine vergleichbaren Untersuchungen. Henrichs Argumentation zur ‚autonomisierten Negation' und Kesselrings Reflexion auf antinomische Strukturen haben zwar, wie schon bemerkt, sachliche Berührungspunkte mit den im folgenden zu entwickelnden Überlegungen, führen aber nicht zu operablen Verfahrensprinzipien einer dialektischen Logik, von denen hier ausgegangen werden könnte.

2. Antinomische Strukturen

2.1 Der antinomische Prozeß

Im gegenwärtigen Zusammenhang geht es ausschließlich um die Antinomien der *Logik,* nicht um die Zenons oder Kants, obwohl auch diese zweifellos eine Affinität zum Problem der Dialektik haben. Ziel der folgenden Überlegungen ist aber, wie schon bemerkt, die Bereitstellung eines logischen Instrumentariums, das später zur Ausarbeitung einer *Dialektiktheorie* eingesetzt werden soll. Ich greife hierzu auf Überlegungen zurück, die ich in einer kürzlich erschienenen Arbeit entwickelt habe (Wandschneider 1993a).

Antinomien, wie sie im Rahmen der Logik auftreten, sind Widersprüche, die sich überraschenderweise aufgrund von Definitionen und Schlußweisen ergeben, die per se völlig akzeptabel erscheinen. Ein bekanntes Beispiel ist die *Wahrheitsantinomie,* die an dem Satz ‚Dieser Satz ist falsch' erläutert werden kann: Ist der Satz tatsächlich falsch, so macht er eine zutreffende Aussage, d.h. er ist wahr. Ist er aber wahr, so ist die Aussage, die er über sich macht, nicht zutreffend, also falsch. Ist er aber falsch, so ist seine Aussage zutreffend, also wahr usf. Jede der beiden möglichen Annahmen – Wahrheit oder Falschheit – hat jeweils ihr Gegenteil zur Folge, allgemein: Aus der Geltung von A folgt hier die Geltung von non-A; aus der Geltung von non-A die Geltung von A. Insgesamt hat man somit – wie es scheint –

$$A \leftrightarrow \neg A$$

oder, logisch äquivalent damit, $A \wedge \neg A$, eine Kontradiktion also[20]. Das eigentlich Erstaunliche ist, daß mit der Geltung *eines* der beiden Glieder auch die Geltung des jeweils *anderen* involviert ist. Bei einer ‚normalen' Kontradiktion ist eines der beiden Widerspruchsglieder notwendig falsch und damit auch die Konjunktion beider. Im antinomischen Fall hingegen

[20] Dabei ist es, im Gegensatz zu Kesselrings Auffassung (1984, 98), völlig unerheblich, ob diese Konjunktion oder stattdessen die Äquivalenz $A \leftrightarrow \neg A$ betrachtet wird, da beide logisch äquivalent sind.

ist mit dem einen Glied auch dessen Negation gültig, was auf die Kuriosität einer *wahren Kontradiktion* hinauslaufen würde. Auf der anderen Seite ist – aus demselben Grund – freilich auch *keines* der beiden Glieder gültig: nämlich isoliert für sich genommen. Dieser merkwürdige Tatbestand wird sich im Zusammenhang mit dem später zu entwickelnden Dialektikbegriff als bedeutsam erweisen. Der antinomische Widerspruch ist, soviel ist deutlich, *keine normale Kontradiktion,* und umgekehrt ist natürlich nicht jede Kontradiktion als solche schon antinomisch. Im Kontext der *formalen Logik* bleibt dieser Umstand im dunkeln und das Spezifische antinomischer Strukturen damit *unterbestimmt.* Dem entspricht, daß die formale Logik nur an der *Vermeidung* von Antinomien, nicht primär an der *Aufklärung ihrer Entstehungsbedingungen* interessiert ist. Eben dies wird Gegenstand der folgenden Überlegungen sein.

Die von U. Blau entwickelte sogenannte *‚Reflexionslogik‘* trägt bereits dem erwähnten Umstand Rechnung, daß in gewissem Sinn *beide* Glieder des antinomischen Widerspruchs gültig sind. Die charakterisierte Sequenz antinomischer Glieder – A, non-A, A usw. – wird hier als eine *Stufenfolge* gedeutet, sodaß die Gegensätze nun *verschiedenen* Stufen angehören und die Aporie einer *wahren Kontradiktion* dadurch abgewendet wird (Blau 1985, 385 ff).

Ein wichtiges strukturelles Merkmal antinomischer Beziehungen hat F. v. Kutschera sichtbar gemacht, indem er sie als eine Form des *vitiösen Zirkels* identifiziert (Kutschera 1964). Wesentlich für das Auftreten einer Antinomie ist danach die Struktur einer *negativen Selbstbedingung* derart, daß jedes Bedingte wiederum Bedingung seines Gegenteils ist, usw. Dieser Mechanismus fortwährender Selbstaufhebung läßt sich plastisch an einem nicht-sprachlichen Exempel aus der sogenannten ‚Logik der Schaltungen‘ veranschaulichen: Bei einer rückgekoppelten Negationsschaltung, wie sie technisch z.B. als ‚Selbstunterbrecher‘ gebräuchlich ist, findet ein beständiges *Oszillieren* zwischen entgegengesetzten Schaltzuständen statt: Der Schaltimpuls öffnet einen Schalter und unterbricht sich dadurch selbst. Der Schalter schließt sich deshalb wieder und gibt erneut einen Schaltimpuls, der ihn wieder öffnet, usf. Das Beispiel zeigt übrigens auch, daß der vitiöse Zirkel keineswegs nur sinnlos ist, sondern in bestimmten Kontexten durchaus Relevanz hat. Kutschera sieht ausschließlich die *semantische* Seite, wenn er ihn als „bedeutungslos“ disqualifiziert (1964, 54 f).

Die antinomische Struktur ist, wie gesagt, Ausdruck einer *negativen Selbstbedingung* oder, auf sprachlich-logischer Ebene, eines vitiösen Zirkels. Die schon erwähnte Stufenfolge alternierender Eigenschaften (im Fall der Wahrheitsantinomie: ‚wahr', ‚falsch', ‚wahr' usw.) ergibt sich aus dem wiederholten Durchlaufen des vitiösen Zirkels. Jeder Durchlauf stellt gleichsam einen ‚Reflexionsakt' dar, der zu einer neuen *Reflexionsstufe* führt. Die von U. Blau entwickelte ‚Reflexionslogik' zielt darauf ab, solche Zusammenhänge sichtbar und der formalen Behandlung zugänglich zu machen. Blau benötigt dafür sechs Wahrheitswerte auf jeder Stufe: außer ‚wahr' und ‚falsch' auch ‚neutral' (für vage und sinnlose Kontexte), ferner ‚offen' (für Zirkel und Regresse) sowie ‚nicht-wahr' (wobei offen ist, ob falsch oder neutral) und ‚nicht-falsch' (wobei offen ist, ob wahr oder neutral) (Blau 1985, 370, 382 ff, 391 ff). Im Fall der Wahrheitsantinomie z.B. ergibt sich damit, daß dem Ausdruck ‚Dieser Satz ist falsch' auf der untersten Stufe der Wahrheitswert ‚offen' zukommt, da er aufgrund seiner Zirkularität unentscheidbar ist (z.B. 386). Auf der zweiten Stufe ist er falsch, da er sich selbst fälschlicherweise den Wahrheitswert ‚falsch' statt ‚offen' zuspricht. Auf der dritten Stufe ist er daraufhin wahr, indem er richtig die auf der zweiten Stufe bestehende Falschheit behauptet. Auf den höheren Stufen oszilliert er beständig zwischen ‚wahr' und ‚falsch' hin und her. Er besitzt so aber, und das ist neu in Blaus ‚Reflexionslogik', auf jeder Stufe einen *wohlbestimmten Wahrheitswert*[21].

Ungeklärt bleibt dabei allerdings der *Grund* für das Auftreten der negativen Selbstbedingung und die damit verbundene Entstehung antinomischer Reflexionsstufen. Blaus knappe Bemerkungen hierzu (1985, 386, 395) geben auf diese Frage keine befriedigende Antwort. Im folgenden soll daher versucht werden, den antinomischen Mechanismus näher zu analysieren und eine Erklärung für das oszillierende Verhalten antinomischer Prädikationen zu finden.

In der schon erwähnten interessanten Arbeit von Kesselring wird das Bestehen einer *negativen Selbstbeziehung* (sic: Beziehung!) als Grund für die Entstehung von Antinomien namhaft gemacht (1984, 104 ff). Das

---

[21] Die Stufenabhängigkeit der Wahrheitswerte läßt sich auch noch in die Formulierung der Wahrheitsantinomie mit hineinnehmen, z.B. in der Form ‚Dieser Satz ist auf keiner Stufe wahr'. Man erhält auf diese Weise modifizierte Strukturen; Blau spricht diesbezüglich vom „schrankenlosen Lügner" (1985, 388, 451 ff). Inzwischen gibt es schon „Nachwuchs für den Lügner": den „Superlügner" (Schüßler 1986).

erscheint nicht unplausibel im Blick auf konkrete Fälle wie z. B. die Wahrheitsantinomie (‚Dieser Satz ist nicht wahr'), für die ersichtlich diese beiden Momente der Selbstbeziehung (‚dieser' Satz) und der Negation (‚nicht wahr') gegeben sind. Wie sich zeigen wird, sind in der Tat diese zwei Bedingungen *notwendig*, denn ohne sie wird ein Ausdruck nicht antinomisch. Anderseits kann diese Charakterisierung aber *nicht zureichend* sein, da die Eigenschaft negativer Selbstbeziehung, wie auch Kesselring sieht, in den meisten Fällen völlig harmlos ist – ein von Kesselring selbst angegebenes Beispiel hierfür: „Der Begriff *nicht gelb* ist nicht gelb" (1984, 105). Das Kriterium ist also nicht trennscharf; es erfaßt nicht die *spezifischen* Bedingungen antinomischer Strukturen. Im folgenden soll nun gezeigt werden, daß nicht die Eigenschaft negativer Selbstbeziehung schlechthin, sondern genauer der *Begriff der Nicht-Entsprechung mit eben diesem Begriff selbst* zu Antinomien führt. Um dies zu zeigen, sind zuvor einige Klärungen zum *Charakter negativer Begriffe* erforderlich.

Betrachten wir als Beispiel einer negativen Bestimmung etwa den *Begriff der Nicht-Materialität*, hier symbolisiert durch ‹nicht-materiell›, wobei die Anführung durch Winkel ‹...› andeuten soll, daß der im Begriff ausgedrückte *Bedeutungsgehalt als solcher*, d. h. die *begriffliche Intension*, nicht eine dieser entsprechende Entität (‚Instanz'), gemeint ist, hier also die Intension ‹nicht-materiell› selbst und nicht das dadurch bezeichnete nicht-materielle Sein. Wird nun eine nichtmaterielle Entität, z. B. eine Primzahl, auf den Begriff ‹nicht-materiell› bezogen, so ist sie offenbar *in Entsprechung* mit diesem, denn die Primzahl hat die Eigenschaft der Nichtmaterialität; sie ist damit ‹nicht-materiell›-entsprechend. Wird dagegen eine materielle Entität, z. B. die Erde, auf den Begriff ‹nicht-materiell› bezogen, so ist sie in *Nicht-Entsprechung* mit diesem Bezugsbegriff, d. h. die Erde ist *nicht* ‹nicht-materiell›-entsprechend, in schematischer Darstellung (wobei ‚⤳' den Übergang zu einer *Entsprechungsbeurteilung* der genannten Art bezeichnet und ‚/' zu lesen ist als ‚mit der Eigenschaft' und ‚es' als ‚entsprechend'):

‹nicht-materiell› : Primzahl / nicht-materiell ⤳ ‹nicht-materiell›-es
‹nicht-materiell› : Erde / materiell ⤳ nicht ‹nicht-materiell›-es

Man erkennt daraus: Bei einem *negativen Bezugsbegriff* ergibt der darauf bezogene Vergleich mit einer ihm entsprechenden *negativen* Eigenschaft etwas *Positives*, der Vergleich mit einer ihm nicht entsprechenden *positiven*

Eigenschaft hingegen etwas *Negatives,* schematisch (wenn nur die ‚Wertigkeiten' betrachtet werden):

‹**negativ**› : Entität / negativ ⤳ positiv
‹**negativ**› : Entität / positiv ⤳ negativ

Bei einem *negativen Bezugsbegriff* ist die rechts stehende Entsprechungsbeurteilung somit generell durch *Wertumkehr* gegenüber der zu beurteilenden Eigenschaft einer Entität charakterisiert. Der Grund ist darin zu sehen, daß die *Entsprechung* einer Eigenschaft mit einem Begriff stets etwas *Positives* darstellt, selbst dann, wenn der Bezugsbegriff und die ihm entsprechende Eigenschaft beide *negativ* sind. In bezug auf ein Negatives ist ein Negatives gleichartig, also in positiver Entsprechung, ein Positives hingegen ungleichartig, also in negativer Entsprechung mit ihm. Das ist die Erklärung für die beobachtete Wertumkehr bei negativem Bezugsbegriff. Prinzipieller läßt sich dies auch so fassen: Der Bezugsbegriff gibt gewissermaßen eine *Norm* für die Entsprechungsbeurteilung vor und legt dadurch fest, was als positive Entsprechung bezüglich dieser Norm zu gelten hat. *Jeder* Begriff, auch der negative, ist somit aufgrund seiner Normativität *stets auch durch Positivität* charakterisiert. Für den *negativen* Begriff hat das eine *prinzipielle Ambivalenz* zur Folge: In *inhaltlicher* Hinsicht hat er *negativen,* aufgrund seiner *Normativität* hingegen *positiven* Charakter. Das ist der eigentliche Grund für die genannte Wertumkehr der Entsprechungsbestimmungen[22].

In *struktureller* Hinsicht enthält die angegebene schematische Darstellung offenbar die folgenden Bestimmungsstücke: Vorausgesetzt ist ein Begriff als *Bezugsbestimmung,* ferner eine *Entität* mit ihren *Eigenbestimmungen* (‚Eigen'-schaften), die nun hinsichtlich ihrer *Entsprechung* mit dem Bezugsbegriff beurteilt werden. Zu unterscheiden sind also die durch den Bezugsbegriff repräsentierte *semantische* Hinsicht, die *ontische* Hinsicht einer Entität mit gewissen Eigenbestimmungen und schließlich die gleichsam *pragmatische* Hinsicht der Entsprechungsbeurteilung aufgrund eines Vergleichs. ‚Pragmatisch' kann die letztere insofern genannt werden, als es sich dabei zunächst nicht um eine inhärente Eigenbestimmung der betrachteten Entität handelt, sondern um das Resultat einer *Beurteilung*

---

[22] Vgl. hierzu auch Wandschneider 1993a.

ihrer Entsprechung hinsichtlich eines vorgegebenen Bezugsbegriffs. Wird z. B. einem Stein die Eigenschaft der *Nichtentsprechung* mit dem Begriff des Hundes zugesprochen, dann besitzt er *diese* Eigenschaft sozusagen nur aufgrund eines vom Sprachverwender vollzogenen *Reflexionsaktes* auf das Entsprechungsverhältnis des Steins bezüglich des Begriffs ‹Hund›. Die Entsprechungsbestimmung selbst repräsentiert somit keine ontische Eigenbestimmung des Steins, sondern eine gleichsam *reflexionsinduzierte* und somit *pragmatische* Bestimmung – allgemein (in schematischer Darstellung):

‹Bezugsbegriff› : Entität / Eigenbestimmung ⤳ Entsprechungsbestimmung
(semantisch) (ontisch) (pragmatisch)

Man beachte, daß ‚⤳' *nicht* die übliche aussagenlogische Implikation bezeichnet, sondern eben einen ‚reflexionsinduzierten' Übergang zu einer Entsprechungsbestimmung aufgrund einer Eigenbestimmung.

Um gleich zu dem hier wesentlichen Sachverhalt zu kommen, soll als Bezugsbegriff nun speziell ein negativ-selbstreferentieller Begriff ‹B› gewählt werden, der insbesondere *Nicht-Entsprechung mit ihm selbst* ausdrückt, also

‹B› = ‹nicht-‹B›-entsprechend›.

Das vorher angegebene Schema hat dann die Form:

‹B› = ‹nicht-‹B›-entsprechend› : Entität / Eigenbestimmung ⤳ Entsprechungsbestimmung

Wird die so generierte Entsprechungsbestimmung der Entität nun *selbst als eine Eigenbestimmung derselben gedeutet* (dazu gleich mehr), so ist das Anlaß für eine *neue Entsprechungsbestimmung*, die ebenfalls wieder als Eigenbestimmung gedeutet werden kann, usw. Wird diese Reihe z. B. willkürlich mit der Bestimmung ‚‹B›-entsprechend' begonnen, so ergibt sich, wie man sofort verifiziert (mit ‚es' als Abkürzung für ‚entsprechend'):

‹B› = ‹nicht-‹B›-es› : Entität / ‹B›-es ⤳ nicht-‹B›-es ⤳ ‹B›-es ⤳ …

Im einzelnen: Für die Bestimmung ‚‹B›-es' ist *Nicht*-Entsprechung mit dem Bezugsbegriff ‹nicht-‹B›-es› und damit eine neue Entsprechungsbestimmung ‚nicht-‹B›-es' gegeben. Wird nun diese ihrerseits als Eigenbestimmung der Entität gedeutet, so ist diese *in Entsprechung* mit dem Bezugsbegriff ‹nicht-‹B›-es› und hat damit eine neue Entsprechungsbestimmung ‚‹B›-es' zur Folge usf. Auf diese Weise ergibt sich eine Sequenz *alternierender* Entsprechungsbestimmungen ‚nicht-‹B›-es', ‚‹B›-es', ‚nicht-‹B›-es' etc. Daß dabei mit ‚‹B›-es' begonnen wurde, ist, wie gesagt, willkürlich, aber unwesentlich: Wäre mit ‚nicht-‹B›-es' begonnen worden, hätte sich die gleiche – nur um ein Glied verschobene – Folge alternierender Entsprechungsbestimmungen ergeben.

Hier könnte sich die Frage stellen, warum die bereits aufgetretenen Bestimmungen nicht erhalten bleiben, sondern durch die jeweils neuen gewissermaßen ‚verdrängt' werden. Nun, einer solchen Frage läge ein Mißverständnis zugrunde. Denn in dem angegebenen (letzten) Ausdruck *sind* ja alle prädizierten Entsprechungsbestimmungen erhalten. Die jeweils neue verdrängt die vorhergehende nicht; sie geht nur über diese hinaus: in der Form eines Reflexionsübergangs zur nächsthöheren *Reflexionsstufe*. Diese beseitigt die ihr vorausgehenden Stufen nicht, sondern setzt sie vielmehr voraus. Der Schein der ‚Verdrängung' entsteht, genauer betrachtet, aus dem Phänomen des antinomischen Umschlags, der in Wahrheit der *Übergang zu einer neuen Reflexionsebene* ist, auf der die vorige Bestimmung in der Tat nicht mehr auftritt; doch auf ihrer eigenen Stufe ist sie sehr wohl erhalten. Deutlichkeitshalber sei hinzugefügt, daß der hier und im folgenden verwendete Begriff der *‚Reflexion' nicht subjektivistisch* genommen werden darf: Reflexion macht nach dem entwickelten Verständnis nur etwas sichtbar, was der *Logik* angehört und damit, wie einleitend schon bemerkt (Kap. 1.1), wesentlich *transsubjektiven* Charakter hat.

Soviel zunächst zur Erläuterung des Schemas; nun zu seiner sachlichen Interpretation: Wie man unschwer erkennt, liegt hier der Fall einer *negativen Selbstbedingung* vor: Jede neu entstehende Entsprechungsbestimmung generiert, indem sie als Eigenbestimmung gedeutet wird, immer die ihr *entgegengesetzte* Entsprechungsbedingung und führt so zu einer beständigen Wertumkehr in der Abfolge der Entsprechungsbestimmungen. Wesentlich für die dadurch induzierte *antinomische Struktur* sind offenbar die folgenden Bestimmungsstücke:

Voraussetzung ist zum einen ein *Bezugsbegriff*, der *Nicht-Entsprechung mit ihm selbst* bedeutet (und von dessen Eigentümlichkeiten an späterer Stelle (Kap. 2.2) noch ausführlich zu sprechen sein wird). Das Entsprechungsverhältnis von Bezugsbegriff und Entsprechungsbestimmung ist hier also

– das ist entscheidend – *im Bezugsbegriff selbst* (d. h. in der dieses Verhältnis bestimmenden Norm) *semantisch nachgebildet* (und zwar negativ als *Nicht*-Entsprechung) und bestimmt in dieser Weise wiederum das Entsprechungsverhältnis zwischen diesem Bezugsbegriff und den so generierten Entsprechungsbestimmungen[23]. Es ist deutlich, daß dadurch gewissermaßen eine *Rückkopplung* entsteht, die im vorliegenden Fall eines *negativen* Bezugsbegriffs in der Tat einen Bedingungszusammenhang von der Art einer *negativen Selbstbedingung* konstituiert[24].

Eine wesentliche Voraussetzung dafür ist freilich die beständige *Umdeutung einer Entsprechungsbestimmung in eine Eigenbestimmung* der betrachteten Entität; nur so kommt es zu einer unabschließbaren Folge immer neuer Entsprechungsbestimmungen. *Ohne* diese Umdeutung bliebe die reflexionsinduzierte Entsprechungsbestimmung eine kontingente, der Entität selbst äußerliche Hinsicht, die ihrerseits nicht wiederum für eine Entsprechungsbeurteilung in Frage käme. Erst die – keineswegs selbstverständliche – Umdeutung der Entsprechungsbestimmungen in Eigenbestimmungen führt in der angegebenen Weise zu einem infiniten Progreß oszillierender Prädikationen[25] und stellt damit eine *notwendige Voraussetzung antinomischer Strukturen* dar.

---

[23] T. Kesselrings Unterscheidung von „Basisfunktion" und „Superfunktion" (1984, 106) stellt offenbar eine Parallele dar zu dem charakterisierten Entsprechungsverhältnis von Bezugsbegriff und Entsprechungsbestimmung. Wenn das zutrifft, dann dürfte Kesselring allerdings nicht sagen, daß die für die Antinomie entscheidende *Negation* von Selbstbeziehung (genauer handelt es sich, wie schon bemerkt, vielmehr umgekehrt um die Selbstbeziehung einer Negation) *entweder* durch Negation der Basisfunktion *oder* der Superfunktion erreichbar sei. Denn tatsächlich tritt die Antinomie, wie dargelegt, nur auf, wenn der *Bezugsbegriff*, also Kesselrings ‚Basisfunktion', negativ ist (und zudem insbesondere die Negation von Selbstbeziehung *bedeutet* und so zugleich eine selbstbezügliche Negation repräsentiert).

[24] Insofern bleibt auch die übliche Unterscheidung ‚logischer' und ‚semantischer' Antinomien an der Oberfläche, da für das Auftreten antinomischer Strukturen, wie dargelegt, allein die Struktur des Bezugsbegriffs entscheidend ist, nicht das sprachliche Rankenwerk (vgl. Wandschneider 1993a).

[25] Man beachte, daß sich aus einer solchen Umdeutung *stets* ein infiniter Progreß von Entsprechungsbestimmungen ergibt – auch im nicht-antinomischen Fall; denn jede solche als Eigenbestimmung gedeutete Entsprechungsbestimmung ermöglicht einen neuen Reflexionsakt im Hinblick auf die Entsprechung mit dem Bezugsbegriff und damit eine neue Entsprechungsbeurteilung. Aber im

Ist eine solche Umdeutung einer Entsprechungsbestimmung in eine Eigenbestimmung aber legitim? In einem gewissen Sinn ja; denn die Entsprechungsbestimmung ist jedenfalls ein Prädikat, das auf die betrachtete Entität (im Hinblick auf den Bezugsbegriff) zutrifft. Nur handelt es sich dabei um eine relationale Eigenschaft, die sich eben aus der Beziehung auf den jeweils zugrundegelegten Bezugsbegriff ergibt und nicht schon unabhängig von dieser Beziehung besteht. Die Umdeutung ist also durchaus möglich[26], normalerweise aber ganz uninteressant, wie z.B. die Feststellung, daß ein Stein nicht ‹Hund›-entsprechend ist. Eine andere Situation ist gegeben, wenn der Bezugsbegriff selbst eine *negative Entsprechungsbestimmung bezüglich seiner selbst bedeutet,* etwa ‹B› = ‹nicht-‹B›-entsprechend›. Denn in diesem Fall, und nur in diesem, entsteht eine ‚negative Rückkopplung': Der Bezug einer Entsprechungseigenschaft auf einen solchen Bezugsbegriff führt, wie sich gezeigt hat, zu einer entgegengesetzten Entsprechungseigenschaft, die erneut auf den Entsprechungsbegriff bezogen werden kann usw. Die Folge ist eine infinite Proliferation alternierender Entsprechungsbestimmungen und damit *antinomische Struktur.*

Festzuhalten bleibt danach, daß eine antinomische Struktur prinzipiell – also auch unabhängig von der üblichen Unterscheidung logischer und semantischer Kategorien (vgl. Wandschneider 1993a) – auf eine Begriffsbildung vom Typ einer negativen Selbst-Entsprechungsbestimmung der Form ‚‹B› = ‹nicht-‹B›-entsprechend›' beruht. *Das Auftreten einer Antinomie verweist damit stets auf einen ihr zugrundeliegenden antinomischen Begriff dieser Art.* Ebendies wird sich als zentral für die Möglichkeit dialektischer Kategorienentwicklung erweisen.

---

nicht-antinomischen Fall ergibt sich so, wie man sich leicht vergegenwärtigt, eine zwar infinite, aber (evtl. nach anfänglicher Wertumkehr) doch *stabile* Folge von Entsprechungsbestimmungen, während die Folge im antinomischen Fall (aufgrund der beständigen Wertumkehr bei negativem Bezugsbegriff) *oszilliert.* Der infinite Progreß von Entsprechungsbestimmungen und selbst das anfängliche Auftreten von entgegengesetzten Entsprechungsbestimmungen ist also noch nicht hinreichend für das Bestehen einer antinomischen Struktur.

[26] Der Carnapsche Begriff der ‚Sphärenvermengung', mit dem Kesselring offenbar genau diese Umdeutung zu charakterisieren versucht (1984, vgl. 121 f, 374), ist insofern etwas irreführend: als handle es sich dabei um ein Versehen, einen Denkfehler. A. Kulenkampff verwendet diesen Begriff ebenfalls, und zwar zur Kennzeichnung einer „Reflexion der Reflexion", die in einen perennierenden Regreß, ähnlich dem hier beschriebenen, führt (1970, 20).

2.2 Der antinomische Begriff

Nachdem der antinomischen Strukturen zugrundeliegende Erzeugungsmechanismus analysiert worden ist, soll nun der hierfür verantwortliche *Bezugsbegriff* näher untersucht werden. Dabei wird sich zeigen, daß dieser selbst schon *in sich kontradiktorisch* ist. Das muß überraschen, denn zunächst hat sich nur ergeben, daß eine (beliebige) *Entität* in bezug auf den Begriff ‹B› = ‹nicht-‹B›-entsprechend›[27] kontradiktorische Entsprechungseigenschaften besitzt, wobei die *Inhaltsbestimmung von ‹B› selbst* (nämlich ‹nicht-‹B›-entsprechend›) aber *festzuliegen* schien. Diese Auffassung kann indes, wie sich herausstellen wird, nicht aufrechterhalten werden. Nicht nur die reflexionsinduzierten Entsprechungsbestimmungen einer Entität bezüglich ‹B› sind kontradiktorisch, sondern schon ‹B› selbst repräsentiert einen *kontradiktorischen Sinngehalt,* nämlich, wie sich zeigen wird, im Hinblick auf seinen semantischen und pragmatischen Sinnaspekt. Der Begriff ‹B› selbst erscheint so, mit einem Hegelschen Topos, geradezu als „das Andere seiner selbst" (5.127)[28].

Betrachten wir zum Vergleich den Begriff ‹Q› = ‹nicht-‹R›-entsprechend›, der Nichtentsprechung mit einem Referenzbegriff ‹R› ausdrückt. Besitzt ‹R› eine von ‹Q› unabhängige Bedeutung, so ist ‹R›, und damit auch ‹Q›, *semantisch fundiert.* Für den antinomischen Begriff ‹B› = ‹nicht-‹B›-entsprechend› ist dies ersichtlich nicht mehr gegeben, denn in der Bedeutung von ‹B› ist auf ‹B› selbst bezuggenommen; ‹B› ist dadurch *inhaltlich selbstreferentiell* und somit eine *unfundierte, semantisch offene* Bestimmung[29].

Diese Unbestimmtheit wird sofort sichtbar, wenn der Begriff ‹B› = ‹nicht-‹B›-entsprechend› – was aufgrund seiner inhaltlichen Selbstreferentialität ja möglich ist – in *sich selbst eingesetzt,* also ‚B' durch ‚nicht-‹B›-entsprechend' ersetzt wird. Die Schritte sind im einzelnen die folgenden (wobei, um die Zahl der Winkelklammern zu reduzieren, einfachheitshalber nur der ‚Klammerinhalt' B – dazu gleich mehr – betrachtet wird): (1) B = nicht-

[27] Ich verzichte hier und im folgenden, wenn Mißverständnisse nicht zu befürchten sind, für derartige Ausdrücke auf Anführungszeichen ‚...'.

[28] Vgl. auch das instruktive Beispiel bei Kesselring 1984, 291. Einen Eindruck von dem Beziehungsreichtum einer solchen Struktur vermitteln die subtilen Argumentationen bei Henrich 1978, bes. 218 ff.

[29] Eine derartige Begriffsstruktur wird auch von Kutschera (1964, 54 f) als wesentlich für die Entstehung antinomischer Strukturen nachgewiesen.

‹B›-entsprechend = nicht-(‹nicht-‹B›-entsprechend›)-entsprechend. (2) Nun ist (läßt man hier das erste ‚nicht' zunächst einmal außer Betracht) durch ‚‹nicht-‹B›-entsprechend›-entsprechend' aber die dem Begriff ‹nicht-‹B›-entsprechend› entsprechende Eigenschaft, und das heißt die Eigenschaft ‚nicht-‹B›-entsprechend' charakterisiert – auch dazu gleich mehr. (3) Hiermit hat man insgesamt: B = nicht-‹B›-entsprechend = nicht-(nicht-‹B›-entsprechend) = ‹B›-entsprechend. War B also zunächst äquivalent mit ‚nicht-‹B›-entsprechend', so erweist es sich nach Selbsteinsetzung nun als äquivalent mit der entgegengesetzten, positiven Bestimmung ‚‹B›-entsprechend'. (4) Erneute Ersetzung von ‹B› durch ‹nicht-‹B›-entsprechend› liefert: ‹B›-entsprechend = (‹nicht-‹B›-entsprechend›)-entsprechend = nicht-‹B›-entsprechend (letzteres wegen (2)), führt also zu der ursprünglichen negativen Bestimmung zurück. In dieser Weise kann fortgefahren werden. Für die Eigenschaft B ergeben sich dadurch *oszillierende* Bestimmungen ‚nicht-‹B›-entsprechend', ‚‹B›-entsprechend', ‚nicht-‹B›-entsprechend' usf., wie sie schon von der Analyse der antinomischen Struktur her bekannt sind, aber hier oszilliert nun der *Sinngehalt* des Begriffs ‹B› selbst.

Allgemein gilt, daß mit jeder Ersetzung von ‹B› durch ‹nicht-‹B›-entsprechend› in dem so erhaltenen Ausdruck erneut ‹B› auftritt (wegen der Unfundiertheit von ‹B›), wofür wiederum ‹nicht-‹B›-entsprechend› substituiert werden kann, usw. Das Verfahren ist beliebig fortsetzbar. Mit jeder Substitution wird nun aber eine weitere Negation eingeschleust, sodaß sich die jeweilige Bestimmung von B bzw. ‹B› aufhebt und in ihr Gegenteil übergeht. Der antinomische Begriff ‹B› erweist sich so in der Tat als *‚das Andere seiner selbst'* (s. o.). Durch Selbsteinsetzung wird das in der Weise sichtbar, daß er abwechselnd in entgegengesetzten Bestimmungen erscheint: eine Form negativer Selbstbedingung auf der Bedeutungsebene.

Diese Eigentümlichkeit *kontradiktorischer Sinngehalte* von ‹B› soll nun näher untersucht werden. Offenbar handelt es sich hier nicht um eine *semantisch* widersprüchliche Bestimmung von der Art ‹schwarzer Schimmel›. Vielmehr ist ein weiteres Mal, wie sich zeigen wird, ein *pragmatischer* Aspekt wesentlich.

Hierzu ist folgendes zu bedenken: Eine *Eigenschaft,* z. B. ‚rot', läßt sich grundsätzlich in zweifacher Weise kennzeichnen[30]: zum einen direkt *semantisch,* d. h. durch Bedeutungserklärung des Begriffs ‹rot› im Sinn von

---

[30] Diese zunächst vielleicht eher trivial anmutende Unterscheidung wird hinsichtlich ihrer Relevanz für das Antinomienproblem sogleich deutlich werden.

‹Farbe einer bestimmten Wellenlänge›, zum andern aber auch indirekt, nämlich *pragmatisch* als die einem bestimmten Begriff – hier ‹rot› – *entsprechende* Eigenschaft. ‚Pragmatisch' ist diese letztere Form der Kennzeichnung deshalb, weil dabei auf den *Reflexionsakt* einer Entsprechungsbeurteilung von Eigenschaft und Begriff rekurriert ist. Diese Kennzeichnung der ontischen Bestimmung (d.h. Eigenschaft) ‚rot' durch die pragmatische Bestimmung ‚‹rot›-entsprechend' entspricht im übrigen der vorher (Kap. 2.1) diskutierten *Umdeutung* einer Reflexionsbestimmung in eine Eigenbestimmung (‚rot') einer Entität.

Man beachte, daß die semantische und die pragmatische Variante Kennzeichnungen *derselben Eigenschaft* sind und nicht etwa verschiedene ‚Hinsichten' derselben repräsentieren. Es könnte eingewendet werden, daß die pragmatische Kennzeichnung ‚‹rot›-entsprechend' nicht die Eigenschaft ‚rot' *selbst* ist, sondern lediglich eine *Eigenschaft der Eigenschaft* ‚rot': eben die, in Entsprechung mit ‹rot› zu sein. Das ist einerseits richtig; anderseits gilt aber, daß diese Eigenschaft ‚‹rot›-entsprechend' *ausschließlich* der Eigenschaft ‚rot' als *definierende Bedingung* zukommt. So kann ‚rot' in allen Kontexten durch ‚‹rot›-entsprechend' ersetzt werden und umgekehrt, nicht hingegen etwa ‚blutig'. Zwar ist auch ‚blutig' ‹rot›-entsprechend, aber es ist keineswegs *Definition* von ‚blutig', dem Begriff ‹rot› zu entsprechen. Daß eine Entität dem Begriff ‹rot› ‚entsprechend', d.h. eine *Instanz* desselben ist, könnte Platonisch auch so ausgedrückt werden, daß sie ‚an der Idee ‹rot› teilhat'.

Mit den Begriffen ‹Intension› und ‹Extension› lassen sich diese Zusammenhänge auch so kennzeichnen: Die Bestimmungen ‹rot› und ‹‹rot›-entsprechend› sind offenbar *intensional verschieden.* Indem sie aber beide gleichermaßen die Eigenschaft ‚rot' bezeichnen, sind sie *extensional gleich* oder *äquivalent.* Das ist im folgenden stets zu beachten; insbesondere hat die Verwendung des *Gleichheitszeichens* hier stets diesen Sinn extensionaler Gleichheit.

Diese Überlegungen liefern zugleich die Begründung für den Übergang (2) von ‚‹nicht-‹B›-entsprechend›-entsprechend' zu ‚nicht-‹B›-entsprechend' in dem eben beschriebenen Selbsteinsetzungsprozeß. Man hätte, wie jetzt deutlich ist, auch einfacher von ‚‹B›-entsprechend' zu B übergehen können und hätte damit sofort die Reihe: B = nicht-‹B›-entsprechend = nicht-B = nicht-(nicht-‹B›-entsprechend) = ‹B›-entsprechend = B usf., also mit alternierenden Gliedern B, nicht-B, B usw.

Grundsätzlich zeigt sich hier folgendes: Die *pragmatische* Variante ‚‹E›-

entsprechend' einer Eigenschaft E beruht auf einer *generellen* Eigenschaft von Begriffen: Der Begriff ‹E› bestimmt, was eine Eigenschaft E ist, die dadurch umgekehrt in Entsprechung mit ‹E› ist, mit anderen Worten: Der Begriff legt durch seine Allgemeinheit gewissermaßen eine *Norm* fest, von der her beurteilt werden kann, ob eine Eigenschaft dieser Norm entspricht. Der Begriff konstituiert so qua Begriff gewissermaßen eine *pragmatisch-reflexive Struktur:* ‹E› ist nur dadurch *Begriff,* daß durch ihn etwas als etwas bestimmt wird, das dergestalt ein ‹E› *Entsprechendes* ist. Über die durch ihn bestimmte Eigenschaft steht der Begriff gleichsam in einer *pragmatischen Relation zu sich selbst.* Diese Möglichkeit pragmatischer Reflexivität beruht also wesentlich darauf, daß die Bedeutung des Begriffs ein *Allgemeines* ist, das, als ein Allgemeines, in seinen Anwendungsfällen (,Eigenschaften', ,Instanzen') in Entsprechung mit sich selbst ist – ontologisch zweifellos ein schwer faßbarer Sachverhalt, der auf das alte Platonische Problem der *Teilhabe* zurückverweist.

Entscheidend ist, daß hier ein *fundamentaler Unterschied von Begriff (Bedeutung) und Eigenschaft,* Bestimmt*heit* und Bestimmt*sein* sichtbar wird: Der Begriff *ist* nicht nur bestimmt (wie Tische und Stühle), sondern er ist *Allgemeinheit* des Bestimmtseins (nämlich als die *Bedeutung* ‹Tisch›, ‹Stuhl› usw.), und das heißt: eine *Norm,* die festlegt, welches Bestimmte in Entsprechung mit ihr ist. Diese hier als *pragmatische Reflexivität* bezeichnete indirekte Beziehung des Begriffs (semantisch) über seine Instanzen (ontisch) zu sich selbst gehört konstitutiv zum Begriff *als Begriff.* Dieser Zusammenhang, der hier nicht weiter vertieft werden kann, bildet, denke ich, ein zentrales Bestimmungsstück einer Theorie der ,Bedeutung von Bedeutung'[31].

Es wird hier offenbar nötig, verschiedene *Typen reflexiver Strukturen* zu unterscheiden: (1) Die eben charakterisierte *pragmatische Reflexivität* von Begriffen; (2) *semantische Reflexivität* im Sinn inhaltlicher Selbstreferentialität derart, daß in der Bedeutung eines Begriffs auf diese Bedeutung selbst bezuggenommen ist wie z.B. im Fall des antinomischen Begriffs ‹B› = ‹nicht-‹B›-entsprechend›; (3) eine Form, die als *ontische Reflexivität* bezeichnet werden kann und die dann gegeben ist, wenn ein Begriff zugleich

---

[31] So der Titel einer Arbeit von H. Putnam. Zum Problem selbst vgl. Hegel (6.251 f, 274 ff), wo diese Zusammenhänge, soweit ich sehe, erstmals klar erkannt und formuliert sind.

selbst die *Eigenschaft* besitzt, die er *bedeutet* – z. B. im Fall der Bestimmung ‹Begriff›, die ja selbst ein Begriff *ist;* (4) die schon erläuterte Struktur *negativer Selbstbedingung* oder, in sprachlicher Form, des *vitiösen Zirkels* (wobei es sich, wie früher erläutert, um eine Rückkopplungsstruktur in einem Systemzusammenhang handelt).

Bezeichnenderweise sind diese Reflexivitätstypen, soweit ich sehe, in den Untersuchungen zum Antinomienproblem bisher garnicht differenziert worden. Der Begriff der *‚Selbstbezüglichkeit'*, der in diesem Kontext – grundsätzlich zu Recht – in den Vordergrund gerückt worden ist[32], ist viel zu unpräzise und insofern eher geeignet, das Problem zu verdunkeln als zu erhellen. Daß die genaue Unterscheidung der verschiedenen Reflexivitätstypen für die Klärung des Antinomienproblems unerläßlich ist, wird sich im folgenden zeigen.

Hierfür ist zunächst das *Verhältnis der semantischen und der pragmatischen Variante des antinomischen Begriffs* ‹B› = ‹nicht-‹B›-entsprechend› zu betrachten: Die *semantische Variante* von ‹B› ist offenbar der Begriff ‹nicht-‹B›-entsprechend›; die *pragmatische Variante* von ‹B› ist dagegen *der* Begriff, der zur pragmatischen Kennzeichnung ‚‹B›-entsprechend' der Eigenschaft B gehört, also der Begriff ‹‹B›-entsprechend›. Man beachte, daß die *pragmatische Variante stets positiv* ist, auch im Fall eines semantisch *negativen* Begriffs: einfach deshalb, weil ‚Entsprechung', wie schon bemerkt, stets etwas Positives ist. Damit ist noch einmal der früher schon festgestellte Umstand formuliert, daß der Begriff eine Norm repräsentiert und Normentsprechung affirmativen Charakter hat.

Von daher wird in neuer Weise deutlich, *warum* der antinomische Begriff ‹B› = ‹nicht-‹B›-entsprechend› in sich selbst kontradiktorisch ist: Offenbar deshalb, weil die semantische Begriffsvariante ‹nicht-‹B›-entsprechend› hier gerade so bestimmt ist, daß sie das *Gegenteil* der pragmatischen Begriffsvariante ‹‹B›-entsprechend› ist, die ihrerseits, wie gesagt, stets positiv ist. ‹B› enthält auf diese Weise einen *semantisch-pragmatischen Widerspruch,* der darauf beruht, daß die *semantische* Variante von ‹B› der *pragmatischen* Variante desselben Begriffs ‹B› kontradiktorisch entgegengesetzt ist. Beide Varianten verhalten sich solchermaßen *ausschließend* zueinander, obwohl sie *denselben* Begriff charakterisieren! Genau das ist auch die Erklärung, warum der antinomische Begriff gerade diese bizarre Form ‹B› = ‹nicht-‹B›-entsprechend› hat: Die semantische Variante ‹nicht-‹B›-entsprechend› ist hier so

[32] Z.B. Kesselring 1984, 104 ff.

strukturiert, daß sie die pragmatische Variante ‹B›-entsprechend – freilich als negierte – *mitenthält.* ‚Normale' semantische Gehalte hingegen, die also nicht diese ‚pathologische' Form haben, *können* mit der pragmatischen Begriffsvariante garnicht in Konflikt geraten.

Zugleich ist deutlich, daß *beide* ‹B›-Varianten stets *koexistieren,* d.h. bei gegebener semantischer Bestimmung ist es nicht möglich, die pragmatische Variante etwa fallenzulassen. Und obwohl im antinomischen Fall beide *unvereinbar* sind, sind sie *gleichermaßen unverzichtbar.* Damit bestätigt sich die frühere Feststellung, daß der antinomische Widerspruch geradezu eine Art *wahrer Kontradiktion* darstellt, was den immer wieder als quälend empfundenen *aporetischen* Charakter des Antinomischen begreiflich werden läßt.

Hinzu kommt, daß der semantisch-pragmatische Widerspruch als solcher eine *verdeckte Kontradiktion* ist, da diese auf einer nicht explizierten, *außersemantischen* Voraussetzung (eben der pragmatisch-reflexiven Struktur des Begriffs) beruht. Eine kontradiktorische Bestimmung auf der *semantischen* Ebene – Beispiel: ‹schwarzer Schimmel› – wäre offensichtlich und unmittelbar als Widerspruch erkennbar, während der Begriff ‹B› = ‹nicht-‹B›-entsprechend› prima vista unverfänglich erscheint[33]. Erst nachdem gezeigt ist, daß das darin enthaltene Bestimmungsstück ‚‹B›-entsprechend', als pragmatische Variante von B, durch B ersetzt werden kann, tritt der in dem Begriff latent vorhandene Widerspruch

‹B› = ‹nicht-‹B›-entsprechend› = ‹nicht-B›

auch semantisch in Erscheinung.

Hier wird ferner der Grund dafür erkennbar, daß die durch die Unfundiertheit von ‹B› ermöglichte Selbsteinsetzung des antinomischen Begriffs in sich zu einer Folge *alternierender* Bestimmungen führt: Durch jede solche Substitution wird ja eine *Negation* eingeschleust. Iterierte Selbsteinsetzung läuft damit auf eine iterierte Anwendung von Negationen hinaus, die oszillierende Bestimmungen für ‹B› ergibt, wie sie schon aus der Analyse

[33] Wenn W. Gölz (1986, 12 f) darauf hinweist, daß die (Wahrheits-)Antinomie auf einer widerspruchsvollen Definition beruhe, so ist dem hinzuzufügen, daß der Widerspruch aber nicht semantischer, sondern *semantisch-pragmatischer* Natur ist. Die semantische Analyse allein wird hier keine Widersprüchlichkeit sondern (mit Gölz) lediglich „Sinnlosigkeit" (1986, 13) – im Sinn der Unfundiertheit – ausmachen können.

der antinomischen Struktur (dort hinsichtlich der Entsprechungsprädikationen) bekannt ist.

Das Verfahren der Selbsteinsetzung beruht, technisch gesehen, auf der inhaltlichen Selbstreferentialität von ‹B›, also auf *semantischer Reflexivität*[34]. In der Tat ist es nur so möglich, auf der Ebene der Bedeutung eines Begriffs ein *Entsprechungsverhältnis bezüglich dieses Begriffs selbst inhaltlich-semantisch zu modellieren.* Dies ist aber, wie dargelegt, die Voraussetzung für einen antinomischen Begriff, indem die semantische ‹B›-Variante ‹nicht-‹B›-entsprechend› solchermaßen in Widerspruch zur pragmatischen Variante ‹‹B›-entsprechend› gerät. Auf diese Weise kann es *Entsprechung* mit ‹B› nur als *Nicht*-Entsprechung mit ‹B› geben, und das heißt: als *Negation* der mit dem Begriffscharakter von ‹B› immer schon präsupponierten *pragmatischen Reflexivität.*

Und weiter: Da jede beliebige Entität einer Entsprechungsbeurteilung in bezug auf den antinomischen Begriff ‹B› unterzogen werden kann, so kann dafür auch *der Begriff ‹B› selbst* gewählt werden, dem daraufhin (wie jeder anderen Entität auch) abwechselnd die Eigenschaften ‚‹B›-entsprechend', ‚nicht-‹B›-entsprechend', ‚‹B›-entsprechend' usw. zugesprochen werden müssen, mit anderen Worten: Dem Begriff ‹B› kommt dann die Eigenschaft, die er bedeutet, selbst zu und auch nicht zu, sodaß ‹B› auch *ontische Reflexivität* besitzt und zugleich nicht besitzt.

Man erkennt daraus, daß die Funktion *reflexiver Strukturen* für das Auftreten von Antinomien weitaus differenzierter zu sehen ist, als bisherige Auffassungen vermuten lassen – ich denke hierbei insbesondere auch an Kesselrings (1984) außerordentlich anregende Analyse, die im Hinblick auf die eben aufgezeigten Zusammenhänge indes eine Unterbestimmung antinomischer Strukturen darstellt[35]. Nicht nur, daß in diesem Kontext insgesamt *vier Formen von Reflexivität* unterschieden werden müssen (s.o.); es zeigt sich auch, daß diese eigentümlich *ineinander verschränkt* sind. Dies sei abschließend nochmals vergegenwärtigt:

Was zunächst ins Auge fällt, ist die *semantische Reflexivität* von ‹B› = ‹nicht-‹B›-entsprechend›, die auch kurz als *Nichtselbstentsprechung* charakterisiert

---

[34] Man vergleiche hierzu die vorher angegebene Unterscheidung verschiedener Typen reflexiver Strukturen.

[35] In Kap. 2.1 wurde bereits darauf hingewiesen, daß das von Kesselring angegebene Kriterium negativer Selbstbezüglichkeit zur Kennzeichnung antinomischer Beziehungen nicht trennscharf ist.

werden kann. Dabei ist freilich die anwendungsbedingte Doppeldeutigkeit des darin enthaltenen ‚selbst' zu beachten: Als Kennzeichnung eines *semantisch unabhängig* bestimmten, also fundierten Begriffs meint ‚selbst' diesen als Entität, und ‚nichtselbstentsprechend' besagt dann, daß der Begriff selbst nicht die *Eigenschaft* hat, die er bedeutet, z. B. daß der Begriff ‹rot› nicht selbst rot ist, also das Nichtbestehen einer *ontischen* Reflexivität. Dieser *fundierte* Gebrauch von ‹nichtselbstentsprechend› führt aber, wie schon erwähnt, keineswegs zu Antinomien. Antinomisch wird der Begriff ‹nichtselbstentsprechend› tatsächlich erst im Fall *semantischer Selbstreferentialität,* weil er dadurch die *Fundierung verliert.* ‚Selbst' bezieht sich jetzt auf die Bedeutung ‹nichtselbstentsprechend› *selber.* Diese besagt, genau wie im fundierten Fall, ‹Nichtbestehen einer *ontischen* Reflexivität›, jetzt aber nicht mehr für einen von ihr *verschiedenen,* semantisch fundierten Begriff, sondern für *sie selbst,* und das heißt einen – aufgrund der hier gegebenen *semantischen* Reflexivität – unfundierten Begriff. Die *Negation ontischer* Reflexivität ist hier also, was wohl zu beachten ist, *zugleich das Bestehen semantischer* Reflexivität. Ferner ist festzustellen, daß dem antinomischen Begriff *ontische Reflexivität,* die er auf der Bedeutungsebene ja *negiert,* auf der Eigenschaftsebene (als Entsprechungseigenschaft) *zukommt und zugleich nicht zukommt* (siehe vorletzten Absatz). Darüberhinaus besitzt der antinomische Begriff natürlich die generelle *pragmatische Reflexivität* des Begriffs als Begriff. Und schließlich beruht die antinomische Grundstruktur insgesamt, wie dargelegt, auf dem reflexiven Rückkopplungsmechanismus vom Typ einer *negativen Selbstbedingung* (vitiöser Zirkel).

Alle diese Hinsichten sind an dem *einen* unverfänglich scheinenden Begriff entwickelbar, der auf der semantischen Ebene ein negatives Entsprechungsverhältnis bezüglich des Begriffs, der er selbst ist, ausdrückt. Die damit verbundene erstaunliche Beziehungsvielfalt läßt die Irritation, die seit je vom Antinomienproblem ausging, begreiflicher erscheinen. Diese vielfache Doppelbödigkeit des antinomischen Begriffs, so ist jetzt deutlich geworden, beruht nicht zuletzt darauf, daß hier ganz verschiedene Reflexivitätsstrukturen – semantische, ontische, pragmatische Reflexivität, ferner die negativer Selbstbedingung – in dem singulären Fall dieses besonderen unfundierten Begriffs in schwer durchschaubarer Weise ineinander verschränkt sind und dergestalt auf der Bedeutungsebene wie auf der Eigenschaftsebene (Entsprechungseigenschaften) zu kontradiktorischen Bestimmungen führen.

2.3 Der antinomische Widerspruch

Deutlich ist freilich auch, daß diese formal kontradiktorischen Bestimmungen *verschiedenen Reflexionsstufen*[36] angehören und insofern recht verstanden *nicht zu einer Kontradiktion im Sinn der formalen Logik führen.* Das hier verwendete Symbol ‚⇝' für den antinomischen Übergang von einer Entsprechungsbestimmung zu deren kontradiktorischem Gegenteil bezeichnet in diesem Sinn einen *Reflexionsübergang.* Genaugenommen führt die antinomische Struktur also garnicht zu einem Widerspruch, sondern nur zu ‚Reflexionsübergängen' mit Wertumkehr der Prädikate (‚‹B›-entsprechend', ‚nicht ‹B›-entsprechend'). Aber diese sind dann – im Unterschied zum normalen Widerspruch – *beide wahr.* Im unmittelbaren Vergleich erscheinen sie als kontradiktorisch, sie als Widerspruch zu deuten wäre aber geradezu falsch; denn sie gehören, wie gesagt, verschiedenen Reflexionsebenen an und sind dadurch tatsächlich *widerspruchsfrei vereinbar.* In Wahrheit handelt es sich hier also um einen *Scheinwiderspruch.* Es entsteht zwar der Schein einer Kontradiktion, aber diese müßte dann – paradox formuliert – eine *wahre Kontradiktion* genannt werden.

Ebenso könnte von den antinomischen Entsprechungsbestimmungen aber auch gesagt werden, daß *jede falsch* ist – insofern nämlich, als jede derselben die ihr entgegengesetzte induziert und sich im Sinn eines solchen Übergangs gewissermaßen *selbst aufhebt.* Die Glieder des antinomischen Widerspruchs sind so gesehen – in je verschiedener Hinsicht – *beide* ebenso wahr wie falsch. Die im Rahmen der formalen Logik übliche Deutung der Antinomie als *Kontradiktion* stellt dergestalt eine *Unter- und Fehlbestimmung* dar.

Das Gesagte gilt zunächst für die *Entsprechungsbestimmungen* in bezug auf den zugrundeliegenden antinomischen Begriff. Es gilt aber auch für den *antinomischen Begriff*

(1) ‹B› = ‹nicht-‹B›-entsprechend›

selbst: Denn das rechte Glied repräsentiert einen Bedeutungsgehalt, der

[36] Hier sei an den in Kap. 2.1 formulierten Hinweis erinnert, daß ‚Reflexion' in diesem Kontext *nicht subjektivistisch* verstanden werden darf, da diese nur etwas sichtbar macht, was der *Logik* angehört und damit wesentlich *transsubjektiven* Charakter hat.

das Resultat einer *Reflexion auf* ‹B› ausdrückt und in diesem Sinn eine Reflexionsstufe höher angesiedelt ist, genauer: Das darin enthaltene Bestimmungsstück ,‹B›-entsprechend' ist, wie wir wissen, die pragmatische Variante von B, die aus dem genannten Grund der nächsthöheren Reflexionsstufe angehört. Wird dies durch den Index r angedeutet, so läßt sich der antinomische Begriff in der Form

(2) $$‹B› = ‹\text{nicht-}B_r›$$

schreiben, was – im Unterschied zu ,‹B› = ‹nicht-B›' (vgl. Kap. 2.2) – *keinen* Widerspruch mehr darstellt.

Als *unnormal* muß der antinomische ,Widerspruch' auch in der Hinsicht gelten, daß dessen Glieder *nicht isoliert* für sich sinnvoll sind: Jede auf ‹B› bezogene Entsprechungsprädikation induziert, wie dargelegt, stets die ihr entgegengesetzte. Statt als Kontradiktion wäre die Antinomie insofern zutreffender als *Einheit der Gegensätze* zu charakterisieren. ,Einheit' deshalb, weil im antinomischen Fall, wie gesagt, keine der entgegengesetzten Bestimmungen ohne die andere sein kann, sodaß beide *überhaupt nur in ihrer Verbindung sinnvoll* und darum nicht voneinander trennbar sind[37]. Schon solche Überlegungen können die Vermutung nahelegen, daß antinomische Strukturen gewissermaßen ein *,syntheseerzeugendes Potential'* enthalten und so möglicherweise eine besondere Rolle im Kontext *dialektischer Logik* spielen. Eine Affinität des Antinomienproblems mit dem Problem der Dialektik ist denn auch wiederholt geltend gemacht worden[38].

Die oft kritisierte *,Aufhebung des Widerspruchsprinzips'* in dialecticis könnte von daher einen neuen, durchaus nachvollziehbaren Sinn gewinnen: Von einer *Zulassung des Widerspruchs,* dieser verstanden als *normale* Konjunktion kontradiktorischer Sätze, kann, falls der dialektische Widerspruch tatsächlich *antinomischer* Natur sein sollte, nicht die Rede sein. Denn der antinomische Widerspruch ist, wie gesagt, ein *Scheinwiderspruch,* da dessen Glieder verschiedenen Reflexionsstufen angehören.

---

[37] Vgl. auch Hegel 5.94; Schulz-Seitz (mündliche Mitteilung); Hösle 1987a, Abschnitt 4.1.1.1.

[38] Z.B. Hegel selbst, 5.94; Heiss 1932, 50; 1959, 160 ff; Kulenkampff 1970, 2; Kesselring 1984, § 5; 1992, 289 f; Wandschneider 1991; 1993a, 8. Kap.; 1994; Narski (1986, 192) nennt das Antinomienproblem einen „Born der Dialektik". Vgl. auch Kainz 1986, 301 ff.

Für eine Theorie der Dialektik wäre das ein entscheidender Punkt. Denn die Tolerierung eines ‚echten' Widerspruchs wäre argumentationslogisch bekanntlich desaströs, wie eine kurze Überlegung in Erinnerung rufen mag: Die Zulassung des Widerspruchs

(3) $$A \wedge \neg A$$

würde bedeuten, daß dieser nicht mehr als logisch falsch, sondern als eine wahre Konjunktion zu gelten hätte. Mit der Abtrennungsregel folgt daraus zum einen die Gültigkeit von A bzw. die Ungültigkeit von ¬A[39] und damit auch die Gültigkeit der Implikation

(4) $$\neg A \rightarrow X$$

für einen *beliebigen Satz X.* Mit der Abtrennungsregel folgt aus (3) aber auch

(5) $$\neg A$$

und aus (4) und (5) zusammen somit die Gültigkeit des beliebig gewählten Satzes X, mit anderen Worten: Die Zulassung des Widerspruchs hätte für eine Argumentation zerstörerische Folgen. Denn wäre tatsächlich *jeder beliebige* Satz X herleitbar, so würde Argumentation zu einem müßigen, sinnlosen Geschäft[40]. Für den *antinomischen* Widerspruch hingegen ist diese Gefahr – aus den genannten Gründen – nicht gegeben.

Abschließend noch ein Wort zu Versuchen N.C.A. da Costas, A.I. Arrudas, G. Priests und anderen, sogenannte *‚parakonsistente Logiken'* zu entwickeln, d.h. Logiksysteme, in denen das Widerspruchsprinzip nicht mehr ausnahmslos gilt[41]. Das Problem besteht auch hier darin, daß die Zulassung

---

[39] Natürlich ist diese Konsequenz im Widerspruch zu der aus (3) ebenfalls folgenden *Gültigkeit* von ¬A, wie sie dann in (5) geltend gemacht wird, – aber hier ist der Widerspruch eben *zugelassen.*

[40] Dem entspricht, daß mit der Zulassung des (normalen) Widerspruchs, wie sich leicht zeigen läßt, nicht mehr zwischen einer Proposition und deren Negation unterschieden werden kann. Infolgedessen wäre auch jede Form der Abgrenzung und damit *Bestimmtheit* unmöglich. So wäre z.B. *unbestimmt,* wofür ‚es regnet' und ‚es regnet nicht' überhaupt steht; vgl. Sarlemijn 1973, 160; Wandschneider 1994, 2. Kap.

[41] Hierzu auch Narski 1986, 191 ff; Zeleny 1992.

des Widerspruchs nicht zu einer *Trivialisierung* solcher Systeme führen darf derart, daß jeder beliebige Satz beweisbar wird[42]. Mit der Konstruktion solcher Systeme verbindet sich ausdrücklich auch die Hoffnung, so nicht nur das Antinomienproblem in den Griff zu bekommen, sondern to „throw new light on dialectical logic“ (509). W. K. Essler weist in diesem Zusammenhang allerdings darauf hin, daß auch die Dialektik nicht auf die klassischen Formen logischen Argumentierens verzichten könne (1986, 207). Dem ist einerseits unbedingt zuzustimmen; auf der anderen Seite ist in Rechnung zu stellen, was hier über den antinomischen Widerspruch gesagt worden ist: Wird dessen Besonderheit berücksichtigt, so kann er problemlos zugelassen und die klassische formale Logik trotzdem beibehalten werden[43]. Ein Verdienst der Ansätze zu einer parakonsistenten Logik ist sicher darin zu sehen, daß sie dies *kalkültechnisch* zu klären und umzusetzen suchen. Freilich ist auch festzustellen, daß es im wesentlichen dabei bleibt (vgl. Zeleny 1992, 63), d. h. die Frage der *Struktur dialektischer Argumentation* selbst bleibt in diesem Rahmen ungeklärt.

Im folgenden möchte ich nun konkret den Nachweis führen, daß und wie das hier entwickelte Instrumentarium tatsächlich zur Analyse und Explikation dialektisch-logischer Strukturen eingesetzt werden kann. Ich werde dabei an die Gedankenentwicklung von Hegels ‚Wissenschaft der Logik‘, und zwar mit Beschränkung auf die ‚Logik der Qualität‘, anknüpfen, allerdings – wie schon früher bemerkt – nicht im Sinn einer fortlaufenden Kommentierung, sondern einer *kritischen Rekonstruktion.*

---

[42] Vgl. z. B. Costa 1974, 498.

[43] L. Erdei (1973, 23) schlägt in diesem Sinn vor, zwei Formen des Widerspruchsprinzips zu unterscheiden.

3. Rekonstruktion und Revision Hegelscher Kategorienentwicklung

3.1 Der Beginn mit der Dialektik von ‹Sein›[44] und ‹Nichts›

Hegels ,Wissenschaft der Logik' beginnt mit der Dialektik von ‹Sein› und ‹Nichts›. Entsprechend dem *ideellen* Charakter des Logischen kann es sich dabei nur um die dialektische Entwicklung der entsprechenden *Kategorien,* also ‹Sein› und ‹Nichts›, handeln, d.h. um deren semantische Explikation mit dialektisch-logischen Mitteln. Doch wie kommt man überhaupt zu diesem ersten Begriffspaar?

Das *Anfangsproblem* der ,Logik' ist von Hegel selbst ausführlich diskutiert worden (bes. 5.65–111) und gehört im übrigen zu den häufigst behandelten Themen der Hegelforschung. Diese Diskussion soll hier nicht referiert werden. Ich möchte vielmehr ,straight forward' verfahren und nur das heranziehen, was für die hier zu entwickelnde Argumentation wesentlich ist.

Hegel begründet die Wahl der Kategorie ‹Sein› als erster Kategorie der dialektischen Entwicklung bekanntlich damit, daß nur dasjenige den Anfang machen könne, dem noch keinerlei *Bestimmtheit* zukomme (vgl. 5.68 f). ‹Sein› wird darum näher als ‹„*reines Sein,* – ohne alle weitere Bestimmung"› gefaßt (5.82). Man könnte einwenden, daß ,rein', ,ohne alle weitere Bestimmung' ja doch schon Bestimmungen seien. In der Tat: Durch diese Attribution soll eine Abgrenzung gegen ‹bestimmtes Sein› erreicht werden, aber dadurch wird ‹reines Sein› selbst schon zu einem Bestimmten gegen ‹bestimmtes Sein›. Die reine Unbestimmtheit des reinen Seins macht gerade dessen spezifische Bestimmtheit gegenüber dem bestimmten Sein aus. Damit ist bereits ein genuin dialektischer Tatbestand gesichtet, der schon soviel erkennen läßt, daß mit der Bestimmungslosigkeit des Anfangs notwendig auch schon Bestimmtheit *präsupponiert* ist und in die-

---

[44] Die Anführung durch Winkel ‹...› soll, wie früher (und so auch im folgenden), andeuten, daß der im Begriff ausgedrückte intensionale *Bedeutungsgehalt als solcher,* nicht eine diesem entsprechende Entität (,Instanz') gemeint ist, hier also z.B. die Intension ,Sein' selbst, nicht das durch sie kategorisierte Sein.

sem Sinn grundsätzlich zur Einführung weiterer, bestimmterer Kategorien nötigt.

Dieser Umstand, daß die Unbestimmtheit des reinen Seins zugleich „die Bestimmtheit desselben ausmacht", wird von Hegel indes nur beiläufig erwähnt (5.104). Sein eigentliches Argument für den dialektischen Fortgang lautet bekanntlich, daß ‹Sein› aufgrund seiner *Bestimmungslosigkeit* gleichbedeutend mit ‹Nichts› sei. Dieser Übergang hat etwas Suggestives und ist anderseits immer wieder auch als eine Art fauler Trick verdächtigt worden. Der Vorbehalt ergibt sich vor allem aus der Schwierigkeit, ‹Sein› und ‹Nichts› im Sinn der Hegelschen Argumentation als *bedeutungsgleich* zu akzeptieren: Eine solche Identität widerspricht der Sinnintention, die der geläufige Sprachgebrauch mit diesen Kategorien verbindet. Aber der muß natürlich nicht ‚richtig' sein und ist darum auch nicht bindend. Man könnte in Hegels Sinn etwa so argumentieren: ‹Sein› und ‹Nichts› *scheinen* zwar Verschiedenes zu bedeuten, aber *recht verstanden* sind sie bedeutungsgleich. Ihr Unterschied ist danach ein nur vermeinter, scheinhafter[45]. Aber warum bedarf es dann auch im ‚recht verstandenen' Sprachgebrauch *zweier* Kategorien? Beginnt die ‚Logik' mit einer Synonymie?

Hegel selbst weist darauf hin, daß der *Ausdruck* des erhaltenen Resultats unvollkommen sei, wenn nur die *Identität* von ‹Sein› und ‹Nichts› ausgesagt werde (5.92). Eine solche Identitätsaussage widerspreche „sich in sich selbst und löst sich auf" (5.93); denn in ihr sind ‹Sein› und ‹Nichts› *verschieden*. Es sei daher notwendig, daß auch der entgegengesetzte Satz hinzugefügt werde, daß ‹Sein› und ‹Nichts› *nicht dasselbe* sind. Die Darstellung erhalte so die Form einer *Antinomie* (5.94). Schon bei Hegel findet sich also ein Hinweis auf die Relevanz *antinomischer Strukturen* im Kontext dialektischer Logik. Ebendies wird, wie schon bemerkt, ein zentraler Punkt der im folgenden zu entwickelnden Argumentation sein.

Zuvor sollen noch einige in diesem Zusammenhang interessierende Aspekte beleuchtet werden. Der Frage, wieso mit der Kategorie ‹Sein› begonnen werden müsse, geht Hegel in dem Kapitel „Womit muß der Anfang der Wissenschaft gemacht werden?" nach (5.65 ff). Der Begriff des Ich, so argumentiert er z.B. gegen *Fichtes* Ansatz, komme als Anfang schon wegen der Bestimmtheit, die er mitbringt, nicht in Frage. Werde vielmehr

---

[45] So z.B. Theunissen 1980, 83 f; ähnlich schon Gadamer 1971, 60 f. Vgl. hierzu die erhellende Kritik bei Schulz-Seitz 1973.

von aller Bestimmtheit abstrahiert, so bleibe eben nur die Bedeutung ‹Sein überhaupt› zurück. Aber warum nicht ‹Bestimmtheit überhaupt›? Zweifellos hat Hegel – neben philosophiehistorischen Reminiszenzen, etwa Parmenides (z. B. 5.84, 98) – hierbei auch die Funktion des Hilfsverbs ‚sein' bzw. der Kopula ‚ist' im Sinn (z. B. 6.312), durch welche Bestimmtheit *prädikativ* gefaßt wird[46]. Sehr treffend hat J. Burbidge (1981, 38) diese Auffassung charakterisiert: Wir sagen, etwas *ist bestimmt*. Wird von der Bestimmtheit abstrahiert, so bleibt nur noch das ‚ist'. Und dieses, weil es als Hilfsverb unvollständig ist, „points toward the need for further determination – although not itself determined it is open to determinations", mit anderen Worten: Am Anfang darf noch nichts Bestimmtes vorausgesetzt werden – nichts außer der *Bedingung der Möglichkeit* von Bestimmen, und das ist die *Form der Prädikation* im Sinn von ‚der Fall sein'. Diesen auf Bestimmtheit bezogenen ‚Sinn von Sein' gilt es, für das Folgende festzuhalten. Keinesfalls darf ‚Sein' hier, wie bei Kant, dezisionistisch (so muß man wohl doch sagen) auf ‚physisch-empirisches Sein' restringiert werden. Im Kontext der ‚Logik' ist ‹Sein› primär als ein ‚logisch' verstandenes Sein und damit prädikativ zu fassen.

Die *Urteilsform* ist solchermaßen von Anbeginn an vorausgesetzt, doch wie könnte auch anders argumentiert werden? Überhaupt ist, wie bereits betont wurde, immer schon die *gesamte* Logik für die zu entwickelnde Argumentation vorausgesetzt, die so eigentlicher als eine sukzessive *Explikation* ihrer eigenen Voraussetzungen zu verstehen wäre. Im Hinblick auf die Urteilsform mag man sich des Hegelschen Diktums erinnern, „daß der Satz in *Form eines Urteils* nicht geschickt ist, spekulative Wahrheiten auszudrücken" (5.93), und das heißt für Hegel: die *„Untrennbarkeit"* von Gegensätzen (5.94). Aber, wie sich zeigen wird, kommt eben durch diesen

---

[46] Theunissen (1980, 385 ff) diskutiert die verschiedenen Typen der Kopula (prädikativ, existentiell, veritativ, identifikativ), wobei *hier* aber offenbar nur die *prädikative* Variante (‚ist der Fall, daß') in Frage kommt, die im übrigen auch für die anderen Formen (‚ist existierend', ‚ist wahr', ‚ist identisch') schon präsupponiert und in diesem Sinn als *fundamental* zu betrachten ist. Natürlich ist mit der prädikativen Verwendung (‚ist der Fall') umgekehrt auch schon die veritative Bedeutung (‚ist wahr') präsupponiert, aber deren *Explikation* gehört wegen der Komplexität des Wahrheitsbegriffs einer späteren Stufe der Begriffsentwicklung an – nicht umsonst sind elaborierte Wahrheitstheorien entwickelt worden, die bis heute kontrovers diskutiert werden.

Mangel der Urteilsform auch die dialektische Bewegung zustande, die zur *Überwindung* dieser Einseitigkeit führt.

Das wird schon darin sichtbar, daß ‚Sein' in dem erläuterten prädikativen Sinn offenbar auch der Kategorie ‹Nichts› zukommt, denn auch von ihr kann prädiziert werden (z. B. daß sie von ‹Sein› verschieden ist). Es wäre freilich verfehlt, der Kategorie ‹Nichts› deshalb Sein zuzusprechen, weil sie „in our thoughts", d.h. als ein Denkakt präsent ist, wie Burbidge argumentiert (1981, 39). Das Gedachtsein der Kategorien ist etwas *Subjektives,* das als solches nicht in der Intention der ‚Logik' liegt[47], selbst wenn Hegels Formulierungen diesbezüglich zuweilen mißverständlich sind[48].

Man könnte, bemerkt Hegel, auch die Frage stellen, ob statt mit der Kategorie des Seins nicht besser mit der des Nichts angefangen werden sollte (5.104 f). Denn wenn von aller Bestimmtheit abstrahiert werde – und das ist für die erste Kategorie ja wesentlich –, so bleibe, wie man meinen könnte, Nichts übrig. Diese Überlegung wird von Hegel mit einem Plausibilitätsargument abgewehrt: Wird von aller Seinsbestimmtheit abstrahiert, so bleibt zunächst Sein überhaupt zurück. Wird auch davon noch abstrahiert, so bleibt *Nichts* übrig, aber: „Man *kann* nun, ... im Stile jenes Könnens fortfahren; es kann nämlich (gottlob!) auch vom Nichts abstrahiert werden ..., und dann bleibt nicht Nichts, denn von eben diesem wird abstrahiert, sondern man ist so wieder beim Sein angekommen" (5.105).

Das ist eher ein Bonmot als eine Begründung. Eine solche ergibt sich aber, scheint mir, aus dem einfachen Gedanken, daß die Negation letztlich nur als Negation eines vorausgesetzten Positiven sinnvoll ist. Der Sinn von non-A setzt den von A voraus. Das Negative ist insofern immer schon ein Vermitteltes. Das muß wohl als der eigentliche Grund dafür verstanden werden, daß mit der Kategorie des Nichts nicht begonnen werden

---

[47] In der ‚Logik', so Hegel, sei „der Gegensatz des Bewußtseins von einem subjektiv *für sich Seienden* und einem zweiten solchen *Seienden,* einem Objektiven, als überwunden und das Sein als reiner Begriff an sich selbst und der reine Begriff als das wahrhafte Sein gewußt" (5.57, vgl. auch 43, 45).

[48] So z.B.: „Das Nichts wird gedacht, vorgestellt, es wird von ihm gesprochen, es *ist* also; das Nichts hat an dem Denken, Vorstellen, Sprechen usf. sein Sein" (5.107, ähnlich 83). Im übernächsten Satz stellt Hegel freilich die – sozusagen objektivlogische – *Beziehung* als wesentlich heraus, in der ‹Nichts› zu anderen *Kategorien,* hier insbesondere ‹Sein›, steht und darin eben ein von subjektiven Akten *unabhängiges* Bestehen hat.

kann, da sie die des Seins schon voraussetzt[49]. Dieser nicht unwesentliche Umstand scheint mir durch die Bezeichnung *‹Nichtsein›* besser zum Ausdruck zu kommen. In der folgenden Rekonstruktion der Dialektik von ‹Sein› und ‹Nichts› werde ich dieser Wortwahl daher den Vorzug geben, gegen die im übrigen auch Hegel nichts einzuwenden hat (5.84). Außerdem wird sich zeigen (Kap. 3.4), daß es durchaus gewichtige Gründe *gegen* die Wahl von ‹Nichts› gibt, sodaß ‹Nichtsein› eindeutig vorzuziehen ist.

3.2 Zur Rekonstruktion der Dialektik von ‹Sein› und ‹Nichtsein›

So suggestiv Hegels Argumentation ist, derzufolge das reine Sein wegen seiner völligen Unbestimmtheit mit dem Nichts identisch sein soll, so unbefriedigend bleibt diese Identifizierung im Sinn des eben Gesagten, denn: Die *erste* Kategorie kann nicht ein Negatives sein, denn so wäre sie ein schon *Vermitteltes*. Aus diesem Grund ist an einem primär positiven ‚Sinn von ‹Sein›' festzuhalten. Doch Hegels Argument für die Identifizierung von ‹Sein› und ‹Nichts› ist ebenfalls nicht von der Hand zu weisen. Paradoxerweise scheint *beides* – Identität und Differenz von ‹Sein› und ‹Nichts› – angenommen werden zu müssen, was auf eine *antinomische Struktur* hinauslaufen würde. Mit dem im Antinomienkapitel entwickelten Instrumentarium soll dafür jetzt eine *explizite Begründung* geliefert werden.

‹Sein› ist hier, wie im vorhergehenden erläutert, *prädikativ* im Sinn von ‹der Fall sein› verstanden. In dieser positiven Charakterisierung ist freilich von vornherein auch die *Abgrenzung* gegen das, was ‹Sein› *nicht* bedeutet, d.h. gegen sein Gegenteil ‹nicht der Fall sein› oder ‹Nichtsein›, ‚mitge-

[49] Man könnte, bemerkt Hösle (1987a, 199, Anm. 81), „bemängeln, daß Sein und Nichts überhaupt als zwei Kategorien aufgeführt werden – sind sie doch offenbar identisch". Aber er fährt (in Klammern) fort: „Dies, daß sie doch als irgendwie noch different gedacht werden müssen, nicht, daß sie identisch sind, ist das Schwierige an der Dialektik von Sein und Nichts". Hösle glaubt, daß sich die Entgegensetzung „aus dem späteren Fortgang rechtfertigen" lasse, insofern dieser zu Bestimmtheit und damit Entgegensetzung führe. Nur: *Ohne* jene ursprüngliche Entgegensetzung kann es zu dem ‚Fortgang' offenbar garnicht erst kommen. Dieser setzt vielmehr eine *„Dialektik, die er an ihm selbst hat,* welche ihn fortbewegt" (Hegel 5.50), voraus.

setzt‘. (‹Nichtsein› wird hier, wie vorher begründet, der Kategorie ‹Nichts› vorgezogen.) Diese bedeutungskonstitutive Abgrenzung – Hegel beruft sich diesbezüglich wiederholt auf Spinozas Diktum ‚determinatio negatio est‘[50] – führt damit zu *Gegensatzbestimmungen, die komplementär zusammengehören*[51]. Ich möchte einen solchen komplementären Gegensatz – anknüpfend an den Platonischen Sprachgebrauch – als eine *‚Dihairese‘* und die Form der Einführung komplementärer Bestimmungen durch dihairetische Abgrenzung kurz als *‚Komplementaritätsprinzip‘* bezeichnen. Das Positive ist so gleichsam von vornherein mit Negativität kontaminiert.

Im übrigen ist deutlich, daß die Charakterisierung komplementärer Gegensatzbestimmungen als *‚kontradiktorisch‘* eine Unterbestimmung wäre; denn so würden sie stets das gesamte logische Universum ausfüllen (wie z. B. ‚rot‘ und ‚nicht-rot‘ (im Sinn alles übrigen)). Demgegenüber sind komplementäre Bestimmungen auch in einem Teilbereich desselben möglich (z. B. ‚rot‘ und ‚nicht-rot‘ in der Sphäre der Farben). Aber auch *‚konträr‘* wäre im Hinblick auf die hier gegebene Komplementaritätsstruktur noch keine zureichende Bestimmung, da konträre Gegensätze Zwischenstufen zulassen (z. B. Graustufen zwischen ‚weiß‘ und ‚schwarz‘ und in diesem Fall nicht *komplementär* sind). Entscheidend für den vorliegenden Zusammenhang ist, so wird sich später zeigen (Kap. 4.6), Hegels Begriff der *bestimmten Negation.*

Nach dem Komplementaritätsprinzip ist ‹Sein› *semantisch äquivalent* mit ‹nicht-Nichtsein›, schematisch (mit den Abkürzungen ‹S› für ‹Sein›, ‹N› für ‹Nichtsein› und ‚=‘ für ‚semantisch äquivalent‘):

(1) ‹S› = ‹nicht-N›[52]

Damit ist zunächst der (komplementäre) *Gegensatz* von ‹Sein› und ‹Nichtsein› zur Geltung gebracht. Dieses Gegensatzverhältnis gehört nach dem Komplementaritätsprinzip konstitutiv zum Sinn von ‹Sein›.

---

[50] Z. B. 5.121, vgl. auch 6.195; Quellenangabe bei Hösle 1987a, 195, Anm. 74.

[51] Vgl. Hösle 1987a, 159, Anm. 9.

[52] Mit dieser Form der Entgegensetzung ist übrigens *keine Asymmetrie* im Verhältnis von ‹S› und ‹N› involviert: ‚Erweiterung‘ mit ‚nicht‘, d. h. Hinzufügen von ‚nicht‘ auf beiden Seiten des Ausdrucks, ergibt die (1) analoge Form: ‹nicht-S› = ‹nicht-nicht-N› = ‹N›, aus der sich in der gleichen Weise (1) wieder zurückgewinnen läßt.

Damit gilt aber jedenfalls auch: ‹S› *ist nicht* äquivalent ‹N›[53], und dieses ‚ist nicht' zeigt, daß der Begriff ‹S› selbst einen Fall von Nichtsein repräsentiert, also gerade diejenige *Eigenschaft* besitzt, die der Bedeutung des Begriffs ‹N› entspricht, und solchermaßen selbst eine *Instanz* von ‹N› ist, was ich hier wieder (vgl. Kap. 2.1) in der Kurzform:

(2) ‹S› ist ‹N›-entsprechend

schreibe. Daß eine Entität dem Begriff ‹N› ‚entsprechend', d.h. eine Instanz desselben ist, ließe sich, wie schon erwähnt (Kap. 2.2), Platonisch auch so formulieren, daß sie ‚an der Idee ‹N› teilhat'. Man könnte aber auch einfach sagen, daß sie die Eigenschaft ‚N' habe (wie z.B. ‚‹rot›-entsprechend' für die Eigenschaft ‚rot' steht, vgl. Kap. 2.2).

Bei der Aussage (2) kann nun freilich nicht stehengeblieben werden; denn das darin auftretende ‚ist' drückt wiederum ein *Sein* aus, sodaß ‹S› nunmehr gerade diejenige *Eigenschaft* zugesprochen werden muß, die der Bedeutung des Begriffs ‹S› selbst entspricht, d.h. ‹S› ist ‹S›-entsprechend oder, insofern ‹S› gemäß (1) jedenfalls nicht äquivalent ‹N› ist,

(3) ‹S› ist nicht ‹N›-entsprechend.

Aufgrund dieses ‚ist nicht' ist ‹S› daraufhin wieder ‹N›-entsprechend und so fort: Der Kategorie ‹S› müssen in dieser Weise abwechselnd kontradiktorische Prädikate ‚‹N›-entsprechend', ‚nicht-‹N›-entsprechend', ‚‹N›-entsprechend' usf. zugesprochen werden. Hier liegt also in der Tat eine *antinomische* Struktur vor.

Es ist wichtig zu erkennen, daß diese Argumentation *keine formal-kalkülmäßige* Deduktion, sondern *inhaltlich begründet* ist: Durch *Reflexion* auf die jeweils getätigte Entsprechungsprädikation wird ein neuer Sachverhalt sichtbar, der vermittels der zugrundeliegenden Gegensatzbestimmungen, ‹Sein› und ‹Nichtsein›, kategorisierbar ist und so zu einer neuen Entsprechungsprädikation Anlaß gibt, usf.: Die Argumentation besteht solchermaßen im Aufweis – oder besser: in der Erzeugung von *Reflexionsstrukturen*[54].

---

[53] Das ist *weniger* als das in (1) Behauptete, das darüberhinaus ja auch die *Komplementarität* von ‹S› und ‹N› enthält.

[54] Es sei nochmals betont, daß ‚Reflexion' hier nicht *subjektivistisch* verstanden werden darf, vgl. Fußn. 36.

Hier wird also *eine antinomische Prädikationsstruktur* sichtbar. Im Sinn der vorher zum Antinomienproblem entwickelten Überlegungen (Kap. 2.1) heißt das weiter, daß dieser Struktur ein *antinomischer Begriff* zugrundeliegt, der als solcher die Form

(4) ‹N› = ‹nicht-‹N›-entsprechend›

haben muß. Man beachte, daß damit der Übergang von der Ebene der *Eigenschaften* ‚‹N›-entsprechend', ‚nicht-‹N›-entsprechend' zur Ebene der *Bedeutung* ‚‹N› = ‹nicht-‹N›-entsprechend›' vollzogen ist. Auch Hegel vollzieht immer wieder diesen Schritt, der bei ihm aber nicht begründet wird. Hier ergibt er sich zwingend aus der konstatierten antinomischen Struktur.

Nach den früheren Überlegungen (Kap. 2.2) ist nun durch ‚‹N›-entsprechend' gerade die Eigenschaft ‚N' charakterisiert (so wie – noch einmal – durch ‚‹rot›-entsprechend' die Eigenschaft ‚rot' bestimmt ist). Dem entspricht, daß der Begriff ‹nicht-‹N›-entsprechend› äquivalent ist dem Begriff ‹nicht-N›, der gemäß (1) wiederum ‹S› äquivalent ist. Der antinomische Begriff (4) führt damit schließlich zu

(5) ‹S› = ‹N›.

Dieses Resultat ist nun offenbar *im Widerspruch* zu der in (1) formulierten *Prämisse* ‹S› = ‹nicht-N›[55] dieser ganzen Argumentation, die so normalerweise als Reductio ad absurdum der Prämisse zu verstehen wäre; diese wäre damit widerlegt und müßte fallengelassen werden. Entscheidend ist, daß im gegenwärtigen Zusammenhang nicht mehr so geschlossen werden kann: Die Prämisse ‹S› = ‹nicht-N› ist wegen des Komplementaritätsprinzips, und das heißt aus semantischen Gründen, *unverzichtbar,* insofern zum Sinn von ‹Sein› *konstitutiv* die Abgrenzung gegen dessen Negat ‹Nichtsein› gehört. Kann die der Argumentation zugrundeliegende Prämisse aber nicht aufgegeben werden, dann bleibt die Argumentation gültig und damit auch deren Resultat, das im Widerspruch mit der Ausgangsprämisse ist, mit anderen Worten: Der Widerspruch ist in diesem Fall unver-

---

[55] Ich verzichte, wie schon gesagt, hier und im folgenden, wenn Mißverständnisse nicht zu befürchten sind, für derartige Ausdrücke auf Anführungszeichen ‚ ...'.

meidlich und eine Folge der aufgezeigten *antinomischen Struktur.* Was das bedeutet, muß jetzt näher ins Auge gefaßt werden.

Deutlich ist zunächst, daß der aufgetretene Widerspruch *semantischer* Natur ist[56]: ‹Sein› soll mit ‹nicht-Nichtsein› *und* mit ‹Nichtsein› bedeutungsmäßig äquivalent sein,

(6) (‹S› = ‹nicht-N›) ⊕ (‹S› = ‹N›).

Man hat also eine Konjunktion zweier Sätze, die *entgegengesetzte Bedeutungsäquivalenzen* ausdrücken. Das Zeichen ⊕ soll dabei andeuten, daß die Glieder dieses semantischen Widerspruchs (aus den genannten Gründen) *untrennbar zusammengehören,* also keine normale Konjunktion und insofern auch keinen normalen Widerspruch bilden. Insbesondere gilt: Da mit (1) das eine Glied des Ausdrucks, ‹S› = ‹nicht-N›, aufgrund des Komplementaritätsprinzips akzeptiert werden muß, ist, wie die Argumentation gezeigt hat, auch das andere Glied, ‹S› = ‹N›, zu akzeptieren. *Beide* Glieder müssen, obwohl entgegengesetzt, gleichermaßen als *wahr* betrachtet werden: eben als Folge der aufgezeigten *antinomischen* Struktur. Der erhaltene antinomische Widerspruch repräsentiert somit, ähnlich wie dies schon für die Eigenschaftsebene konstatiert worden ist (Kap. 2.3), so etwas wie eine *wahre Kontradiktion.* Der Begriff der Kontradiktion ist also im Grund unzutreffend. Es handelt sich vielmehr auch hier um einen *Scheinwiderspruch,* denn die kontradiktorisch entgegengesetzten Glieder sind sehr wohl miteinander verträglich, da sie verschiedenen Reflexionsebenen angehören (dazu ausführlicher Kapitel 4.2). Mehr noch: Sie gehören sogar konstitutiv zusammen, weil durch ‹S› = ‹nicht-N›, wie sich ergeben hat, stets auch ‹S› = ‹N› induziert ist. Diese *Untrennbarkeit* beider Glieder wäre im Sinn des früher Gesagten (Kap. 2.3) als *Einheit der Gegensätze* zu charakterisieren, die Hegel – mit einem immer wieder mißverstandenen Ausdruck – *„das Spekulative"* genannt hat[57]: nämlich als die schlechthinnige Untrennbarkeit von gleichsam spiegelbildlich zusammengehörenden antithetischen Gliedern (speculum[58] = Spiegel), die einzeln für sich genommen mangelhaft,

---

[56] Genauer gesagt liegt dem, wie wir wissen (vgl. Kap. 2.2), ein semantisch-pragmatischer Widerspruch zugrunde, der nun auf der semantischen Ebene und damit als semantischer Widerspruch in Erscheinung tritt.

[57] 5.52, vgl. auch 5.94; Wohlfart 1981; Hösle 1987a, Abschnitt 4.1.1.1.

[58] Zu dem daran anknüpfenden Wortgebrauch vgl. Radermacher 1973, 296.

da einseitig wären, eben weil keines ohne das andere sein kann[59]. Insofern wäre (ähnlich wie schon bezüglich der antinomischen Entsprechungsbestimmungen, vgl. Kap. 2.3) auch hier festzustellen, daß beide Glieder nicht nur als wahr, sondern beide ebenso als *falsch* zu betrachten sind, nämlich isoliert für sich genommen[60] – zweifellos eine irritierende Situation.

Terminologisch soll diese Form einer quasi ‚wahren' semantischen Kontradiktion im folgenden als *‚semantisch-dialektischer Widerspruch'* bezeichnet werden. Wesentlich ist, daß seine Zulassung, eben weil es sich um einen *Scheinwiderspruch* handelt, *nicht gegen das Widerspruchsprinzip verstößt* und die Möglichkeit von Argumentation darum nicht zerstört: Hier kann vorläufig auf das zum antinomischen Widerspruch Gesagte (Kap. 2.3) verwiesen werden. In Kapitel 4.2 werden damit zusammenhängende Fragen noch einmal aufgenommen und ausführlich diskutiert.

Bemerkenswert an der entwickelten dialektischen Argumentation ist auch etwas anderes: In der Ausgangsprämisse (1) ist zunächst nur der semantische *Gegensatz* von ‹Sein› und ‹Nichtsein› formuliert. Dieser Gegensatz wird dann aber, wie dargelegt, in einen semantisch-dialektischen *Widerspruch* überführt. Man muß sich vergegenwärtigen, daß dies – schon sprachlich – ein wesentlicher Unterschied ist: Daß ‹Sein› und ‹Nichtsein› Entgegengesetztes bedeuten, ist eine sinnvolle und völlig harmlose Aussage, während der Satz, daß ‹Sein› und ‹Nichtsein› nicht nur entgegengesetzt, sondern auch äquivalent seien, einfach absurd klingt. Der ursprüngliche *Gegensatz* von ‹Sein› und ‹Nichtsein› wird hier *zum dialektischen Widerspruch verschärft,* und das heißt also: mit dem Anspruch der Äquivalenz beider gekoppelt. Zugleich ist deutlich, wie es dazu kommt. Damit fällt auch Licht auf die in Hegeltexten häufig anzutreffende umstandslose Identifizierung von Gegensatz und Widerspruch, die so völlig unverständlich ist und auf einer konfusen Begrifflichkeit zu beruhen scheint. Die entwickelte Argumentation führt auch in diesem Punkt eine – von Hegel selbst nicht geleistete – Klärung herbei.

Trotzdem muß man sich natürlich fragen, welchen *Sinn* – wenn überhaupt – der aufgetretene dialektische Widerspruch, daß ‹Sein› und ‹Nicht-

---

59 Hierzu ist ergänzend auf die späteren Überlegungen in Kap. 4.1 zu verweisen, wonach die entwickelte dialektische Argumentation (der Gegensatz von ‹S› und ‹N› induziert die Äquivalenz beider) auch *invertierbar* ist (die Äquivalenz induziert umgekehrt auch den Gegensatz).

60 Vgl. hierzu auch die darauf bezüglichen Überlegungen in Kap. 4.2.

sein› semantisch entgegengesetzt *und* auch äquivalent sind, haben kann. Zunächst ist festzustellen, daß dieses Resultat mit dem Hegels – Identität von ‹Sein› und ‹Nichts› – übereinkommt, obwohl hier eine von Hegel gänzlich abweichende Argumentationsstrategie verfolgt wurde. Macht Hegel geltend, daß das ‚reine Sein' aufgrund völliger *Unbestimmtheit* gleichbedeutend mit ‚Nichts' sei, so ist hier von der *Entgegensetzung* von ‹Sein› und ‹Nichtsein› ausgegangen worden, die sodann als antinomisch und damit auch Bedeutungsäquivalenz einschließend nachgewiesen wurde.

Bemerkenswert ist, daß es gerade die *Entgegensetzung* von ‹Sein› und ‹Nichtsein› ist, die dann – über den antinomischen Mechanismus – zur *Äquivalenz* beider Kategorien führt. Die Entgegensetzung ist überhaupt der *Grund* für das Auftreten antinomischer Strukturen. Denn genau dadurch, daß die Kategorie ‹Sein› eben ‹Nichtsein› *nicht ist,* gewinnt *sie selbst* einen negativen Aspekt, nämlich die *Eigenschaft* (noch nicht: die Bedeutung), die ihr entgegengesetzte Kategorie *nicht* zu sein, und ist damit ‹Nichtsein›-entsprechend. Wird freilich dieser negative Aspekt von ‹Sein› vermittels der Bestimmung ‹Nichtsein› *kategorisiert,* gewinnt er im Handumdrehen wiederum *positiven* Charakter. Denn ‹Sein› ist dadurch *in Entsprechung* mit ‹Nichtsein›, und ‚Entsprechung' ist etwas Positives. Indem die Kategorie ‹Sein› also ‹Nichtsein›-entsprechend *ist,* gewinnt sie nun einen ‹Sein›-entsprechenden Aspekt. Aber das heißt, im Sinn der Entgegensetzung von ‹Sein› und ‹Nichtsein›: Sie *ist nicht* ‹Nichtsein›-entsprechend. Aufgrund dieses ‚ist nicht' ist sie wiederum ‹Nichtsein›-entsprechend usf.

Der antinomische Mechanismus im wechselseitigen Auftreten positiver und negativer Entsprechungseigenschaften der Kategorie ‹Sein› ist offenkundig. Entscheidend dafür ist der Bezug auf die *negative* Kategorie ‹Nichtsein›. Diese Negativität ist, wie in Kapitel 2.1 dargelegt, der eigentliche Grund für die beständige *Wertumkehr* der auf sie bezogenen Entsprechungseigenschaften: Eine *negative* Entsprechungseigenschaft ist *in Entsprechung* mit der negativen Kategorie und ergibt so eine *positive* Entsprechungseigenschaft, die ihrerseits *nicht* mehr in Entsprechung ist, usf. Hier ist unmittelbar deutlich, daß die *Kategorisierung* des Negativen durch Einführung der negativen Kategorie ‹Nichtsein›, die das Negative so gleichsam zur *Norm* erhebt, zugleich etwas *Positives* ist: Negative Entsprechungseigenschaften sind dadurch in *positiver* Normentsprechung mit dem negativen Bezugsbegriff. Mit der Einführung eines negativen Begriffs ist insofern, wie sich schon bei der Diskussion antinomischer Strukturen zeigte, eine *prinzipielle Ambivalenz* involviert: In *inhaltlicher* Hinsicht hat er negativen, aufgrund seiner *Normativität* als Begriff hingegen positiven Charakter. Das antinomische Oszillieren wechselnder Entsprechungsbestimmungen bringt diese innere Ambivalenz des negativen Bezugsbegriffs ‹Nichtsein› nur zur Erscheinung.

Man beachte, daß in den Aussagen ‚‹S› ist ‹N›-entsprechend' bzw. ‚‹S› ist nicht ‹N›-entsprechend' nicht die vollen Prädikate ‚ist ‹N›-entsprechend' bzw. ‚ist nicht ‹N›-entsprechend' betrachtet wurden, sondern nur das darin enthaltene ‚ist' bzw. ‚ist nicht'. In diesem Sinn ist in der Tat nur der nicht weiter bestimmte Aspekt des Seins bzw. Nichtseins geltend gemacht worden, der als solcher Entsprechungseigenschaften bezüglich der Kategorien ‹Sein› und ‹Nichtsein› sichtbar macht. Darin spiegelt sich die Situation des *Anfangs* wider, in der nur das nackte Sein und Nichtsein, ohne alle weitere Bestimmung, thematisch ist (vgl. hierzu auch Kap. 4.8).

Der antinomische Bezugsbegriff ‹N› = ‹nicht-‹N›-entsprechend› nun, der dieser dialektischen Argumentation zugrundeliegt, ist ein *negativer* und, aufgrund des Gleichheitszeichens, *semantisch selbstreferentieller* (und damit übrigens auch ‚unfundierter') Begriff. Als eine solche sich auf sich beziehende Negation hat er, wie früher dargelegt (Kap. 2.2), ‚oszillierenden', antinomischen Charakter. Hegel hat dafür den Begriff der ‚absoluten Negativität" (6.564): ‚Absolut' ist die Negativität hier insofern, als sie nicht mehr ein vorausgesetztes Positives negiert, sondern, von diesem *abgelöst* – ‚absolutus' –, „*Beziehung des Negativen auf sich selbst*" ist (6.563). D. Henrich hat es in der schon erwähnten Arbeit unternommen, diesen Gedanken einer gleichsam „autonomisierten" Negation weiter zu entwickeln (1976, 214 ff) und geradezu als „Hegels Grundoperation" zu erweisen (213). Der Sache nach handelt es sich hierbei, worauf, nach R. Heiss (1932), besonders T. Kesselring (1984) aufmerksam gemacht hat, eben um *antinomische Strukturen,* die m.E. freilich weder bei Henrich noch bei Kesselring (vgl. Kap. 2.2) zureichend expliziert werden.

Entscheidend für das Verständnis *dialektischer Kategorienentwicklung* ist nun: Mit dem Übergang von den antinomischen Entsprechungsbestimmungen (‚‹N›-entsprechend', ‚nicht ‹N›-entsprechend') zu dem zugrundeliegenden antinomischen *Begriff* ist der Schritt von der *Eigenschaftsebene* zur *Bedeutungsebene* vollzogen. Es sind ja zunächst einfach *Entsprechungseigenschaften* der Kategorie ‹Sein›, wenn von dieser festgestellt wird, daß sie ‹Nichtsein›-entsprechend ist oder auch nicht ist. Es handelt sich dabei also keineswegs um *Bedeutungsmerkmale* dieser Kategorie, sondern lediglich um Eigenschaften, die man *von ihr* aussagen kann, *nicht* um solche, die *sie selbst aussagt,* d.h. *bedeutet*[61]. Aber: Durch den Nachweis der *antinomischen* Struktur solcher Eigenschaftsbestimmungen von ‹Sein› wird der Rückschluß auf den antinomischen Begriff ‹N› = ‹nicht-‹N›-entsprechend› möglich. Damit ergibt sich, wie dargelegt, die Bedeutungsäquivalenz ‹S› = ‹N›. Im Vergleich mit der für ‹S› und ‹N› ursprünglich getroffenen Bedeutungsfestlegung ‹S› = ‹nicht-N› ist damit eine Innovation auf der *Bedeutungsebene* involviert, und zwar extremster Art: ‹Sein› ist jetzt nicht mehr nur das *Gegenteil* der Kategorie ‹Nichtsein›, sondern soll mit dieser *auch äquivalent* sein. Nur so wird verständlich, wieso sich *Eigenschaftsbestimmungen* von ‹Sein› (nämlich ‚Entsprechungseigenschaften' bezüglich ‹Nichtsein›) auch auf der *Bedeutungsebene* auswirken können – ein von Hegel immer wieder in Anspruch genommener Tatbestand, der bei ihm selbst freilich ungeklärt bleibt.

Dabei mag als irritierend empfunden werden, daß der antinomische Begriff ‹N› = ‹nicht-‹N›-entsprechend› aufgrund seiner semantischen Selbstreferentialität und damit *Unfundiertheit* an sich ja als *gehaltleer* zu gelten hätte (vgl. Kap. 2.2): Wieso kann dann, fragt man sich, ein *begrifflicher Fortschritt* damit involviert sein? Die Antwort ist in dem Gesagten schon enthalten: Aufgrund der Komplementarität (1) ist ‹N› ja essentiell auf ‹S› bezogen und insoweit eben doch *gehaltvoll.* Der Nachweis des *antinomischen Charakters* von ‹N› ändert daran nichts, sondern führt nur dazu, daß ‹S› und

[61] Tatsächlich sind von einer Kategorie *Eigenschaften* prädizierbar (z.B. die, eine Kategorie zu sein), und deshalb ist auch der Gedanke, „die Kategorien könnten auf *sich selber* qua Kategorien angewandt und bezogen werden", durchaus sinnvoll und W. Beckers diesbezügliche „Kritik an dieser Konzeption" (1969, 43) abwegig. Warum sollte man z.B. nicht sagen können, daß „die Kategorie ‚Unterschied' selbst auch *dasjenige* sein könnte, *was* durch sie bestimmt wird: ein Unterschiedenes" (1969, 30), etwa im Hinblick auf die Kategorie ‚Identität'? Vgl. hierzu auch Düsings Feststellung bezüglich Platons ‚Sophistes', wonach Platon eine „Teilhabe der Gattungen aneinander [nachweise], ohne daß eine in der anderen bedeutungsmäßig enthalten oder gar ihr gleich wäre. So entsteht das Geflecht der Verknüpfung dieser Gattungen, durch das sie sich wechselseitig in ihren Verhältnissen erhellen" (Düsing, i. Ersch.). Sie haben z.B. teil an der Idee des Verschiedenen, eben weil sie verschieden sind. Damit ist, denke ich, in der Tat ein für eine Theorie der Dialektik sehr wesentlicher Punkt getroffen, den wir „bei Hegel ganz anders" (Düsing, ebd.) und tatsächlich wohl weniger klar ausgedrückt finden.

‹N› nun nicht mehr nur als gegensätzlich, sondern auch als äquivalent erscheinen. Die Funktion des antinomischen Charakters besteht sozusagen in der ‚Zuschaltung' der Äquivalenz – zusätzlich zu dem ursprünglichen Gegensatz beider, oder präziser (da diese Formulierung ein *additives* Verständnis nahelegen könnte): Die antinomische Struktur und damit auch der antinomische Begriff ‹N› beruhen, wie dargelegt, auf dem Gegensatz von ‹S› und ‹N›, sind also nicht unabhängig davon zu sehen. Es wäre daher mißverständlich zu sagen: ‹N› ist antinomisch und *darüberhinaus auch* durch den Gegensatz zu ‹S› bestimmt, sondern beides gehört hier intrinsisch zusammen, sodaß eher von zwei Aspekten ein und desselben Sachverhalts gesprochen werden könnte. Das Gesagte gilt auch für die im folgenden auftretenden, mit ‹N› *strukturgleichen antinomischen Begriffe* – was im übrigen bedeutet, daß diese, trotz solcher Strukturgleichheit, nicht etwa mit ‹N› äquivalent, sondern sehr wohl inhaltlich neue Kategorien sind: eben durch ihre Rückbindung an jeweils andere Gegensatzbestimmungen[62].

Für das Verfahren dialektischer Kategorienentwicklung ist nun die schon konstatierte *Untrennbarkeit* der kontradiktorischen Glieder im antinomischen Widerspruch – im Ausdruck (6) durch $\oplus$ angedeutet – von entscheidender Bedeutung: Erst von daher wird nämlich, wie sich zeigen wird, die *Forderung der Synthesebildung* einsichtig, also die Notwendigkeit, Gegensatz und Äquivalenz der Gegensatzbestimmungen in einem neuen, *synthetischen Begriff* gleichsam zu vereinigen. Dies soll an dem betrachteten Gegensatzpaar der Kategorien ‹Sein› und ‹Nichtsein› näher verdeutlicht werden:

Der ursprüngliche *semantische Gegensatz* von ‹Sein› und ‹Nichtsein› führt, so hatte sich gezeigt, durch Antinomischwerden dieses Gegensatzverhältnisses schließlich zur *semantischen Äquivalenz* beider Kategorien, ‹Sein› = ‹Nichtsein›. *Beides* gehört, wie gesagt, untrennbar zusammen: Mit dem Gegensatz ist notwendig auch Äquivalenz involviert, und diese gibt es nicht ohne den Gegensatz, denn so hätte man überhaupt *nur einen,* nicht verschiedene Begriffe; das ‚nicht' in ‹Nichtsein› wäre völlig bedeutungslos. Und schließlich: Daß aus dem Gegensatzverhältnis beider Kategorien

[62] Diese Argumentation antwortet auf einen von P. Vardy (Enschede, Niederlande) formulierten Einwand (mündl. Mitteilung).

deren Äquivalenz herleitbar ist, kann auch nicht, darauf wurde ebenfalls schon hingewiesen, als Reductio ad absurdum der ursprünglichen Entgegensetzung gedeutet werden, insofern der Gegensatz von ‹Sein› und ‹Nichtsein› *semantisch unverzichtbar* ist. Aber *mit* diesem ist dann auch die Äquivalenz beider zwingend.

Gegensatz *und* Äquivalenz zugleich: Das ist gewiß eine irritierende Forderung, aber ist sie tatsächlich so absurd, wie es zunächst scheint? Es ist unschwer zu sehen, daß die *strikte Entgegensetzung* von ‹Sein› und ‹Nichtsein› in gewissem Sinn mit einem *Mangel* behaftet ist: Sie war vorgenommen worden, um den *positiven* Sinn von ‹Sein› als solchen ausdrücklich zu machen durch Abhebung gegen das, was ‹Sein› *nicht* bedeutet. Doch *genau dadurch* hat die Kategorie ‹Sein› selbst einen *negativen* Aspekt gewonnen, insofern sie eben *nicht* die Kategorie ‹Nichtsein› ist. Diese negative Eigenschaft ist nun aber ‚in Entsprechung' mit der Kategorie ‹Nichtsein› und hat damit *zugleich* eine *positive* Eigenschaftsbestimmung der Kategorie ‹Sein› zur Folge, diese wiederum eine negative usf. Diese antinomische Struktur ermöglicht den Rückschluß auf einen zugrundeliegenden antinomischen *Begriff,* der schließlich dazu nötigt, die Kategorien ‹Sein› und ‹Nichtsein› auch als äquivalent zu betrachten.

Kurzum: Die *strikte* Entgegensetzung von ‹Sein› und ‹Nichtsein› erweist sich als mangelhaft. Es zeigt sich, daß positive und negative Hinsichten, entgegen der ursprünglichen semantischen Intention bei der Einführung beider Kategorien, auf der Eigenschaftsebene (Entsprechungseigenschaften!) nicht säuberlich getrennt werden können. Es ist vielmehr so, daß *gerade durch die Entgegensetzung* von positiver und negativer Bedeutung eine *Affinität* beider induziert wird; zunächst auf der Ebene der Entsprechungseigenschaften der Kategorien und schließlich, durch das Antinomischwerden dieser Beziehung, auch auf der Bedeutungsebene. Durch die Entgegensetzung von ‹Sein› und ‹Nichtsein‹ soll eine Explikation geleistet werden. Aber für diesen Schritt ist zugleich etwas *präsupponiert,* was darin *noch nicht mitexpliziert* ist[63], z. B. daß ‹Sein› damit eben auch den Charakter eines Nichtseins und ebenso den eines Seins hat. Ebendies wird durch die aufgezeigte antinomische Struktur zur Geltung gebracht und führt derge-

[63] Wieland charakterisiert dies so, „daß es sich beim reinen Sein jedenfalls nicht um den Begriff handelt, der selbst das ist, was er meint" (1978, 202, auch 196). Wieland verkennt allerdings den wesentlich *antinomischen* Charakter dieser Struktur (vgl. 197); vgl. auch Hösle 1987a, 200 ff.

stalt zu der Forderung, beide Kategorien *ebensowohl* als entgegengesetzt wie als äquivalent zu denken[64] – eine nicht länger absurd erscheinende Konsequenz der ursprünglichen Entgegensetzung beider Kategorien. Die Einseitigkeit ihrer strikten Entgegensetzung ist in der Weise zu korrigieren, daß sie *auch* als bedeutungsäquivalent zu fassen sind.

Damit ist die *Notwendigkeit einer Synthese* deutlich, und das heißt nach dem Vorhergehenden: einer Verbindung von Gegensatz *und* Äquivalenz der beiden Kategorien ‹Sein› und ‹Nichtsein›. Man sagt gewöhnlich, der Gegensatz beider müsse in einer Synthese *aufgehoben* werden. Hierzu wäre festzustellen, daß der bloße *Gegensatz* zweier Bestimmungen nichts enthält, was zu dessen ‚Aufhebung' nötigte. Im übrigen sind Gegensatzbestimmungen – ‚groß und klein', ‚heiß und kalt', ‚schwarz und weiß' u. ä. – unverzichtbar. Erst der Nachweis, daß der genannte Gegensatz zu einem *antinomischen Widerspruch* führt, macht die Notwendigkeit einer Synthesebildung deutlich. Denn so müssen *beide* Glieder desselben – hier also Gegensatz und Äquivalenz von ‹Sein› und ‹Nichtsein› – als gültig akzeptiert werden, und zwar jedes *nur in Gemeinschaft mit dem anderen.* Genau dieser Umstand ist es, der zur Einführung einer *synthetischen Kategorie* nötigt, in welcher der Gegensatz *und* die Äquivalenz von ‹Sein› und ‹Nichtsein› gleichermaßen enthalten ist. Das Auftreten eines antinomischen Widerspruchs erzwingt die Synthese, aber wohlverstanden nur deshalb, weil es sich um einen Widerspruch besonderer Art handelt, eben um einen *antinomischen,* der, wie wir wissen, einerseits kein normaler formallogischer Widerspruch ist – ein solcher wäre argumentationslogisch tödlich –, sondern ein Scheinwiderspruch, der anderseits aber dadurch charakterisiert ist – und das ist für die *Synthesebildung* entscheidend –, daß seine Glieder *untrennbar zusammengehören.* Für eine Theorie der Dialektik ist damit zweifellos ein zentraler Tatbestand gesichtet[65]. Darauf wird später unter einem allgemeineren Aspekt zurückzukommen sein (Kap. 4.2).

---

[64] Auch Hegels Dialektik, so bemerkt Henrich (1967, 98) mit Recht, „will nicht nur die Einheit Entgegengesetzter aufzeigen, sondern die Einheit ihrer Einheit und ihrer Differenz". Dies sei „selbst denen, die ihm [sc. Hegel] folgen wollten, schnell aus dem Blick und Griff" gekommen.

[65] Dies ist zugleich die Antwort auf Rosens (1982, 91) lapidare Kritik: „Hegel's dialectic does not provide a *method* by which we can turn what is simple into something complex".

Das landläufige Dialektikverständnis, wonach der *Gegensatz* von ‹Sein› und ‹Nichtsein› aufgehoben werden müsse, ist zudem, wie jetzt deutlich ist, höchst ungenau, strenggenommen sogar falsch. Denn der Gegensatz *darf nicht beseitigt* werden; er muß vielmehr durch die entgegengesetzte Hinsicht der Äquivalenz *ergänzt* werden[66]. Der Gegensatz muß *bewahrt und auch negiert* werden: Das ist der bekannte Hegelsche Sinn von ‚Aufhebung' (vgl. z.B. 5.114), die zugleich ein ‚Bewahren' ist (und in dieser Verbindung von Negieren und Bewahren darüberhinaus zu etwas *Neuem* führt und insofern auch ein ‚Aufheben' im Sinn von ‚Höherheben' ist).

Was heißt das nun konkret für die Bedeutung der zu bestimmenden *synthetischen Kategorie ‹X›*? Hält man an dem ursprünglich gegensätzlichen Sinn von ‹Sein› und ‹Nichtsein› fest, so muß die Forderung der Äquivalenz *zusätzlich* ausgedrückt werden. Für ‹X› ergibt sich so die Bedeutung ‹Sein, das gleichermaßen Nichtsein ist›: Das hier als ‚Sein' Benannte ist entgegengesetzt zu ‚Nichtsein', und durch das ‚gleichermaßen' ist bestimmt, daß dieses ‚Sein' ebenso ‚Nichtsein' und diesem insofern auch äquivalent ist. Aus Symmetriegründen könnte ‹X› ebenso umgekehrt als ‹Nichtsein, das gleichermaßen Sein ist› gefaßt werden. In jedem Fall ist durch ‹X› so etwas wie eine *neue Seinsart* charakterisiert, nämlich eine solche, die gleichermaßen Sein und Nichtsein *ist*. Läßt sich damit überhaupt ein Sinn verbinden?

3.3 Die Synthese: ‹Werden› oder ‹Dasein›?

Für *Hegel* ist die Synthese von ‹Sein› und ‹Nichtsein› (bzw. ‹Nichts›) bekanntlich die Kategorie ‹Werden›, und zwar mit folgendem Argument: „*Das reine Sein und das reine Nichts ist also dasselbe*... Aber ebensosehr ist die Wahrheit nicht ihre Ununterschiedenheit, sondern daß *sie nicht dasselbe*, daß sie *absolut unterschieden*, aber ebenso ungetrennt und untrennbar sind und unmittelbar *jedes in seinem Gegenteil verschwindet*. Ihre Wahrheit ist also diese *Bewegung* des unmittelbaren Verschwindens des einen in dem anderen: *das Werden;* eine Bewegung, worin beide unterschieden sind, aber durch einen Unterschied, der sich ebenso unmittelbar aufgelöst hat" (5.83).

---

[66] Eine Unterbestimmung stellt insofern auch McTaggarts Formulierung dar: "The only truth of the two [sc. ‹Sein› und ‹Nichts›] is a category which expresses the *relation* of the two" (1910, 17, Hvh. D.W.).

Hegels Deutung der Synthese von ‹Sein› und ‹Nichtsein› als ‹Werden› ist außerordentlich suggestiv. Aber ist sie auch triftig? Zu denken gibt bereits der Umstand, daß mit ‹Werden› eine *zeitliche* Bestimmung auftaucht, die im Rahmen der ‚Logik' deplaziert wirkt. „Ohne die Zeitbestimmung, welche es für das reine Denken nicht giebt, versteht niemand das Werden" (Trendelenburg 1870, 126). Von einer zeitlichen Bewegung kann aber bestenfalls hinsichtlich der *realen Denkakte* des Philosophen gesprochen werden. Doch sind diese entschieden nicht Gegenstand der ‚Logik'. Die Logik, so drückt es Hegel selbst aus, sei vielmehr „das Reich der Schatten, die Welt der einfachen Wesenheiten, von aller sinnlichen Konkretion befreit" (5.55), „und die Fortbewegung dieses Gegenstandes beruht allein ... auf der Natur der *reinen Wesenheiten,* die den Inhalt der Logik ausmachen" (5.17)[67]. Es kommt also nicht auf die Denkakte, sondern auf die ‚Selbstbewegung' der Kategorienentwicklung in logischer Hinsicht an, die als solche ein *semantisches Prinzipiierungsverhältnis* betrifft und nicht als ein zeitlicher Prozeß mißverstanden werden darf. Die Kategorie der Zeit gehört als Kategorie des Realen vielmehr in die ‚Naturphilosophie'.

Würde das fragliche ‚Werden' aber *nicht-zeitlich* verstanden, sondern *logisch,* etwa als ‚begrifflicher Übergang', so gehörte eine solche Bestimmung zweifellos nicht in die ‚Seinslogik', sondern zur *Methodenreflexion* der ‚Logik' und damit in einen sehr viel späteren Systemteil. Zwar ist auch die Methode schon am Anfang präsupponiert, aber aufgrund der noch nicht entwickelten dafür benötigten begrifflichen Mittel hier noch nicht systematisch explizierbar. Hegels eigene Methodenreflexion bildet überhaupt den Abschluß des Werks. Dies wäre auch gegen eine Deutung wie die von Burbidge einzuwenden, die ‹Werden› auf den „process of thought itself" zurückzuführen sucht (1981, 40): Der Prozeß begrifflicher Entwicklung als solcher ist an dieser Stelle noch garnicht thematisierbar, und der Rekurs darauf hat insofern den Charakter *‚äußerer',* d.h. verfahrensmäßig nicht relevanter Reflexion[68].

Daß die Kategorie des Werdens Hegel zufolge eigentlich als Kategorisierung der *antinomischen ‚Bewegung'* im begrifflichen Verhältnis von Sein

---

[67] Die Logik, so Hegel, setze „somit die Befreiung von dem Gegensatze des Bewußtseins voraus", da der Gegensatz von ‚subjektiv' und ‚objektiv' in diesem Zusammenhang seine Bedeutung verloren habe (5.43).

[68] Hierzu z.B. 5.117.

und Nichts zu verstehen wäre, ergibt sich im Zusammenhang mit Hegels bekanntem Diktum, wonach die *Urteilsform* wegen der unvermeidlichen Einseitigkeit der Prädikation „nicht geschickt" sei, „spekulative Wahrheiten" ausdrücken, wie z. B. die, daß Sein und Nichts dasselbe *und auch* nicht dasselbe seien (5.93 f). Der Mangel zeige sich näher darin, daß diese beiden letzteren Sätze „unverbunden sind, somit den Inhalt nur in der Antinomie darstellen, während doch ihr Inhalt sich auf ein und dasselbe bezieht und die Bestimmungen, die in den zwei Sätzen ausgedrückt sind, schlechthin vereinigt sein sollen, – eine Vereinigung, welche dann nur als eine *Unruhe* zugleich *Unverträglicher,* als *eine Bewegung* ausgesprochen werden kann... So ist das ganze, wahre Resultat, das sich hier ergeben hat, das *Werden,* welches nicht bloß die einseitige oder abstrakte Einheit des Seins und Nichts ist. Sondern es besteht in dieser Bewegung, ... daß der Unterschied derselben [sc. Sein und Nichts] *ist,* aber ebensosehr *sich aufhebt* und *nicht ist*" (5.94 f). Diese als ‚Werden' kategorisierte Bewegung ist danach in der Tat nichts anderes als das *Phänomen antinomischen Umschlagens* von Sein in Nichts und umgekehrt, das ja auch für die hier entwickelte Auffassung zentral ist. Gleichwohl – das muß auch hier gesagt werden: Die Thematisierung des antinomischen Umschlags als solchen gehörte zur Methodenreflexion und ist an dieser Stelle der Kategorienentwicklung verfahrensmäßig also noch garnicht zu leisten. Hier hat sie zunächst den Charakter ‚äußerer', d. h. verfahrensmäßig nicht relevanter Reflexion.

McTaggart wendet gegen den Begriff des Werdens ein, daß dieser, durch seinen Bezug auf Veränderung, strukturell viel mehr enthalte, als von Hegel wirklich deduziert wird: „When we speak of Becoming we naturally think of a process of change". Doch „change involves the existence of some permanent element in what changes – an element which itself does not change" (1910, 18), was hinsichtlich des prätendierten Ineinanderübergehens von ‹Sein› in ‹Nichts› und umgekehrt tatsächlich nicht gegeben ist. Im übrigen sei die *Verbindung* beider das Entscheidende für Hegel (19). McTaggart schlägt daher vor, an dieser Stelle nicht mehr von ‚Werden', sondern einfach von dem „Übergang" in die bei Hegel auf ‚Werden' folgende Kategorie ‚Dasein' zu sprechen (20). Aber auch das kann wohl nicht die eigentliche Bedeutung der gesuchten synthetischen Kategorie ‹X› sein. Denn selbst wenn ‹X› eine solche Übergangsfunktion hätte, wäre damit nur eine *Eigenschaft* dieser Kategorie, nicht deren *Bedeutung* charakterisiert, und zwar wiederum durch eine *äußere Reflexion* auf den Prozeß der Kategorienentwicklung. In der Syntheseforderung ‹Sein, das gleichermaßen Nichtsein ist› ist dagegen nichts von ‚Übergang' enthalten, im Gegenteil:

Wesentlich ist vielmehr, daß Sein hier ebenso Nichtsein *ist,* oder in umgekehrter Blickrichtung: daß Nichtsein ebenso Sein *ist.* Bestimmend ist hier also wieder eine *Seinshinsicht,* und durch die neue synthetische Kategorie ‹X› ist somit eine *neue Seinsart* charakterisiert. In diesem Sinn scheint es mir zwingend zu sein, die Kategorie ‹Werden› an dieser Stelle fallenzulassen und ‹X› stattdessen mit Hegels Kategorie *‹Dasein›* zu identifizieren.

Sicher sind ‹Sein› und ‹Nichtsein› in irgendeiner Weise auch in der Bestimmung ‹Werden› enthalten. Wenn etwas wird, geht es von einem Nichtsein in ein Sein über. Aber was hier übergeht, ist nicht mehr Sein überhaupt, sondern ein schon *bestimmtes* Sein, aus dem es herkommt, und ein *bestimmtes* Nichtsein, in das es übergeht[69]. Und es ist zudem ein *Übergehen* und nicht die bloße *Verbindung* von ‹Sein› und ‹Nichtsein› (als entgegengesetzt und äquivalent), also eine *viel reichere* Struktur als die an dieser Stelle geforderte Synthese von ‹Sein› und ‹Nichtsein›.

Wird die Kategorie ‹Werden› fallengelassen, erledigen sich zugleich Hegels Überlegungen bezüglich des Übergangs von ‹Werden› zu ‹Dasein›, die ich hier kurz wiedergeben möchte: Sein und Nichts sind, so Hegel, im Werden „nur als Verschwindende; aber das Werden als solches ist nur durch die Unterschiedenheit derselben. Ihr Verschwinden ist daher das Verschwinden des Werdens oder Verschwinden des Verschwindens selbst. Das Werden ist eine haltungslose Unruhe, die in ein ruhiges Resultat zusammensinkt". „Es ist die zur ruhigen Einfachheit gewordene Einheit des Seins und Nichts. Die ruhige Einfachheit aber ist *Sein,* jedoch ebenso nicht mehr für sich, sondern als Bestimmung des Ganzen". „Das Werden so [als] Übergehen in die Einheit des Seins und Nichts, welche als *seiend* ist oder die Gestalt der einseitigen *unmittelbaren* Einheit dieser Momente hat, ist das *Dasein*" (5.113).

Es scheint mir ein großer Gewinn zu sein, daß auf diese – m.E. eher dubiose – Argumentation hier verzichtet werden kann: Hegels Gedanke, daß Sein und Nichts als Momente der synthetischen Kategorie ihre Unterschiedenheit verloren hätten, ist im Licht der im vorhergehenden ent-

---

[69] Schon Ulrici (1841) hält Hegels Begriff des Werdens für „rein erschlichen" und vertritt, ganz im Sinn des Gesagten, die Auffassung, Werden sei vielmehr „die Vermittelung des Seyns mit dem *Andersseyn*" (90 f), setze also bereits *bestimmtes* Sein voraus.

wickelten Überlegungen als nicht zutreffend zurückzuweisen: Die Synthese hat sich gerade als die Verbindung von Äquivalenz *und Gegensatz* beider ergeben. Und im übrigen ist schon nicht einsehbar, wieso das Werden, wenn die es konstituierenden Momente ‚verschwinden', nicht einfach bloß verschwindet, sondern ein ‚ruhiges Resultat' haben soll, was hier, ganz formal, mit seiner Bestimmung als ‚Verschwinden des Verschwindens' – nämlich von Sein und Nichts (s. o.) – zu rechtfertigen versucht wird. Aber warum ist das dann nicht einfach die Rückkehr zu Sein und Nichts?[70]

Fragwürdige Überlegungen dieser Art werden entbehrlich, wenn, wie dargelegt, ‹*Dasein*› statt ‹Werden› als die Synthese von ‹Sein› und ‹Nichtsein› angenommen wird. Einen „unmittelbaren Übergang von Sein zum Dasein" hält übrigens auch Wieland für möglich (1978, 212, Anm. 7), und zwar mit dem (auf Hegel selbst (5.104) zurückgehenden) Argument, daß „die Unbestimmtheit des Seins ... gerade als solche eine Bestimmung besonderer Art" sei (1978, 203) und damit also schon *bestimmtes* Sein – ‚Dasein' – involviert sei. Wieland beläßt es freilich bei diesem Hinweis.

Tatsächlich formuliert Hegel selbst auch schon den Gedanken, daß mit dem dialektischen Verhältnis von ‹Sein› und ‹Nichts› bereits ‹Dasein› als deren Synthese präsupponiert sei: Vom Nichts sei, insofern es ja *denkbar* sei, auch *Sein* prädizierbar – d. h. also von der *Kategorie* ‹Nichts›. Es sei daher „nicht zu leugnen, daß das Nichts in *Beziehung* auf ein Sein steht; aber in der Beziehung, ob sie gleich auch den Unterschied enthält, ist eine Einheit mit dem Sein vorhanden. Auf welche Weise das Nichts ausgesprochen oder aufgezeigt werde, zeigt es sich in Verbindung oder, wenn man will, Berührung mit einem Sein, ungetrennt von einem Sein, eben in einem *Dasein*" (5.107). Der Hegeltext selbst markiert so immerhin schon die Möglichkeit, ‹Werden› fallenzulassen und stattdessen gleich zu ‹Dasein› überzugehen.

---

[70] Hegels Argumentation in diesem Zusammenhang ist überdies inkonsistent: Das Werden als Vereinigung von ‹Sein› und ‹Nichts› vereinige, so sagt er zunächst, Entgegengesetztes; „eine solche Vereinigung aber zerstört sich". Einige Zeilen weiter dagegen wird eine solche „Einheit des Seins und Nichts" nicht mehr als selbstzerstörerisch, sondern als „*seiend*" deklariert, offenbar um so zur Kategorie ‹Dasein› zu gelangen (5.113).

3.4 ‹Dasein› als ‹Bestimmtsein›

Die hier als Synthese bestimmte Kategorie ‹Dasein› hat nach der entwickelten Argumentation den Sinn von ‹Sein, das gleichermaßen Nichtsein ist›. Diese ‚neue Seinsart' ist damit von recht paradoxer Verfaßtheit. Zu klären wäre also, *unter welchen Bedingungen* eine solche Bestimmung sinnvoll ist.

Daß ein Sein zugleich ein Nichtsein ist, würde bedeuten, daß es ein *anderes* Sein nicht ist. Ein solches Sein wäre also nicht mehr Sein überhaupt, sondern ein Sein, das irgendwie in sich differenziert, und das heißt – wie eben schon angedeutet – *bestimmt* ist. ‚Dasein' im Sinn eines Seins, das gleichermaßen Nichtsein ist, ist näher als *‚Bestimmtsein'* zu deuten. Nur so ist die zunächst paradox scheinende Syntheseforderung erfüllbar. Der *Explikationsschritt* macht damit die Einführung einer neuen, *‚explikativen'* *Kategorie ‹Bestimmtsein›* erforderlich. Nur unter der Bedingung bestimmten Seins kann ‹Dasein› eine sinnvolle Kategorie sein. Die in ihr enthaltene Synthese bedarf einer Explikation, die Sinnbedingungen der Synthesebildung sichtbar macht und in dieser Weise ‹Dasein› näher als ‹Bestimmtsein› zu interpretieren nahelegt. Die paradoxal scheinende Bestimmung ‹Dasein› – ‹Sein, das gleichermaßen Nichtsein ist› – nötigt dazu, deren *Erfüllungsbedingungen*[71] zu klären. Erst damit ist die prätendierte Synthese wirklich geleistet. Das Resultat ist ein *kategoriales Novum,* hier ‹Bestimmtsein›, das die *Erfüllbarkeit* der Syntheseforderung garantiert und zugleich die der Synthese entsprechende neue Seinsart näher charakterisiert.

Die Explikation der synthetischen Kategorie ‹Dasein› wird in dieser Weise durch Angabe ihrer Erfüllungsbedingungen geleistet. Aber wie werden diese selbst *aufgefunden*? Müssen sie ‚erraten' werden, oder sind sie verfahrensmäßig aufweisbar?

In diesem Zusammenhang ist an die schon erwähnte Wieland-Höslesche Auffassung zu erinnern, derzufolge in einer Kategorie nicht alles das *semantisch explizit* ist, was *implizit* für diese Bedeutung *pragmatisch präsupponiert* ist. Damit ist zunächst schon eine *grundsätzliche* Antwort auf die gestellte Frage gegeben. Das *Problem* besteht nun wesentlich darin anzugeben, wie im konkreten Fall zu *verfahren* ist und woher insbesondere die *Kriterien* zu nehmen sind, die genau die an dieser Stelle zu explizierenden pragmatischen Präsuppositionen aufzufinden erlauben.

---

[71] Daß die Pluralform gerechtfertigt ist, wird im nächsten Kapitel deutlich werden.

Die Nichttrivialität dieser Fragestellung liegt auf der Hand. Denn es gibt offenbar einen unerschöpflichen Fundus impliziter Eigenschaften, die mit einem Begriff verbunden, aber unter dem Aspekt seiner dialektischen Fortbestimmung irrelevant sind. So ist die hier betrachtete Kategorie ‹Dasein› jedenfalls eine *Kategorie;* sie ist ferner eine *ideelle* Entität, die als solche *denkbar, sprachlich faßbar* usw. ist; sie ist aber auch *unterschieden* von einem Auto, Elephanten usf.: Je nachdem, welche Hinsichten *an sie herangetragen* werden, also in der Einstellung, die Hegel ‚äußere Reflexion' nennt, ist das Verschiedenste von ihr prädizierbar. Im Sinn eines geregelten, stringenten Explikationsverfahrens muß also eine Auswahl aus der Fülle impliziter Präsuppositionen einer Kategorie getroffen werden, d. h. es gilt herauszufinden, was an einer bestimmten Stelle der Begriffsentwicklung *notwendig* präsupponiert, und das kann nur heißen: was *durch den jeweils erreichten Entwicklungsstand* zwingend gefordert ist, eine für diesen *spezifische* Hinsicht.

Was heißt das nun im Fall der Kategorie ‹Dasein›? *Spezifisch* für diesen Stand der Begriffsentwicklung ist allein die durch ‹Dasein› selbst vorgegebene Hinsicht, d. h. die Synthese ‹Sein, das gleichermaßen Nichtsein ist›. Zugrunde liegen dieser aber Überlegungen, wonach der Kategorie ‹Sein› – wegen der antinomischen Struktur des Verhältnisses von ‹Sein› und ‹Nichtsein› – formal kontradiktorische Prädikationen ‚‹Sein›-entsprechend' und ‚‹Nichtsein›-entsprechend' zugesprochen werden müssen, mit anderen Worten: Die Kategorie ‹Sein› ist s*elbst schon ein Beispiel* von etwas, dem Sein und gleichermaßen Nichtsein als Eigenschaft zukommt, d. h. ein Dasein. Tatsächlich ist das Sein der Bestimmung ‹Sein› ja zugleich Nichtsein der Bestimmung ‹Nichtsein›. Dies ist nur ein anderer Ausdruck dafür, daß ‹Sein› und ‹Nichtsein› *bestimmte* Kategorien sind.

Kurzum: Auf pragmatischer Ebene, und das heißt hier: in der zur Synthesebildung führenden dialektischen Argumentation, ist längst ‹Bestimmtsein› präsupponiert, aber noch nicht semantisch expliziert. Eben diese Diskrepanz hat Hegel im Auge, wenn er es „eine Hauptsache" dialektischer Begriffsentwicklung nennt, „dies immer wohl zu unterscheiden, was noch *an sich* und was *gesetzt* ist" (5.131), d. h. was in der Argumentation schon *implizit vorhanden* und was auf der anderen Seite tatsächlich schon *explizit bestimmt* ist. Hier tritt gleichsam ein *pragmatischer Sinnüberhang* auf, der den implizit schon in Anspruch genommenen Erfüllungsbedingungen der Syntheseforderung korrespondiert (nämlich daß ‹Sein› und ‹Nichtsein› *bestimmte* Kategorien sind) und der nun dazu nötigt,

‹Bestimmtsein› als *Explikation* der synthetischen Kategorie ‹Dasein› einzuführen. Deren Erfüllungsbedingungen müssen also keineswegs blind erraten werden. Sie sind vielmehr schon präformiert in der unmittelbar vorausgehenden dialektischen Argumentation enthalten, die den antinomischen Charakter des Gegensatzverhältnisses von ‹Sein› und ‹Nichtsein› erweist. Sie sind darin erst implizit vorhanden, aber gleichsam schon ‚wirksam', ja sie sind überhaupt konstitutiv für das antinomische Verhältnis der Gegensatzbestimmungen, das die Synthesebildung und damit auch die Notwendigkeit zu weiterer Explikation erzwingt. Was noch fehlt, ist die Kategorie ‹Bestimmtsein› selbst, die das, was implizit bereits vorhanden ist, nun auch auf den Begriff bringt. Wichtig ist dabei zu wissen, wo gesucht werden muß: Dort nämlich, wo die Synthese sich herstellt, nach deren Erfüllungsbedingungen gefragt wird. Der Prozeß, der zur Frage nach den Erfüllungsbedingungen führt, gibt auch schon den Fingerzeig für die Auffindung der Antwort.

Rückblickend wird übrigens auch deutlich, daß der entwickelte Argumentationsgang so nicht möglich gewesen wäre, wenn anstelle der Negation ‹Nichtsein› die Kategorie ‹Nichts›, wie bei Hegel, eingeführt worden wäre: Für die Sichtbarmachung der zugrundeliegenden antinomischen Struktur war etwa argumentiert worden, daß ‹Sein› eben ‹Nichtsein› nicht ist und insofern ‹Nichtsein›-entsprechend ist. ‚‹Nichtsein›-entsprechend' kann aber offenbar nicht durch ‚‹Nichts›-entsprechend' ersetzt werden. Denn ‹Sein› ist zwar nicht ‹Nichtsein›, aber es ist jedenfalls nicht nichts.

Deutlich wird der Unterschied in der Wahl der Negation von ‹Sein› auch im Hinblick auf die synthetische Kategorie: Wäre ‹Dasein› bestimmt als ‹Sein, das zugleich Nichts ist›, so wäre damit eine strikte Inkompatibilität der Momente gegeben, d.h. die Syntheseforderung wäre so nicht mehr erfüllbar. Ein Sein kann zwar, wie dargelegt, als ein bestimmtes Sein zugleich ein Nichtsein sein, nämlich Nichtsein von anderem bestimmten Sein; aber es kann nicht zugleich nichts sein (= überhaupt nichts sein). Etwas Derartiges hat offenbar auch McTaggart im Auge, wenn er dafür plädiert, Hegels Kategorie ‹Nichts› durch ‹Negation› zu ersetzen, da diese auch die Möglichkeit eines positiven Seins zulasse (1910, 20 f). In der Tat werden ‹Sein› und ‹Nichtsein› kompatibel, sobald es bestimmtes Sein gibt, das als solches zwar Sein, aber in einer bestimmten anderen Hinsicht auch Nichtsein ist. ‹Nichtsein› ist dann prädikativ verwendet im Sinn eines ‹Nichtseins von etwas›. Stünde hingegen dem Sein ‚nichts' gegenüber, so gäbe es eben nur Sein, ohne alle Weiterungen. Mit der Kategorie ‹Nichts› wäre der Prozeß dialektischer Fortbestimmung abgeschnitten und auf den Anfang zurückgeworfen. ‹Nichts› wäre die absolute Negation möglicher neuer Hinsichten – ganz abgesehen von den schon erwähnten Schwierigkeiten, die sich aus Hegels Identifizierung von ‹Sein› und ‹Nichts› ergeben.

3.5 ‹Sosein›/‹Anderssein›, ‹Unterschied› und ‹Beziehung›

Auch mit dem hier vollzogenen Explikationsschritt von der synthetischen Kategorie ‹Dasein› zu der explikativen Kategorie ‹Bestimmtsein› ist mehr präsupponiert, als damit expliziert ist. Denn Erfüllungsbedingung der Syntheseforderung ‹Sein, das gleichermaßen Nichtsein ist› konnte ‹Bestimmtsein› nur in der Weise sein, daß damit schon eine *Seinsdifferenz* unterstellt wurde: nämlich die Differenz eines *So-Bestimmten* von einem *Anders-Bestimmten.* Nur kraft dieser So-Bestimmtsein-Anderssein-Komplementarität ist ja die mit der Synthese verbundene Äquivalenzforderung für ‹Sein› und ‹Nichtsein› erfüllbar; das Sein von etwas ist so in der Tat zugleich Nichtsein von anderem. Erst mit der ‚Ausdifferenzierung' dieses Sinns von ‹Bestimmtsein› sind die Erfüllungsbedingungen der synthetischen Kategorie vollständig expliziert: Ein *so* bestimmtes Dasein kann es nach dem Komplementaritätsprinzip nur in Abgrenzung gegen *anders* Bestimmtes geben. Mit der explikativen Kategorie ‹Bestimmtsein› ist dergestalt der *Gegensatz von ‹Sosein›*[72] *und ‹Anderssein›* involviert[73].

Was übrigens die Sequenz der entwickelten Kategorien ‹Bestimmtsein›, ‹Sosein›, ‹Anderssein› betrifft, so ist der Unterschied gegenüber dem *Hegel-*

[72] ‹Sosein› hat hier also wohlgemerkt nicht den Sinn von ‹essentia›, ‹Wesen› (als Gegenbegriff zu ‹existentia›, ‹Daßsein›), sondern vielmehr, wie erläutert, einfach die Bedeutung von ‹So-Bestimmtsein›.

[73] Der hiermit vollzogene Übergang von ‹Dasein› zu ‹Bestimmtsein› und weiter zu ‹Sosein› und ‹Anderssein› ist also durch die Notwendigkeit, Erfüllungsbedingungen für ‹Dasein› zu explizieren, *begründet.* Diese Auffassung unterscheidet sich von der, wie sie etwa von Theunissen vertreten wird. Danach komme Dasein eben „nur als je und je Daseiendes vor" (1980, 228), d.h. als ein je bestimmtes *Seiendes,* als ein *Etwas.* Hiermit ist freilich nur auf den schon etablierten Sprachgebrauch rekurriert, der als solcher ohne Erklärungswert ist. Im übrigen wird

text offenkundig. In der ‚Wissenschaft der Logik' (5.116 ff, 122 ff) hat man bekanntlich ‹Bestimmtheit›, ‹Qualität›, dann die Entgegensetzung von ‹Realität› und ‹Negation›, aus der ‹Etwas› als Synthese und daraus schließlich der Gegensatz von ‹Etwas› und ‹Anderes› hervorgehen soll. Wieso wird hier davon abgewichen? Weil die im vorhergehenden entwickelte Argumentation m. E. zwingend die hier begründete Sequenz fordert. Hegels Ausführungen zu diesem Punkt sind demgegenüber denkbar knapp und bei Licht besehen alles andere als stringent. ‹Bestimmtheit› wird zunächst näher als ‹*seiende* Bestimmtheit› oder ‹Qualität› gefaßt. „Die Bestimmtheit", so Hegel, „hat sich noch *nicht* vom *Sein abgelöst*" (5.118). Dieser Begriff ‹seiender Bestimmtheit› ist hier als ‹Bestimmtsein› gefaßt worden. Die Bezeichnung ‹Qualität› ist allerdings, wie McTaggart moniert (1910, 22), insofern irreführend, als sie das Verhältnis von Ding und Eigenschaften suggeriert, das hier noch nicht gemeint sein kann. ‹Bestimmtsein› nun bringt die solchem Seienden inhärierende *Differenz* ins Spiel, und in dieser Weise ist ‹Sosein› als das, was ein bestimmtes Sein positiv ausmacht, und ‹Anderssein› als dessen negatives Komplement involviert. ‹Sosein› und ‹Anderssein› entsprechen damit dem, was bei Hegel – wiederum mißverständlich – ‹Realität› und ‹Negation› heißt.

McTaggart (1910, 23 f) hält übrigens die Kategorie ‹Qualität›, trotz des erwähnten Vorbehalts gegen die Bezeichnung, für unverzichtbar, weil mit dem Übergang von ‹Dasein› zu ‹Etwas› – und damit, wie er meint, zu vielfach verschiedenem Seienden – die explizite Einführung von *Pluralität* vollzogen werde. Dieser Schritt sei durch ‹Qualität› vermittelt, insofern damit eine Vielheit von Qualitäten involviert sei, was freilich (s.o.) nicht als eine Vielheit von Attributen, die einem *Ding* inhärieren, mißverstanden werden dürfe. Im vorliegenden Zusammenhang handele es sich einfach um vieles verschieden bestimmtes *Seiendes*.

---

dabei (wie auch bei Hegel, 5.123) offenbar die *kategoriale Explikation* von ‹Dasein›, um die es ja zu tun ist, verwechselt mit der *Instantiierung* dieser Kategorie, wofür dann die Kategorie ‹Daseiendes› eingeführt werden soll. Aber so ist die *Kategorien*entwicklung nicht weitergekommen, sondern es sind damit nur die *Instanzen* der Kategorie ‹Dasein› benannt. Dies ist zugleich eine *Pluralisierung* – vielfach verschiedene Daseiende –, während die *kategoriale* Struktur hier, im Sinn des Komplementaritätsprinzips, vielmehr *dichotom* – ‹Sosein›/‹Anderssein› – ist. Vgl. hierzu auch die Ausführungen am Ende dieses Kapitels.

Auf das Unzulässige einer solchen *Pluralisierung* ist eben (s. Fußn. 73) schon im Zusammenhang mit einer Theunissenschen Interpretation hingewiesen worden; denn nicht der Aspekt einer (schon quantitativen) Vielheit ist hier wesentlich, sondern der von *Differenz überhaupt,* die in der hier eingeführten Kategorie ‹Bestimmtsein› präsupponiert ist. Diese ist, wie schon gesagt, an die Stelle der Hegelschen Kategorie ‹Qualität› getreten. Damit wird auch das durch Hegels Begriffswahl nahegelegte Mißverständnis vermieden, als handele es sich hier schon um Qualitäten im Sinn von Dingeigenschaften.

Bemerkenswert ist, daß der Gegensatz von ‹Sosein› und ‹Anderssein› dem Gegensatz von ‹Sein› und ‹Nichtsein› offenbar *korrespondiert,* von dem die dialektische Entwicklung hier ihren Ausgang genommen hatte. Es handelt sich also gleichsam um *analoge* Stufen der Begriffsentwicklung auf verschiedenen Ebenen. Der ursprüngliche Gegensatz von ‹Sein› und ‹Nichtsein› führt zur Synthese ‹Dasein› und deren Explikation ‹Bestimmtsein›, die sich ihrerseits wieder in ein Gegensatzpaar, ‹Sosein› und ‹Anderssein›, ausdifferenziert. Wenn dies aber analoge Strukturen sind, so bedeutet das offenbar auch, daß in dieser Entwicklung von einem Gegensatzpaar zu einem neuen Gegensatzpaar gewissermaßen ein *dialektischer Zyklus* durchlaufen ist, d. h. eine Abfolge von Schritten, nach der sich die Argumentation *strukturell wiederholt.* Man hat damit also eine Grundeinheit dialektischer Entwicklung vor Augen. Deren Struktur wird an späterer Stelle (Kap. 4.3–4.8, 5.1) einer eingehenden Untersuchung zu unterziehen sein. Zuvor sollen aber weitere ‚Zyklen' der ‚Qualitätslogik' entwickelt werden.

Der nächste Schritt auf diesem Weg besteht darin, analog zur Dialektik von ‹Sein› und ‹Nichtsein› zu zeigen, daß auch dem Gegensatzverhältnis von ‹Sosein› und ‹Anderssein› (abgekürzt ‹SO› und ‹AN›) eine *antinomische Struktur* zugrundeliegt. Ausgangspunkt ist auch hier wieder, im Sinn des Komplementaritätsprinzips, die strikte Abgrenzung beider:

(1) ‹SO› = ‹nicht-AN›

Ähnlich wie im Fall des Gegensatzes von ‹Sein› und ‹Nichtsein› kann nun folgendermaßen argumentiert werden: Gemäß (1) ist ‹SO› jedenfalls nicht äquivalent ‹AN›, d. h. ‹SO› ist *anders* als ‹AN› und hat damit selbst die *Eigenschaft,* anders zu sein,

(2) ‹SO› ist ‹AN›-entsprechend.

Als ‚‹AN›-entsprechend‘ ist ‹SO› nun freilich als ein *bestimmtes Sosein* qualifiziert; ‹SO› hat damit die Eigenschaft, ‹SO›-entsprechend zu sein, oder, da ‹SO› gemäß (1) jedenfalls nicht äquivalent ‹AN› ist,

(3) ‹SO› ist nicht ‹AN›-entsprechend.

Als ‚*nicht* ‹AN›-entsprechend‘ hat ‹SO› allerdings wieder die Eigenschaft, *anders* zu sein (hier: anders gegenüber einem als ‚‹AN›-entsprechend‘ Bestimmten). ‹SO› ist so wieder als ‚‹AN›-entsprechend‘ bestimmt usf., mit anderen Worten: Der Kategorie ‹SO› müssen auf diese Weise alternierende Entsprechungsbestimmungen ‚‹AN›-entsprechend‘, ‚nicht ‹AN›-entsprechend‘, ‚‹AN›-entsprechend‘ etc. zugesprochen werden. Das ist eine *antinomische Struktur,* der nach den früheren Überlegungen (vgl. Kap. 2.1, 3.2) der antinomische Begriff

(4) ‹AN› = ‹nicht-‹AN›-entsprechend›

zugrundeliegt. Damit ist – wie schon in der Dialektik von ‹Sein› und ‹Nichtsein› – auch hier der Übergang von der Ebene der Entsprechungs*eigenschaften* zur *Bedeutungsebene* vollzogen. Die Bestimmung ‹nicht-‹AN›-entsprechend› ist, wie die Untersuchungen zum antinomischen Begriff ergeben haben (vgl. Kap. 2.2), äquivalent mit ‹nicht-AN› und, wegen (1), weiter mit ‹SO›, sodaß (4) schließlich in die Äquivalenz

(5) ‹SO› = ‹AN›

übergeht.

Daß dieses Resultat *nicht* als Reductio ad absurdum der Prämisse (1) gedeutet werden kann, ist für den analogen Fall der Dialektik von ‹Sein› und ‹Nichtsein› bereits diskutiert worden. Insgesamt hat man damit

(6) (‹SO› = ‹nicht-AN›) ⊕ (‹SO› = ‹AN›),

d.h. der ursprüngliche Gegensatz von ‹SO› und ‹AN› ist hier in einen *semantisch-dialektischen Widerspruch* transformiert worden, dem auch hier ein antinomischer Widerspruch zugrundeliegt. Das hat insbesondere zur Folge, daß die Widerspruchsglieder in (6) untrennbar zusammengehören – hier wieder durch ⊕ angedeutet –, und daher einzeln für sich strenggenommen nicht sinnvoll sind. Dies erklärt die Notwendigkeit einer erneuten *Synthesebildung*, die so zu der *synthetischen Bestimmung* ‹Sosein, das gleichermaßen Anderssein ist› führt, mit der wiederum eine *neue Seinsart* charakterisiert ist. Um was handelt es sich konkret?

Nun ist ein Sosein offenbar *dann* zugleich ein Anderssein (wie es der Syntheseforderung entspricht), wenn es *als unterschieden* von ‚seinem' ihm entgegengesetzten Anderssein bestimmt wird: Als ein davon Unterschiedenes ist es ja seinerseits *anders* als das Anderssein. Wird ein Sosein in dieser Weise selber als ein Anderssein gefaßt, so ist damit gerade der Unterschied des einen (Sosein) gegenüber dem anderen (Anderssein) zur Geltung gebracht. Für die *synthetische Kategorie* würde ich daher eine Bestimmung wie ‹Unterschied› in Betracht ziehen. Hierdurch ist also ein Sosein charakterisiert, das als solches zugleich ein Anderssein *einschließt* und in diesem Sinn auch ein *‚Insichsein'* genannt werden könnte – eine Kennzeichnung, die in Hegels Topik der Kategorie ‹Etwas› zukommt – dazu gleich mehr.

Es könnte moniert werden, daß ‹Unterschied› eine Kategorie der ‚Wesenslogik' sei und darum nicht in die ‚Seinslogik' gehöre. Dem wäre entgegenzuhalten, daß derartige Festlegungen für diese Untersuchung vorläufig als grundsätzlich suspendiert zu betrachten sind. Im übrigen könnte es durchaus sein, daß sich hier schon ein *Vorschein* wesenslogischer Strukturen zeigt (vgl. Kap. 5.1).

Wie beim Übergang von ‹Dasein› zu ‹Bestimmtsein› muß sich auch in diesem Zusammenhang schließlich die Frage nach den spezifischen *Erfüllungsbedingungen* der Synthese ‹Sosein, das gleichermaßen Anderssein ist› stellen. Im Sinn der vorhergehenden Überlegungen ist hierdurch gerade der Unterschied eines Soseins *in bezug* auf sein Anderssein charakterisiert. Wesentlich ist also, daß mit ‹Unterschied› ein *Bezogensein* des Unterschiedenen involviert ist. Erfüllungsbedingung der synthetischen Kategorie ‹Unterschied› ist somit der darin schon präsupponierte Beziehungscharakter, der so die Einführung der explikativen Kategorie *‹Beziehung›* motiviert.

Man könnte einwenden, daß bereits ‹Dasein› als ‹Sein, das gleichermaßen Nichtsein ist› *unterschiedenes* Sein voraussetzt und daß etwas nur durch den *Bezug* des einen Seins auf ein anderes Sein ebensosehr Sein wie Nichtsein sein kann. So ist tatsächlich argumentiert worden, d.h. die Kategorien ‹Unterschied› und ‹Beziehung› sind zweifellos auch hierfür schon vorausgesetzt – wie freilich alle anderen für die Argumentation benötigten Kategorien auch. Aber sie können an diesem Punkt der Entwicklung noch nicht *expliziert* werden. Denn zuvor muß ‹Bestimmtsein› als primäre Erfüllungsbedingung der ‹Sein›/‹Nichtsein›-Synthese eingeführt werden. Ein Sein, das gleichermaßen Nichtsein ist, gibt es eben nur als *bestimmtes* Sein, das qua Bestimmtheit dann freilich auch *unterschieden* ist: Erst auf dieser Ebene bestimmten Seins kann der mit ‚Bestimmtheit' präsupponierte *Unterschied* und weiter die darin mitgesetzte *Beziehung* der Unterschiedenen kategorial expliziert werden. Die Kategorie ‹Bestimmtsein› bildet so die Voraussetzung dafür, daß auch ‹Unterschied› und ‹Beziehung› sinnvolle Kategorien sind.

Mit Bezug auf den *Hegeltext* ist folgendes anzumerken[74]: Die Kategorie ‹Unterschied› als Interpretament von ‹Sosein, das gleichermaßen Anderssein ist› kennzeichnet ein bestimmtes Sosein, das zugleich *anders* als das ihm gegenüberstehende Anderssein ist und seine Negation dergestalt mitenthält. Das entspricht in etwa der Hegelschen Bestimmung ‹Etwas›, die in der Terminologie der ‚Wissenschaft der Logik' ja als ‹Realität, die gleichermaßen Negation ist› zu fassen wäre, mit anderen Worten: Was bei Hegel ‹Realität› und ‹Negation› ist, ist hier als ‹Sosein› und ‹Anderssein› bezeichnet worden; was bei Hegel ‹Etwas› heißt, figuriert hier als ‹Unterschied›. Im Hinblick auf den Hegeltext mag das verwirren. Doch verwirrend scheint mir vor allem Hegels Wortwahl zu sein. Denn der gewichtige Begriff ‹Realität› bezeichnet im Hegeltext nichts weiter als ein bestimmtes Sosein und ‹Negation› das davon unterschiedene Anderssein – nicht etwa, wie man aufgrund der Bezeichnung vermuten könnte, die Negationsoperation. ‹Etwas› wiederum bedeutet bei Hegel keineswegs nur etwas Bestimmtes, sondern, wie schon gesagt, ein Bestimmtes, das zugleich sein Negatives, seinen Unterschied, an ihm und in sich aufgehoben hat. Hegel hat dafür (s. o.) auch die Kategorie ‹„Insichsein"›, während ich hier ‹Unterschied› vorgezogen habe, weil die eigentlich zentrale Hinsicht des Bezogenseins auf anderes darin deutlicher zum Ausdruck kommt. Wenn Hegel anderseits ‚Etwas' als *‚Daseiendes'* – im Unterschied zu bloßem ‚Dasein' – bestimmt (5.123), so ist dies im Grund ein *Rückfall* auf die Stufe der Kategorie ‹Bestimmtsein› bzw. die zugehörige Instantiierung ‚bestimmtes Seiendes' (vgl. Fußn. 73). Hegel verwechselt hier offenbar den Übergang von der *Kategorie* ‹Dasein› zu deren *Instantiierung* ‚Daseiendes' mit dem *kategorialen Fortschritt* von ‹Dasein› zu einer Kategorie, die er hier ‹Etwas› nennt.

---

[74] Vgl. hierzu 5.118–124.

3.6 ‹Füranderessein›/‹Ansichsein›, ‹Bestimmung› und ‹Norm›

Erfüllungsbedingung der synthetischen Kategorie ‹Unterschied›, so hatten wir gesehen, ist die explikative Bestimmung ‹Beziehung›. Damit ist aber – ähnlich wie im Fall der explikativen Bestimmung ‹Bestimmtsein› im vorhergehenden Zyklus – eine *Differenz* involviert, die ihrerseits expliziert werden muß. So ist mit ‹Beziehung› ein Bezogensein von etwas auf ein anderes benannt; ich übernehme hierfür Hegels Bezeichnung ‹Sein-für-Anderes› oder einfach ‹*Füranderessein*›. Nach dem Komplementaritätsprinzip ist davon die negative Hinsicht des *Nicht-Bezogenseins* zu unterscheiden, also die *Abwesenheit* von Beziehung. Für ein nicht in Beziehung stehendes Sein, das, was es ist, *außerhalb* von Beziehungszusammenhängen ist, kann, einem geläufigen philosophischen Sprachgebrauch folgend, wie bei Hegel die Kategorie ‹*Ansichsein*› eingeführt werden. Wesentlich ist, daß auch dieses beziehungslose Sein in der Perspektive der Kategorie ‹*Beziehung*› zu sehen ist, die hier die *bestimmende Hinsicht* darstellt[75]. Die Bestimmung ‹Füranderessein› erscheint damit als die beziehungsaffirmative, ‹Ansichsein› als die dazu komplementäre Kategorie.

Mit ‹Füranderessein› und ‹Ansichsein› sind nun auch die Kategorien für die Beschreibung dessen verfügbar, was in der Dialektik von ‹Sosein› und ‹Anderssein› bereits vorhanden und argumentativ zur Geltung gebracht ist: Denn ein Sosein, so hatten wir gesehen, ist *in bezug* auf das ihm gegenüberstehende Anderssein selbst als ein Anderssein bestimmt oder, mit den jetzt zur Verfügung stehenden Beziehungsbestimmungen: Das Füranderessein eines Soseins ist ein Anderssein, das Ansichsein eines Soseins hingegen ist dieses Sosein selbst.

Mit den neuen Gegensatzbestimmungen ‹Füranderessein› und ‹Ansichsein› sind die Erfüllungsbedingungen der Syntheseforderung ‹Sosein, das gleichermaßen Anderssein ist›, komplettiert. Machen wir die Probe analog zur vorhergehenden Synthese (‚Das Sein eines Soseins ist gleichermaßen Nichtsein seines Andersseins') – danach muß gelten: Das Sosein eines Füranderesseins ist gleichermaßen Anderssein eines Ansichseins. In der Tat: Das Sosein eines Füranderesseins, d. h. eines in der Beziehung zu anderem stehenden Seins, ist ein Bezogensein; und das

[75] Hierzu ausführlich Kap. 4.6.

Anderssein eines Ansichseins ist gleichfalls ein Bezogensein. Die für die Synthese auch geforderte Äquivalenz von ‹Sosein› und ‹Anderssein› ist in dieser Weise, d.h. im Verbund mit den neu eingeführten Gegensatzbestimmungen ‹Füranderessein› und ‹Ansichsein›, also tatsächlich erfüllbar. Dies sei hier zunächst nur konstatiert; später sollen diese Zusammenhänge näher untersucht und diskutiert werden (Kap. 4.3–4.5).

Die dialektische Entwicklung ist damit freilich nicht am Ende. Wie im Fall der beiden vorhergehenden Dihairesen ‹Sein›/‹Nichtsein› und ‹Sosein›/‹Anderssein› ergibt sich auch für den hier betrachteten neuen Gegensatz eine *antinomische Beziehung* (mit ‹FA› und ‹AS› als Abkürzungen für ‹Füranderessein› und ‹Ansichsein›): Ausgehend von dem komplementären Gegensatz

(1) ‹FA› = ‹nicht-AS›

gilt, daß ‹FA› jedenfalls nicht äquivalent ‹AS› ist. Der damit formulierte Sachverhalt betrifft eine *Beziehung,* nämlich die von ‹FA› zu ‹AS›, d.h. das *Füranderessein* der Kategorie ‹FA› in bezug auf ‹AS›, mit anderen Worten: Die Kategorie ‹FA› hat selbst die durch sie bezeichnete Eigenschaft,

(2) ‹FA› ist ‹FA›-entsprechend.

So freilich steht ‹FA› *nicht* mehr in Beziehung zu anderem und repräsentiert insofern ein *Ansichsein* (das hier näher als ‚‹FA›-entsprechend' bestimmt ist). Infolgedessen gilt nun

(3) ‹FA› ist ‹AS›-entsprechend.

Damit tritt die Kategorie ‹FA› wiederum zu der ihr entgegengesetzten Kategorie ‹AS› in Beziehung, wobei ‚‹AS›-entsprechend' das *Füranderessein* von ‹FA› ist, und es gilt somit wieder

(4) ‹FA› ist ‹FA›-entsprechend

und so fort. Von der Kategorie ‹FA› sind also abwechselnd die Bestimmungen ‚nicht-‹AS›-entsprechend' (nämlich ‚‹FA›-entsprechend' unter Berücksichtigung der Gegensatzbeziehung (1)) und ‚‹AS›-entsprechend' prädizierbar: Damit ist in der Tat eine *antinomische Struktur* gegeben, wobei der zugrundeliegende *antinomische Begriff* nach den früheren Überlegungen die Form

(5) ‹AS› = ‹nicht-‹AS›-entsprechend›

haben muß. Der rechts stehende Ausdruck ist aber äquivalent mit ‹nicht-AS› (vgl. Kap. 2.2) und wegen (1) weiter mit ‹FA›, sodaß (5) schließlich zu der Äquivalenz

(6) ‹FA› = ‹AS›

führt – im Widerspruch zu der semantischen Festlegung (1), von der hier ausgegangen worden war. Trotzdem ist dieses Resultat – aus den früher schon erörterten Gründen (Kap. 3.2) – nicht als Reductio ad absurdum von (1) zu verstehen. Insgesamt ergibt sich damit der *semantisch-dialektische Widerspruch*

(7) (‹FA› = ‹nicht-AS›) ⊕ (‹FA› = ‹AS›),

der als ‚Einheit der Gegensätze' wiederum zu einer *Synthesebildung* nötigt.

Man beachte, daß die vorstehenden Überlegungen zwar grundsätzlich dem bisher entwickelten Argumentationsmuster zum Nachweis der antinomischen Struktur im Verhältnis der Gegensatzbestimmungen entsprechen, aber im Detail eine bemerkenswerte *Abweichung* zeigen: So kam es in den früher betrachteten Fällen (‹Sein› vs. ‹Nichtsein› und ‹Sosein› vs. ‹Anderssein›) für die Argumentation *allein* auf die Entsprechungsprädikate an, nicht hingegen auf den Begriff in der Position des Satzsubjekts (d. h. ‹Sein› bzw. ‹Sosein›), dem sie jeweils zu- oder abgesprochen wurden: Zum Beispiel ist von dem Prädikat ‚ist ‹Nichtsein›-entsprechend' wegen des darin enthaltenen *‚ist'* auf das Prädikat ‚‹Sein›-entsprechend' geschlossen worden; ebenso von ‚ist ‹Anderssein›-entsprechend' wegen des dadurch charakterisierten Soseins auf ‚ist ‹Sosein›-entsprechend'. Im vorliegenden Zusammenhang dagegen ist z. B. aus ‚‹FA› ist ‹AS›-entsprechend' geschlossen worden, daß die Kategorie ‹FA› *in der Position des Satzsubjekts in Beziehung zu anderem* (nämlich zur Kategorie ‹AS› im Prädikationsausdruck) steht und ‚‹AS›-entsprechend' insofern ein *Füranderessein* von ‹FA› repräsentiert, mit anderen Worten: Die hier relevante *Beziehungsstruktur* ist jetzt durch das Satzsubjekt, das bisher nur als Substrat möglicher Prädikationen fungierte, essentiell mitkonstituiert. Das gleiche gilt im Fall des Prädikats

‚‹FA›-entsprechend‘, kurzum: Die Bestimmung in der Position des Satzsubjekts und die im Prädikat enthaltene Bezugsbestimmung sind jetzt *gemeinsam* argumentationsrelevant geworden, was es für spätere Überlegungen (Kap. 4.5, 4.8) festzuhalten gilt.

Die aufgrund der entwickelten Argumentation geforderte *synthetische Kategorie* ist analog zu den früher betrachteten Fällen die Bestimmung ‹Füranderessein, das gleichermaßen Ansichsein ist›. Wie ist die damit vorerst nur paradoxal gekennzeichnete *neue Seinsart* näher zu charakterisieren? Gemäß der in der Syntheseforderung auch enthaltenen *Äquivalenz* von ‹Füranderessein› und ‹Ansichsein› muß es sich um ein Sein handeln, das *in* seiner Beziehung auf anderes (‚Füranderessein‘) *ebenso* bestimmt ist wie *außerhalb* der Beziehung (‚Ansichsein‘), mit anderen Worten: Sein Ansichsein hält sich in bezug auf anderes durch, ist sozusagen ‚beziehungsunempfindlich‘. Die deutsche Sprache hat dafür den Begriff der *Bestimmung,* der eben dies besagt, daß etwas seinem Ansichsein, so Hegels Formulierung, „gegen seine Verwicklung mit Anderem, wovon es bestimmt würde, gemäß bleibt, sich in seiner Gleichheit mit sich erhält, sie in seinem Sein-für-Anderes geltend macht“ (5.132). So hat etwa die Bestimmung ‹Baum› – jedenfalls grundsätzlich – eine festliegende Bedeutung, die von den sprachlichen Beziehungen, in denen ‹Baum› steht, unabhängig ist[76] – z. B. ‚Der Baum ist groß, ist grün‘ etc.; ‚Der Gegenstand ist ein Baum‘; ‚Es gibt hier keinen Baum‘ etc. Indem die Bestimmung in dieser Weise unabhängig von der Beziehung auf anderes ist, hat sie den Charakter einer *Norm,* eines *Sollens*[77]. Die Bestimmung ‹Baum› gibt an, was erfüllt sein muß, damit etwas zu Recht ein ‚Baum‘ heißen kann; ‹Baum› ist sozusagen die *Platonische Idee* des Baumes. Ähnlich ist die Bestimmung des Menschen dasjenige, was der Mensch unabhängig von seiner faktischen Existenz, sein *sollte:* In diesem weiter explizierten Sinn verwendet Hegel ‹Bestimmung› (vgl. 5.132 f).

Als *synthetische Kategorie* mit der Bedeutung ‹Füranderessein, das gleichermaßen Ansichsein ist› möchte ich daher *‹Bestimmung›* einführen. Es liegt auf der Hand, daß hierdurch eine – im Vergleich mit ‹Dasein› und ‹Unterschied› – wiederum völlig *neue Seinsart* charakterisiert ist. Die gegebenen Erläuterungen, die schon auf *Erfüllungsbedingungen* von ‹Bestim-

---

[76] ‚Grundsätzlich‘ gilt das in semantischer, aber bekanntlich nicht mehr in pragmatischer Hinsicht.

[77] Vgl. auch das in Kap. 2.1 zur Charakterisierung von ‚Bezugsbegriff‘ Gesagte.

mung› rekurrieren, machen das in aller Deutlichkeit sichtbar: Erfüllbar ist die Forderung eines Ansichseins, das von seinem Füranderessein nicht nur verschieden, sondern diesem auch äquivalent ist, offenbar durch ein ‚Sein' von der Art einer *Norm:* Eine Norm ist das, was sie ‚an sich' ist, auch ‚für anderes', d.h. in der Beziehung zu anderem; denn sie ändert sich nicht dadurch, daß sie an einen Adressaten gerichtet wird. Die Norm *gilt:* Das ist die ihr eigentümliche ‚Seinsweise', die von Objekten, auf die sie je bezogen sein mag, gänzlich unabhängig ist. Als *Explikation* von ‹Bestimmung› soll daher *‹Norm›* eingeführt werden.

Im Sinn des Gesagten ist festzuhalten, daß die Kategorien ‹Bestimmung› und ‹Norm› keineswegs erst in anthropologischen (‚Bestimmung des Menschen') oder rechtlichen Kontexten anzusiedeln sind, sondern schon in der ‚Logik': Nicht zufällig wird auch ein *Begriff* eine ‚Bestimmung' genannt, und diese hat in der Tat *normativen* Charakter, denn, wie schon bemerkt: Der Begriff einer Sache drückt eben das aus, was sie idealiter – ihrer ‚Idee' nach –, und das heißt: was sie ihrer Bestimmung nach sein *soll.* Die ‚Idee des Tisches' enthält Platonisch verstanden dasjenige, was den Tisch seinem Wesen nach ausmacht. Sie repräsentiert, anders gesagt, die *Definition* des Tisches, die als solche niemals Deskription von Vorhandenem ist, sondern Präskription, Anspruch an die Sache, sofern sie ‚Tisch' genannt werden können soll. ‚Bestimmung' und, expliziter, ‚Norm' zu sein ist Charakteristikum des Begriffs als Begriff. Beide Kategorien repräsentieren – analog zu früher Gesagtem – somit offenbar eine ‚seinslogische' *Antizipation* ‚begiffslogischer' Strukturen, d.h. sie enthalten eine Charakterisierung dessen, was als ein Grundzug ‚begrifflichen Seins' gelten muß.

3.7 ‹Geltung›/‹Geltungsentsprechung›, ‹Wechselbestimmung›

Mit dem Versuch, die explikative Kategorie ‹Norm› näher zu bestimmen, ist erneut das Komplementaritätsprinzip und damit eine Dichotomisierung involviert: Der unmittelbare Sinn von ‹Norm› ist, wie schon bemerkt, als ein *Gelten* zu fassen, der so die Einführung einer affirmativen Gegensatzbestimmung *‹Geltung›* nahelegt. Die dazu komplementäre Gegensatzbestimmung ist dann ein Nicht-Gelten, aber eben in *normativer* Perspektive. In der Tat: Zu einem Geltungsanspruch gehört korrelativ ein diesem

Anspruch Entsprechendes. Dieses ist seinerseits durch *Abwesenheit* von Geltung charakterisiert, obwohl Normativität die bestimmende Hinsicht bleibt. Als Gegensatzbestimmung zu ‹Geltung› käme also eine Kategorie wie *‹Geltungsentsprechung›* in Frage. Offenbar ist damit der systematische Ort dessen bezeichnet, was Platonisch als Verhältnis von ‚Idee' und ‚Teilhabe' zu fassen wäre[78]. Diese Dihairese führt nun analog den früher betrachteten Fällen zu einer *antinomischen Struktur:*

Ausgegangen wird zunächst wieder von dem komplementären *Gegensatz* beider Kategorien (mit ‹GT› und ‹GE› als Abkürzungen für ‹Geltung› und ‹Geltungsentsprechung›),

(1) ‹GT› = ‹nicht-GE›.

Das heißt nun auch, daß ‹GT› soweit *gilt,* wie ‹GE› *nicht* gilt, oder anders gesagt: Die Kategorie ‹GT› hat jedenfalls die durch sie selbst kategorisierte Eigenschaft der Geltung,

(2) ‹GT› ist ‹GT›-entsprechend.

(Warum hier und in den folgenden Schritten mit dem Prädikat ‚‹GT›-entsprechend' operiert wird, statt, wie analog zu früheren Argumentationen zu erwarten wäre, mit dem die komplementäre Kategorie ‹GE› enthaltenden Prädikat ‚‹GE›-entsprechend', wird gleich noch erläutert werden.) ‹GT› ist damit aber (bezüglich ‹GT›) als *geltungsentsprechend* bestimmt, ist dergestalt auch in Entsprechung mit ‹GE› oder, wegen (1), in Nichtentsprechung mit ‹GT›,

(3) ‹GT› ist nicht ‹GT›-entsprechend.

Für das Prädikat ‚‹GT›-entsprechend' ist ‹GT› dabei freilich als *Bestimmung,* und das heißt als ein *Geltungsein* unterstellt. Das muß dann auch für ‹GT› in der Position des Satzsubjekts zutreffen, sodaß diesem nun wiederum die Eigenschaft des Geltungseins zugesprochen werden muß,

(4) ‹GT› ist ‹GT›-entsprechend,

---

[78] Vgl. hierzu auch die Erläuterungen zu dem für die vorliegende Untersuchung zentralen Prädikat ‚ist einem Begriff entsprechend' (Kap. 2.1, 2.2, 3.2).

usf. Damit wird auch hier eine *antinomische Struktur* erkennbar, von der wieder auf einen zugrundeliegenden antinomischen Begriff der Form

(5) ‹GT› = ‹nicht-‹GT›-entsprechend›

geschlossen werden kann. Unter Berücksichtigung von (1) hat man ‹nicht-‹GT›-entsprechend› = ‹nicht-GT› = ‹GE›, damit die zu (1) entgegengesetzte Beziehung

(6) ‹GT› = ‹GE›

und so insgesamt den *semantisch-dialektischen Widerspruch*

(7) (‹GT› = ‹nicht-GE›) $\oplus$ (‹GT› = ‹GE›).

Auch hier ergibt sich, daß die Kategorien ‹GT› und ‹GE› als entgegengesetzt *und* als äquivalent bestimmt sind, daß beides untrennbar zusammengehört und dadurch zur *Synthesebildung* nötigt.

Allerdings ist die Argumentation hier, wie schon erwähnt, leicht modifiziert worden: Im vorhergehenden wurde immer so verfahren, daß die *negative* Kategorie einer Dihairese (also: ‹Nichtsein›, ‹Anderssein›, ‹Ansichsein›) als Bezugsbegriff der Entsprechungsprädikationen gewählt wurde. Davon abweichend ist hier die ‹Norm›-affirmierende Kategorie ‹Geltung› zugrundegelegt worden – warum? Der Grund dafür ist leicht einsehbar: *Bisher* war es ja so, daß die *Entsprechung* mit dem negativen Bezugsbegriff, insofern Entsprechung eben etwas Positives ist, ihrerseits wiederum einen *positiven* Sinn hatte. Was z. B. in Entsprechung mit ‹Nichtsein› *ist,* hat damit die durch ‹Sein› kategorisierte Eigenschaft. Es ist so freilich *nicht* mehr in Entsprechung mit ‹Nichtsein›; aufgrund dieses ‚nicht' ist es aber wieder in Entsprechung mit ‹Nichtsein› usf. Das *negative* Prädikat hat so, wie früher dargelegt, eine beständige *Wertumkehr* der Entsprechungsbestimmungen zur Folge und erzeugt in dieser Weise eine antinomische Struktur.

Im vorliegenden Fall nun ist ‚Entsprechung' selbst konstitutiver Bestandteil der zu ‹Geltung› komplementären Kategorie ‹Geltungsentsprechung› im Sinn von ‹Nicht-Geltung› und hat dadurch offenbar nicht mehr positiven, sondern gleichsam *negativen* Charakter. Die *Verbindung* von ‹GE› und ‚entsprechend' ist so anscheinend nichts Negatives mehr und führt daher *nicht mehr* zur Wertumkehr und zu einer antinomischen Struktur. Diese Rolle fällt jetzt ersichtlich der affirmativen Gegensatzbestimmung ‹GT› zu, die zusammen mit ‚entsprechend' gewissermaßen einen negativen Sinn ergibt, der, wie die entwickelte Argumentation zeigt, wieder zu einer beständigen Wertumkehr der Entsprechungsbestimmungen führt.

Diese Überlegungen – die später (Kap. 4.7) noch modifiziert und präzisiert werden müssen – machen zugleich deutlich, daß die Wahl der positiven Gegensatzbestimmung ‹GT› als Bezugsbegriff der Entsprechungsprädikationen kein Willkürakt ist, etwa mit der vorgefaßten Absicht, eine antinomische Struktur zu generieren. Es ist vielmehr so, daß auch hier eine der beiden Gegensatzbestimmungen zu einer antinomischen Struktur führt. Wegen des nun quasi negativen Sinns von ‚entsprechend' (aufgrund der zu ‹Geltung› komplementären Gegensatzbestimmung ‹Geltungsentsprechung›) ist das in diesem Fall aber die affirmative Kategorie ‹Geltung› in Verbindung mit ‚entsprechend'. Würde stattdessen die komplementäre Gegensatzbestimmung ‹GE› als Prädikatsbegriff gewählt, so hätte das nicht etwa ein davon *verschiedenes,* sondern *garkein* Resultat zur Folge, wie man sich leicht vergegenwärtigt: Falls ‹GT› (in der Position des Satzsubjekts) ‹GE›-entsprechend ist, entspricht ‹GT› damit einer Geltung (hier speziell der von ‹GE›), ist also ‹GE›-entsprechend: nichts Neues. Wird aber angenommen, daß ‹GT› *nicht* ‹GE›-entsprechend ist, so läßt sich daraus (weil weder eine Entsprechungsprädikation noch Übereinstimmung von Prädikats- und Subjektsbegriff vorliegt) überhaupt nichts schließen, d.h. die Argumentation führt auch hier nicht weiter. Es ist in diesem Fall einfach so, daß mit den ‹GE› enthaltenden Entsprechungsbestimmungen die – sehr wohl vorhandene – antinomische Struktur nicht sichtbar gemacht werden kann. Das hat, wie gesagt, damit zu tun, daß das Entsprechendsein-Prädikat hier wegen der Affinität mit der zu ‹GT› komplementären Kategorie ‹GE› nicht mehr positiven, sondern gleichsam negativen Sinn hat, was in Verbindung mit ‹GE› zu einer insgesamt *positiven* Bestimmung führt, während Antinomisches nur aus Negativität erwächst[79].

Allerdings ist die dialektische Argumentation auch möglich, sofern *‹GE›* als grammatisches Subjekt der Entsprechungsaussagen und zugleich ‹GE› als Prädikatsbestandteil gewählt wird. Betrachtet man nur die jeweils weiterführenden Hinsichten (also nicht diejenigen, die die Argumentation

---

[79] Hier sei nochmals auf die präzisierenden Überlegungen in Kap. 4.7 verwiesen.

nicht weiterbringen, sondern nur den status quo bestätigen), so gilt: In ,‹GE› ist ‹GE›-entsprechend' ist ‹GE› im Prädikat als Begriff, und das heißt als eine Normgeltung präsupponiert, was sich wegen der Gleichheit mit dem Subjektsbegriff ‹GE› auf diesen überträgt. Damit ist nun ,‹GE› ist ‹GT›-entsprechend' involviert. Aufgrund dieser Eigenschaft, einem Begriff entsprechend zu sein, folgt ,‹GE› ist ‹GE›-entsprechend' usw. Wie später (Kap. 4.7) gezeigt wird, beruhen diese Zusammenhänge darauf, daß der Charakter des Positiven und Negativen im Fall der Gegensatzbestimmungen ‹GT›/‹GE› garnicht mehr eindeutig zuzuordnen ist.

Soviel zur Dialektik von ‹Geltung› und ‹Geltungsentsprechung›. Das erhaltene antinomische Resultat, wonach beide Kategorien einander entgegengesetzt und auch äquivalent sind, nötigt wiederum zu einer *Synthese* beider mit der Bedeutung ‹Geltung, die gleichermaßen Geltungsentsprechung ist›. Nun ist jedes Gelten ein Bestimmen und eine Geltungsentsprechung umgekehrt ein Bestimmtwerden, sodaß die Synthese beider als ein wechselseitiges Bestimmen und Bestimmtwerden zu fassen wäre. Dies legt die Einführung einer synthetischen Kategorie *‹Wechselbestimmung›* nahe.

Die begriffliche Entwicklung soll, wie eingangs gesagt (Kap. 1.2), im wesentlichen nur bis zu diesem Punkt gebracht und im folgenden dann noch ausführlich diskutiert werden. Nachdem die Argumentation in den letzten Kapiteln ganz unabhängig vom Hegeltext durchgeführt worden ist, soll aber zunächst die Beziehung zur ,Wissenschaft der Logik' hergestellt werden. Insbesondere sind die hier vorgenommenen Modifikationen gegenüber der Hegelschen Kategoriensequenz zu erörtern und zu begründen. Danach wird dann (im 4.–6. Teil) zu erwägen sein, wie das entwickelte Verfahren dialektischer Argumentation unter dem Aspekt einer allgemeinen *Theorie der Dialektik* einzuschätzen ist und wie etwa der mögliche weitere Fortgang der Kategorienentwicklung aussehen könnte.

3.8 Vergleich mit dem Hegeltext

Die hier durchgeführte Kategorienentwicklung bis zum Begriff ‹Wechselbestimmung› entspricht der bei Hegel bis zum Abschluß der ,Daseinslogik' mit der Kategorie ‹affirmative Unendlichkeit›. Im Hegeltext treten nach ‹Dasein› und ‹Anderes› der Reihe nach die folgenden Kategorien auf: ‹Sein-für-Anderes›, ‹Ansichsein›, ‹Anihmsein›, ‹Bestimmung›, ‹Beschaffenheit›, ‹Grenze›, ‹Endlichkeit›, ‹Schranke›, ‹Sollen›, ‹Unendlichkeit überhaupt›, ‹affirmative Unendlichkeit›. Davon sind hier nur die Kategorien ‹Sein-für-Anderes›, ‹Ansichsein›, ‹Bestimmung› übernommen und im übrigen neue Kategorien ‹Sosein›, ‹Anderssein›, ‹Norm›, ‹Geltung›, ‹Geltungsentsprechung›, ‹Wechselbestimmung› eingeführt worden.

Beide Kategorienbestände sind also unterschiedlich; sie sind aber auch sehr verschieden strukturiert. So folgen bei Hegel auf die Gegensatzbestimmungen ‹Etwas› und ‹Anderes› unmittelbar die Gegensatzbestimmungen ‹Sein-für-Anderes› und ‹Ansichsein›, wobei eine Parallelisierung vorgenommen wird: „Die ersteren enthalten die Beziehungslosigkeit ihrer Bestimmtheit; Etwas und Anderes fallen auseinander. Aber ihre Wahrheit ist ihre Beziehung; das Sein-für-Anderes und das Ansichsein sind daher jene Bestimmungen als *Momente* eines und desselben gesetzt, als Bestimmungen, welche Beziehungen sind... Jedes selbst enthält damit an ihm zugleich auch sein von ihm verschiedenes Moment" (5.128). In der hier entwickelten Argumentation hingegen folgen auf den Gegensatz von ‹Sosein› und ‹Anderssein› zunächst einmal die daraus gebildete synthetische Kategorie ‹Unterschied› und die zugehörige explikative Kategorie ‹Beziehung›, die ihrerseits dann in den Gegensatz von ‹Füranderessein› und ‹Ansichsein› ‚dissoziiert'. Die Dialektik von ‹Sosein› und ‹Anderssein› ist dabei im wesentlichen die Entfaltung der von Hegel geltend gemachten Beziehung von ‹Etwas› und ‹Anderes›[79a], die hier aber zunächst zu der synthetischen Kategorie ‹Unterschied› führt: Denn nur als ein Unterschiedenes kann ein Sosein zugleich ein Anderssein sein, nämlich im unterscheidenden *Bezug* auf das Anderssein. Dies nötigt hier weiter zur Einführung der explikativen Kategorie ‹Beziehung› und der zugeordneten Gegensatzbestimmungen ‹Füranderessein› und ‹Ansichsein›, mit anderen Worten: Die beiden Dihairesen treten hier nicht, wie bei Hegel (‹Etwas›/‹Anderes›, ‹Sein-für-Anderes›/‹Ansichsein›), unvermittelt hintereinander auf, sondern sind durch eine synthetische und eine explikative Kategorie (‹Unterschied›, ‹Beziehung›) und damit durch einen kategorialen Explikationsprozeß *vermittelt.*

Unklar ist bei Hegel Funktion und systematischer Ort der Kategorie *‹Anihmsein›:* Diese tritt in der ‚Logik' zunächst als eine Art Synthese von ‹Sein-für-Anderes› und ‹Ansichsein› auf (5.129, 131 f). Kurz darauf wird

[79a] Wobei ‹Sosein› und ‹Anderssein› in der Kategoriensequenz allerdings die Stelle der Hegelschen Kategorien ‹Realität› und ‹Negation› einnehmen.

‹Bestimmung› als Synthese von ‹Ansichsein› und ‹Anihmsein› charakterisiert (5.132); eine Seite später heißt es, daß ‹Anihmsein› auch im Sinn von ‹Beschaffenheit› zu deuten sei (5.133), und wenige Zeilen weiter wird ‹Anihmsein› als Synthese von ‹Bestimmung› und ‹Beschaffenheit› präsentiert (5.133).

Die Kategorie *‹Bestimmung›* und deren kategorialer Kontext stößt bei angelsächsischen Hegelauslegern offenbar auf Verständnisschwierigkeiten. McTaggart – „I must confess to having only a very vague idea of what is meant" – interpretiert „Determination" (als Übersetzung von ‹Bestimmung›) als „the character of the Something [sc. ‹Etwas›] viewed as its inner nature" (1910, 26): Wäre das zutreffend, so wäre ‹Bestimmung› einfach gleichbedeutend mit ‹Ansichsein›. McTaggart beklagt im übrigen die „subtlety" der Unterscheidung von ‹Bestimmung› und ‹Beschaffenheit› (1910, 26). Er hält seine eigene Deutung für „very problematic" (1910, 27) und den entsprechenden Abschnitt in der ‚Wissenschaft der Logik' überhaupt für „useless" (1910, 28)[80].

Verkannt ist hier der wesentlich *normative* Sinn von ‹Bestimmung›, obwohl der Hegeltext selbst im Hinblick auf die nur normativ zu verstehende *„Bestimmung des Menschen"* einen deutlichen Fingerzeig gibt (5.132). Die englische Übersetzung ‚determination' vermag diesen normativen Sinn anscheinend nicht mitauszudrücken. Diese Vermutung wird durch die von Burbidge gegebene Auslegung bestärkt, die auf den »process of thinking" rekurriert: „The determining activity of thought renders the concept determinate. This single determining process can be called *determination*" (1981, 49). Ein solcher gedanklicher ‚Bestimmensprozeß' ist mit ‹Bestimmung› natürlich nicht gemeint, die von Burbidge anderseits durchaus richtig mit Fichtes Buchtitel ‚Die Bestimmung des Menschen' in Zusammenhang gebracht wird (1981, 247, Anm. 13). Doch selbst bei einem ‚native speaker' (und zudem exzellenten Hegelkenner) wie K. Rosenkranz ist der normative Charakter von ‹Bestimmung› verfehlt, wenn er diese im Sinn einer faktischen „Anlage" (sc. ‚Disposition') versteht (1858, 135).

Der Gegenbegriff zu ‹Bestimmung› ist für Hegel *‹Beschaffenheit›*. Im Rahmen der hier durchgeführten Rekonstruktion entspricht dem in gewissem Sinn der Gegensatz von ‹Geltung› und ‹Geltungsentsprechung›, wenn

---

[80] In Theunissens Interpretation (1980) bleibt er gänzlich ausgespart.

man daran denkt, daß eine faktische Beschaffenheit niemals Geltungscharakter hat, sondern dadurch charakterisiert ist, daß sie einer geltenden Norm ‚entsprechend' oder auch ‚nicht entsprechend' ist.

Von ‹Bestimmung› und ‹Beschaffenheit› geht Hegel zum Begriff ‹Grenze› über, während die hier entwickelte Argumentation zur Einführung der Kategorie ‹Wechselbestimmung› führt. Das hat natürlich Konsequenzen für den weiteren Fortgang: Bei Hegel schließt sich die Dialektik von ‹Endlichkeit›, ‹Schranke›, ‹Sollen›, ‹Unendlichkeit› an. Im gegenwärtigen Zusammenhang ist lediglich ‹Wechselbestimmung› an die Stelle der Hegelschen Kategorie ‹Unendlichkeit› getreten. Dazu wird gleich noch etwas zu sagen sein.

Zuvor einige Bemerkungen zu den anderen von Hegel eingeführten Bestimmungen: *‹Grenze›* scheint im Hinblick auf das Verhältnis von ‹Etwas› und ‹Anderes› eine naheliegende Kategorie zu sein, insofern sie, „jedes das Andere negierend, abscheidet" (5.135). Dabei darf ‹Grenze› an dieser Stelle freilich nicht räumlich verstanden werden. Hegel spricht in der ‚Enzyklopädie' darum ausdrücklich von „qualitativer Grenze", die als solche „nicht als dem Dasein bloß äußerlich" zu denken sei, sondern ‚durch das ganze Dasein hindurch" gehe (8.197 Zus.). In dieser Weise kann sie freilich kein eigenes Bestimmtsein *als Grenze* haben, sondern ist im Grund nichts weiter als das *Unterschiedensein* eines Soseins von einem Anderssein. Hegel braucht die Kategorie ‹Grenze› offenbar nur, um auszudrücken, daß ein Beschaffensein gleichsam ein ‚Ende' einschließt, d. h. ‚endlich' ist, um so von der Kategorie ‹Beschaffenheit› zur Kategorie ‹Endlichkeit› zu kommen und die ‚Daseinslogik' dann mit der Kategorie ‹Unendlichkeit› abschließen zu können. Plausibilität sucht er diesem Vorgehen dabei doch wieder durch Rekurs auf Formen räumlich-geometrischer Grenzen (Punkt, Linie, Fläche, vgl. 5.137 ff) zu verschaffen, die im Hinblick auf den hier prätendierten ‚qualitativen' Sinn von ‹Grenze› eigentlich fehl am Platz sind.

Die Kategorien *‹Schranke›* und *‹Sollen›* sollen Hegel zufolge den Übergang von ‹Endlichkeit› zu ‹Unendlichkeit› vermitteln. ‹Sollen› ist in diesem Sinn also keineswegs als Erfüllungsbedingung von ‹Bestimmung› zu denken (wie in der hier entwickelten Argumentation die Kategorie ‹Norm›), sondern als der in der Schranke enthaltene Verweis auf deren ‚Jenseits'. Dieses ist zunächst nur als ein anderes beschränktes Endliches bestimmt, „welches aber ebenso das Vergehen als das Übergehen in ein anderes Endliches ist, und so fort etwa ins *Unendliche*" (5.148).

Diese Einführung der Kategorie ‹*Unendlichkeit*› hat zweifellos etwas Suggestives. Das Unendliche besteht hiernach darin, daß jedes ‚Ende' immer auch über sich hinausweist und dergestalt einen perennierenden *Progreß ins Unendliche* generiert, wobei das Unendliche selbst zunächst als ein Jenseits des Endlichen verstanden ist. *So* aber, fährt Hegel fort, stünden Endliches und Unendliches *einander gegenüber;* das Unendliche wäre durch das Endliche *begrenzt und insofern selbst nur ein Endliches* (5.152 ff; 157 ff). Der *wahre* Begriff der Unendlichkeit sei vielmehr „die Natur des Endlichen selbst, über sich hinauszugehen"; „die Unendlichkeit ist seine *affirmative Bestimmung,* das, was es wahrhaft an sich ist" (5.150). Sie ist gewissermaßen die Eigenschaft des Endlichen, als ein solches immer auch über sich hinauszuweisen und sich solchermaßen als Endliches aufzuheben (5.160). Man könnte dies die *Parusie* des Unendlichen im Endlichen, die immer schon bestehende *Einheit* des Endlichen und Unendlichen nennen (5.158 ff).

Diese Überlegungen bilden sicher eines der eindrucksvollsten Lehrstücke der ‚Wissenschaft der Logik'. Über ihre systematische Relevanz ist damit freilich noch nichts entschieden. In der Tat sind auch hier gravierende Einwände möglich: Hegels Begriff der Unendlichkeit läuft ja darauf hinaus, daß Endliches immer auch über sich hinausweist auf von ihm Unterschiedenes. In der hier entwickelten Argumentation ist dem aber bereits durch die Kategorie ‹Beziehung› entsprochen, die als Erfüllungsbedingung von ‹Unterschied› eingeführt werden mußte; denn alles Unterschiedene ist als ein solches stets auch ein In-Beziehung-Stehendes. Soll Hegel zufolge das wahre Unendliche im Endlichen selbst als dessen Verweisungscharakter anzutreffen sein, so ist das bei Licht besehen nichts anderes als das für alles Bestimmte konstitutive *Bezogensein,* insofern es als ein von anderem Unterschiedenes eben immer auch in Beziehungen steht.

Im Grund, so muß man urteilen, entspricht Hegels Bestimmung der ‹Grenze›, als ‹*qualitative* Grenze›, wie schon gesagt, in etwa der hier eingeführten Kategorie ‹Unterschied› und das, was Hegel mit ‹affirmativer Unendlichkeit› primär meint (eine Ergänzung wird gleich noch anzubringen sein), entspricht hier etwa der Kategorie ‹Beziehung› und würde insofern einen Rückfall auf eine frühere Stufe darstellen. Der darüberhinausgehende ‚unendliche' Anspruch hingegen betrifft offenbar die an dieser Stelle sachfremde Hinsicht der *unendlichen Iterierbarkeit* des Beziehens, indem jedes Unterschiedene immer wieder von anderem Unterschiedenen unterschieden werden kann. Was *Hegel* aber mit der Kategorie ‹affirmative Unendlichkeit› *eigentlich* intendiert hat, scheint mir gerade das zu sein, was hier durch ‹Wechselbestimmung› ausgedrückt ist: nämlich der Zusammenhang einer umfassenden, sich selbst konstituierenden, fürsichseienden Einheit. In diesem Sinn möchte ich die *Konjektur* formulieren, daß damit gewissermaßen schon die ‹absolute Idee› auf der Ebene der ‚Qualitätslogik' vorweggenommen ist – also eine Art *Abschluß* der Kategorienentwicklung in qualitätslogischer Perspektive. Trifft das zu, dann wären darüberhinaus auch keine weiteren qualitätslogischen Kategorien zu gewärtigen[81]. Von hier aus müßte dann, wenn man Hegels Gliederung der ‚Seinslogik' folgt, ein Übergang zur ‚Quantitätslogik' sichtbar werden.

Verfolgt man diesen Gedanken einmal weiter, so ist zunächst festzustellen, daß Hegels Kategorie ‹affirmative Unendlichkeit› zu der Kategorie ‹*Fürsichsein*› überleitet. „Im *Fürsichsein* ist das *qualitative Sein vollendet;* es ist das unendliche Sein" (5.174). „Das Fürsichsein ist ... die in das einfache Sein zusammengesunkene Unendlichkeit" (5.176). Dieses fürsichseiende *Eins* führt bei Hegel dann zur Dialektik des Einen und Vielen und damit in die Sphäre der ‚Quantitätslogik'. Wesentlich für diese Argumentation ist also das in ‹Fürsichsein› enthaltene Moment der *Einheit*. Ist das aber aus der bei Hegel vorhergehenden Kategorie der ‹Unendlichkeit› erklärbar? Nur dann, wenn diese durch eine Art einigenden inneren Zusammenhang charakterisiert ist. Wesentlich für den Übergang zu ‹Fürsichsein› und die daraus entfaltete ‚Quantitätslogik' ist also eigentlich nicht der Unendlichkeitsbegriff, sondern vielmehr so etwas wie ein – für Hegel ersichtlich damit verbundener – *Einheitsanspruch.*

Ein derartiger Übergang ist nun, wie gesagt, offenbar schon durch die hier vorgeschlagene Kategorie ‹Wechselbestimmung› nahegelegt: Durchgängige, allseitige Wechselbestimmung kann es tatsächlich nur in der *Einheit* eines abgeschlossenen, ‚fürsichseienden' Zusammenhangs geben. Als Erfüllungsbedingung von ‹Wechselbestimmung› wäre sonach die Kategorie ‹*Fürsichsein*› anzunehmen, die ihrerseits in die Gegensatzbestimmungen ‹Eins› und ‹Vieles› dissoziieren und damit zur ‚Quantitätslogik' überleiten würde. Außerdem wäre der Abschluß der ‚Daseinslogik' so zugleich auch der Abschluß der ‚Qualitätslogik' überhaupt. Das sind an dieser Stel-

---

[81] Zum Abschlußproblem der ‚Qualitätslogik' vgl. Kap. 4.8.

le – wie schon gesagt – freilich nur hypothetische Überlegungen, bei denen es hier zunächst belassen werden soll[82].

Mit solchen Konjekturen ist das Abschluß- und Übergangsproblem der ‚Qualitätslogik' angesprochen. Eine andere Frage ist die ihrer *Vollständigkeit.* Auch hierzu zunächst nur ein vorläufiger Hinweis (in einem späteren Zusammenhang soll diese Frage dann noch einmal aufgenommen und systematischer erörtert werden, s. Kap. 4.8):

Aus dem Bisherigen ist bereits soviel deutlich geworden, daß durch jede synthetische Kategorie und noch grundsätzlicher (da Erfüllungsbedingung derselben) durch jede explikative Bestimmung eine *neue Seinsart* charakterisiert ist. Denn durch die neue Bestimmung wird dasjenige, was auf der vorhergehenden begrifflichen Stufe nur als gegensätzlich bestimmt war, nun auch als äquivalent gefaßt: ‹Bestimmtsein› ermöglicht so die semantische Verknüpfung von ‹Sein› mit ‹Nichtsein›, ‹Beziehung› die von ‹Sosein› mit ‹Anderssein›, ‹Norm› die von ‹Füranderessein› mit ‹Ansichsein›, ‹Fürsichsein› die von ‹Geltung› mit ‹Geltungsentsprechung›. Wenn aber ‹Bestimmtsein›, ‹Beziehung›, ‹Norm› und ‹Fürsichsein› verschiedene Seinsarten repräsentieren und die hier entwickelte Argumentation stringent und vollständig ist, so müßten damit *alle* grundsätzlich möglichen ‚qualitativen' Seinsarten – offenbar *vier* – benannt sein, sofern zutrifft, daß mit ‹Fürsichsein› zugleich der Übergang zur ‚Quantitätslogik' markiert ist.

Diese vier Seinsarten wären so möglicherweise als eine *Antizipation der ‚Logik' insgesamt,* und zwar unter dem Aspekt ‚qualitativen Seins', d. h. ihres spezifischen Bestimmtseins, zu verstehen. ‹Bestimmtsein› wäre danach der ‚Seinslogik' selbst zuzuordnen, ‹Beziehung› der ‚Wesenslogik' und ‹Norm› der ‚Begriffslogik'. Für ‹Fürsichsein› (im Sinn eines Systems durchgängiger Wechselbestimmung) hingegen fehlte ein eigener Logikteil. In dieser Hinsicht ist es interessant, daß Hösle (1987a) in seiner brillanten Untersuchung zur Struktur des Hegelschen Systems mit guten Gründen einen quasi *vierten* Teil der ‚Wissenschaft der Logik' postuliert hat, der die ‚Begriffslogik', als Logik der Subjektivität, durch eine Logik der *Intersubjektivität* (als eines Systems wechselseitiger Kommunikation) ergänzt (1987a, Kap. 4.2.4.). Die Vierzahl prinzipiell möglicher Seinsarten gewinnt dadurch an Plausibilität. Die damit verbundenen Fragen sollen, wie gesagt, in einem späteren Zusammenhang noch einmal aufgenommen werden (Kap. 4.8).

---

[82] Die Frage einer quantitätslogischen Fortsetzung der entwickelten qualitätslogischen Kategorienentwicklung wird im Kapitel 4.9 weiterverfolgt.

4. Allgemeine Überlegungen zur Dialektik

Die hier durchgeführte Rekonstruktion der dialektischen Begriffsentwicklung, die in etwa die ‚Qualitätslogik' in Hegels ‚Wissenschaft der Logik' umfaßt, hat zu einer Kategoriensequenz geführt, die zunächst noch einmal im ganzen aufgelistet werden soll. Zur besseren Orientierung und Referentialisierung im Blick auf die weiteren Untersuchungen werde ich die ‚dihairetischen' Gegensatzpaare oder *Dihairesen* und die *Synthesen* durchnumerieren[83]:

1. Dihairese	Sein / Nichtsein
1. Synthese	Dasein
	Bestimmtsein
2. Dihairese	Sosein / Anderssein
2. Synthese	Unterschied
	Beziehung
3. Dihairese	Füranderessein / Ansichsein
3. Synthese	Bestimmung
	Norm
4. Dihairese	Geltung / Geltungsentsprechung
4. Synthese	Wechselbestimmung
	Fürsichsein

Im folgenden soll die entwickelte Argumentation auf ihre *allgemeinen Strukturen* hin weiter analysiert werden.

Vorab zur Terminologie: Als *dialektischer Zyklus* ist im vorhergehenden eine Abfolge von Kategorien bezeichnet worden, die sich anschließend *analog wiederholt.* Daß eine solche Strukturaussage sinnvoll ist, ergibt sich daraus, daß die verschiedenen Kategorien, wie sich gezeigt hat, durch ihre je besondere Rolle im Fortgang dialektischer Begriffsentwicklung charakterisiert sind: die *synthetische* Bestimmung als Erfüllung der paradoxalen Syntheseforderung (Vereinigung von Gegensatz und Äquivalenz der vor-

[83] Die zur Charakterisierung von Begriffsintensionen verwendeten spitzen Klammern ‹...› werden hier einfachheitshalber fortgelassen.

ausliegenden Gegensatzbestimmungen), die *explikative* Kategorie als deren Erfüllungsbedingung und die *Gegensatzbestimmungen* als ‚Dissoziation' des in der explikativen Bestimmung enthaltenen positiven und negativen Moments[84]. Ein dialektischer Zyklus repräsentiert dabei gleichsam eine *Periode* dialektischer Begriffsentwicklung, die also z. B. von einer synthetischen Kategorie bis zur synthetischen Kategorie der nächsthöheren Begriffsebene reicht. Damit ist freilich zunächst nur der *Umfang* eines dialektischen Zyklus definiert, noch nicht seine *Binnenstruktur*. Denn dazu müßte auch geklärt sein, ob z. B. die synthetische Bestimmung den Anfang, die Mitte oder das Ende eines Zyklus bildet. Die Frage, wo der *Anfang* eines Zyklus anzusetzen ist, kann hier zunächst offenbleiben und soll erst an späterer Stelle im Zusammenhang mit der Frage ‚dialektischer Superstrukturen' diskutiert werden (Kap. 5.1).

Es fällt auf, daß ein dialektischer Zyklus in der hier entwickelten Form nicht mehr, wie üblicherweise angenommen wird, *drei* Kategorien umfaßt, sondern *vier*. Das klassische Schema des Dreischritts von These, Antithese, Synthese muß offenbar *revidiert* werden. Diese Konsequenz, für die sich schon in Hegels eigener Methodenreflexion Anhaltspunkte finden (vgl. 6.564), ist auch von Kesselring gezogen worden[85]. An der Notwendigkeit, das gängige, eingängige Dreierschema zu revidieren, kann nach der entwickelten Argumentation, denke ich, kein Zweifel bestehen. Der ‚Dreischritt' bildet danach gewissermaßen nur eine *Teilphase* des dialektischen Zyklus, hier repräsentiert durch die Gegensatzbestimmungen und die synthetische Bestimmung (s. Schema auf S. 97). Zusätzlich gibt es aber die explikative Bestimmung

[84] Vgl. hierzu die präzisierenden Überlegungen in Kap. 4.7.
[85] Vgl. z. B. 1984, 273.

Kategorie	*Kategorietyp*	*Differenzaspekt*	*‚Herkunft'*
Sein / Nichtsein	Gegensatz	Ausdifferenzierung	Komplementaritätsprinzip
Dasein	synthetisch	undifferenziert	Erfüllung der Syntheseforderung
Bestimmtsein	explikativ	differenzsetzend	Erfüllungsbedingung der Synthese
*	*	*	*
Sosein /Anderssein	Gegensatz	Ausdifferenzierung	Komplementaritätsprinzip
...	...	...	...

‚vor' den Gegensatzbestimmungen bzw. ‚hinter' der synthetischen Bestimmung. Insgesamt ist festzustellen: Der antinomisch-dialektische Widerspruch erzwingt die Synthesebildung und damit zunächst die synthetische Kategorie als die noch *undifferenzierte* Erfüllung der paradoxalen Syntheseforderung. Die Notwendigkeit, Erfüllungsbedingungen der Synthese anzugeben, nötigt ferner zur Einführung der explikativen Kategorie und damit einer *differenzsetzenden* Bestimmung, die nach dem Komplementaritätsprinzip weiter zur *Ausdifferenzierung* einer positiven und negativen Kategorie[86] und so zu einer Konkretisierung der Erfüllungsbedingungen führt. Die sich daraus wieder ergebende antinomische Struktur erzwingt eine erneute Synthesebildung usf. Der dialektische Zyklus ist so durch *vier* Terme konstituiert. Man könnte allerdings weiterhin von einer grundsätzlich *triadischen* Struktur insofern sprechen, als die Gegensatzbestimmungen im Sinn des Komplementaritätsprinzips ja untrennbar zusammengehören. Man hätte so erstens eine undifferenzierte synthetische Bestimmung, zweitens eine differenzsetzende explikative Bestimmung und drittens die Dihairese zweier komplementärer Gegensatzbestimmungen. Aber auch diese Topik entspräche nicht dem altvertrauten ‚dialektischen Dreischritt'[87].

---

[86] Vgl. hierzu die präzisierenden Überlegungen in Kap. 4.7.

[87] Hösle macht diesbezüglich geltend, daß die negative Bestimmung in einer dialektischen Triade (im Sinn Hegels) als „der Repräsentant der *Differenz* in sich *gedoppelt*" sei – im vorliegenden Zusammenhang entspricht dem die Ausdiffe-

Als eine überraschende Konsequenz dieser Strukturüberlegungen drängt sich der Gedanke auf, daß die ‚Logik' möglicherweise *keinen Anfang* hat. ‹Sein› und ‹Nichtsein› wären danach vielmehr schon als Dissoziationsprodukte einer *vorausgehenden* Kategorie zu begreifen, die ihrerseits ‚Vorgänger' hätte. Ich möchte die Konjektur wagen, daß sich damit die Möglichkeit einer *zyklischen Schließung* der ‚Logik' andeutet, wie sie ja auch in Hegels eigener Intention liegt: Wesentlich für die ‚Logik' sei nicht ein unmittelbarer Anfang, „sondern daß das Ganze derselben ein Kreislauf in sich selbst ist, worin das Erste auch das Letzte und das Letzte auch das Erste wird" (5.70)[88].

Tatsächlich hätte eine solche zyklische Struktur gute Gründe für sich; denn Hegels Auffassung von der *Absolutheit* des Logischen bedeutet ja, wie in der Einleitung dargelegt, daß dieses selbstbegründend ist, und so müßte auch der Beginn der ‚Logik' seine Voraussetzungen letztlich in dieser selbst haben[89]. Zugleich ist damit impliziert, daß schon am Beginn der ‚Logik' *die gesamte ‚Logik' vorausgesetzt* ist, was, wie schon bemerkt, in der Tat unvermeidlich ist: Denn wie sollte andernfalls argumentiert werden können? Demgegenüber haben Überlegungen wie die Hegels am Anfang der ‚Logik', daß mit der gehaltleersten Kategorie begonnen werden müsse (z.B. 5.75) – auch wenn dies unter *methodischem* Aspekt sinnvoll ist –, den Charakter *äußerer Reflexion*.

Die Frage, wie eine zyklische Schließung der ‚Logik' konkret aussehen könnte, muß hier offenbleiben. Denkbar wäre, daß die höchste Synthese der dialektischen Entwicklung – wobei an die Stelle der Hegelschen ‹absoluten Idee› auch deren Höslesches Implement treten könnte[90] – näher als ‹absolute Totalität› zu explizieren wäre, die in der Perspektive ihrer Absolutheit keine Detailstruktur mehr hätte, sondern nur noch ‚Sein schlechthin' bezeichnete und dergestalt in ‹Sein› und ‹Nichtsein› dissoziierte[91].

---

renzierung der explikativen Bestimmung in Gegensatzbestimmungen. „Auf diese Weise kann dann von vier Momenten die Rede sein; und entsprechend können Trichotomien durch Tetrachotomien ersetzt werden" (1987a, 148). Hierzu auch Kimmerle 1979, 202 f.

[88] Vgl. z.B. auch 5.70 f, 6.570 ff.

[89] Zum Verhältnis von Absolutheitsanspruch und Zirkelstruktur im System Hegels vgl. auch die kritischen Überlegungen bei Schulz 1959, 84 ff.

[90] Vgl. Hösle 1987a, Kap. 4.2.4.

[91] Vgl. hierzu die Überlegungen in Kap. 5.2.

Um das hier entwickelte *Verfahren dialektischer Logik* in seinen Grundstrukturen weiter zu verdeutlichen, sollen in den nachfolgenden Kapiteln des 4. Teils Besonderheiten der dialektischen Argumentation, des dialektischen Widerspruchs sowie der verschiedenen Kategorientypen eines dialektischen Zyklus herausgestellt und hinsichtlich ihrer Funktion für den Prozeß dialektischer Begriffsentwicklung analysiert werden.

4.1 ‚Invertierbarkeit' der dialektischen Argumentation

Im Hinblick auf die Untrennbarkeit von Gegensatz und Äquivalenz der dihairetischen Kategorien ist interessant, daß die synthese-erzeugende Antinomie nicht nur aus dem Gegensatz, sondern *auch umgekehrt* aus der Äquivalenz dialektisch herleitbar ist, oder anders gesagt: Es läßt sich zeigen, daß nicht nur mit dem Gegensatz die Äquivalenz, sondern mit der Äquivalenz auch der Gegensatz involviert ist. Diese letztere Argumentation ist im vorhergehenden nicht durchgeführt worden und soll der Vollständigkeit halber für alle vier qualitätslogischen Dihairesen nachgetragen werden:

Die Äquivalenz im Fall der *1. Dihairese* (Abkürzungen wieder: ‹S›, ‹N› für ‹Sein›, ‹Nichtsein›)

(1) ‹S› = ‹N› oder ‹nicht-S› = ‹nicht-N›

kann in der Form ‚‹S› = ‹nicht nicht-N›' geschrieben werden. Das heißt nun jedenfalls auch:

(2) ‹S› ist nicht äquivalent ‹nicht-N›

Mit diesem ‚ist nicht' ist weiter ‚‹S› ist ‹nicht-S›-entsprechend' involviert[91a] oder gemäß (1)

(3) ‹S› ist ‹nicht-N›-entsprechend.

[91a] ‹nicht-S› übernimmt hier also die Rolle, die früher die Kategorie ‹N› hatte, die diese Rolle, wegen der Äquivalenz (1), jetzt nicht mehr erfüllen kann.

Aufgrund dieses ‚ist' ist ‹S› wieder als ‹S›-entsprechend oder, gemäß (2), als

(4) ‹S› ist nicht ‹nicht-N›-entsprechend

bestimmt. Dieses ‚ist nicht' führt wie eben wieder zu

(5) ‹S› ist ‹nicht-N›-entsprechend

usf. Auch hier ist also eine *antinomische Struktur* konstatierbar, von der sich wiederum auf den zugrundeliegenden antinomischen Begriff

(6) ‹nicht-N› = ‹nicht-‹nicht-N›-entsprechend›

zurückschließen läßt, der, analog zu früheren Argumentationen, weiter zu ‹nicht-N› = ‹nicht nicht-N› oder ‹nicht-N› = ‹N› oder mit (1) schließlich zu

(7) ‹S› = ‹nicht-N›

führt, mit anderen Worten: Aus der Äquivalenz (1) folgt hier der Gegensatz (7), wobei von diesem in der jetzt durchgeführten Argumentation *kein Gebrauch* gemacht worden ist, während früher umgekehrt aus dem Gegensatz (7) die Äquivalenz (1) gefolgert worden war.

Doch wie ist es möglich, daß die negationslose Äquivalenz von ‹S› und ‹N› dennoch einen negativen Aspekt gewinnt? Der ‚Trick' dabei ist, daß ‹N› als ‹nicht nicht-N› geschrieben und nun ‹nicht-N› als Prädikatsbegriff verwendet wird. Tritt nun in der Prädikation von Entsprechungseigenschaften ein ‚ist nicht' auf, so kann dies zwar nicht mit ‚‹N›-entsprechend' identifiziert werden, denn ‹N› ist hier äquivalent mit ‹S›, wohl aber mit ‚‹nicht-S›-entsprechend', was wegen (1) zu ‚*ist* ‹nicht-N›-entsprechend' führt. Mit diesem ‚ist' kommt wiederum ein Seinsaspekt zur Geltung, der ‚ist ‹S›-entsprechend' oder ‚*ist nicht* ‹nicht-N›-entsprechend' zur Folge hat, dieses ‚ist nicht' wiederum ‚*ist* ‹nicht-N›-entsprechend' usw. Da ‹N› hier durch die Äquivalentsetzung mit ‹S› positiven Charakter hat, kann sich auf dieser Grundlage keine antinomische Struktur ergeben. Daß unter der Oberfläche dieser Äquivalenz dennoch eine solche ‚lauert', wird aber durch Bezugnahme auf die Kategorie ‹nicht-N› sichtbar, die hier, wegen ihrer Äquivalenz mit ‹nicht-S›, nun die frühere Rolle von ‹N› übernimmt und so aufgrund ihres negativen Charakters zu einer beständigen Wertumkehr von Entsprechungsprädikaten Anlaß gibt. Im Grund steht somit auch hier ein *Gegensatz,* ‹S› = ‹nicht nicht-N› (bezogen auf die negative Kategorie ‹nicht-N›), am Anfang, woraus sodann auf die *Äquivalenz* ‹S› = ‹nicht-N› (wiederum bezogen auf ‹nicht-N›) geschlossen wird: *Insofern* ist kein Unterschied gegenüber der ‚nicht-invertierten' dialektischen Argumentation gegeben. Bemerkenswert ist aber, daß auch die Äquivalenz eine – gleichsam latente – Gegensatzstruktur enthüllt, die in der angedeuteten Weise dialektisch explizierbar ist. Man könnte dies die *‚dialektische Potenz der Negation'* nennen, die offenbar selbst dort noch Gegensatz und Dialektik produziert, wo sie durch Aufhebung der Entgegensetzung von ‹S› und ‹N› stillgestellt zu sein scheint.

Analoge Argumentationen für die anderen drei Dihairesen seien noch kurz angedeutet:

Die 2. *Dihairese* betrifft die Gegensatzbestimmungen ‹Sosein› und ‹Anderssein› (abgekürzt ‹SO›, ‹AN›), von deren Äquivalenz

(8) ‹SO› = ‹AN›

oder auch ‹SO› = ‹nicht nicht-AN› hier auszugehen ist. Das heißt nun auch: ‹SO› ist nicht äquivalent ‹nicht-AN›. Dieses ‚ist nicht' verweist auf ein Nicht-Sosein von ‹SO›, d.h. ‹SO› ist nicht ‹nicht-SO›-entsprechend oder ‹SO› *ist* ‹nicht-AN›-entsprechend. Dieses ‚ist ‹nicht-AN›-entsprechend' ist aber ein Sosein, und somit hat man: ‹SO› ist ‹SO›-entsprechend oder ‹SO› *ist nicht* ‹nicht-AN›-entsprechend. Dieses ‚ist nicht' führt wiederum zu: ‹SO› *ist* ‹nicht-AN›-entsprechend usf. Rückschluß auf den zugrundeliegenden antinomischen Begriff ergibt schließlich, zusammen mit (8), den *Gegensatz*

(9) ‹SO› = ‹nicht-AN›.

In der *3. Dihairese* hat man die Gegensatzbestimmungen ‹Füranderessein› und ‹Ansichsein› (abgekürzt ‹FA›, ‹AS›). Deren Äquivalenz

(10) ‹FA› = ‹AS›

oder ‹FA› = ‹nicht nicht-AS› bedeutet auch, daß ‹FA› jedenfalls nicht äquivalent ‹nicht-AS› ist: Dieses *Füranderessein* von ‹FA› führt zu der Prädikation:

‹FA› ist ‹FA›-entsprechend. ‹FA› ist damit nicht mehr auf anderes bezogen, d.h. ‹FA› *ist nicht* ‹FA›-entsprechend oder auch: ‹FA› ist ‹nicht-FA›-entsprechend. Hier ist ‹FA› wieder auf anderes (nämlich ‹nicht-FA›) bezogen, d.h. ‹FA› *ist* ‹FA›-entsprechend usw. Rückschluß auf den zugrundeliegenden antinomischen Begriff führt zu ‹FA› = ‹nicht-FA› oder mit (10) zu dem *Gegensatz*

(11) ‹FA› = ‹nicht-AS›.

Analoges läßt sich schließlich auch für die *4. Dihairese* mit den Gegensatzbestimmungen ‹Geltung› und ‹Geltungsentsprechung› (abgekürzt ‹GT›, ‹GE›) konstatieren: Geht man von der Äquivalenz

(12) ‹GT› = ‹GE›

oder auch ‹GT› = ‹nicht nicht-GE› aus, so ist ‹GT› jedenfalls nicht äquivalent ‹nicht-GE›. Was ‹GT›-entsprechend ist, ist mithin nicht ‹nicht-GE›-entsprechend. Nun ist ‹GT› als Bestimmung und damit als Norm, und das heißt als *geltend,* vorausgesetzt, sodaß gilt: ‹GT› ist ‹GT›-entsprechend oder, nach dem eben Gesagten: ‹GT› ist nicht ‹nicht-GE›-entsprechend. Diese *Nicht-Geltungsentsprechung* von ‹GT› (hier insbesondere bezüglich ‹nicht-GE›) bedeutet nun aber auch, daß ‹GT› dem Begriff ‹nicht-GE› entsprechend ist, und damit gilt nun das Gegenteil der zuvor angegebenen Prädikation: ‹GT› ist ‹nicht-GE›-entsprechend. Hiermit liegt aber wieder *Geltungsentsprechung* vor, sodaß gilt: ‹GT› ist ‹GE›-entsprechend bzw. ‹GT› ist nicht ‹nicht-GE›-entsprechend. Man hat dadurch wiederum *Nicht-Geltungsentsprechung* usf. Rückschluß auf den zugrundeliegenden antinomischen Begriff führt zu ‹nicht-GE› = ‹nicht-‹nicht-GE›-entsprechend› = ‹nicht-nicht-GE› = ‹GE› und mit (12) zu ‹GT›, insgesamt also zu dem *Gegensatz*

(13) ‹GT› = ‹nicht-GE›.

Man hat damit für alle vier hier betrachteten Dihairesen das Ergebnis, daß nicht nur im Gegensatz der Gegensatzbestimmungen immer auch deren Äquivalenz dialektisch mitgesetzt, sondern umgekehrt in der Äquivalenz immer auch der Gegensatz dialektisch mitgesetzt ist. Der Gegensatz induziert die Äquivalenz, und die Äquivalenz induziert den Gegensatz.

Darin bestätigt sich nur die vorher konstatierte Untrennbarkeit von Gegensatz und Äquivalenz der dihairetischen Bestimmungen. Diese Untrennbarkeit ist hier durch das Zeichen ⊕ symbolisiert worden, das sozusagen noch enger bindet als die aussagenlogische Konjunktion (sodaß auch die für die Konjunktion normalerweise gültige Abtrennungsregel nicht mehr anwendbar ist). Die Konjunktion wäre diesbezüglich also eine Unterbestimmung, ebenso wie die aussagenlogische Äquivalenz. Trotzdem: Was sich in jedem Fall sagen läßt, ist dies, daß Gegensatz und (semantische) Äquivalenz, wie wir gesehen haben, *gleichermaßen gültig* und damit also auch aussagenlogisch äquivalent sind, mit anderen Worten: Die dialektische Argumentation führt zu dem Resultat einer *Äquivalenz der* (semantischen) *Äquivalenz und der* (semantischen) *Nicht-Äquivalenz,* was mit Hegels berühmter Formel von der *Identität der Identität und der Nicht-Identität* ihrem wesentlichen Sinn nach übereinkommt (vgl. z.B. 2.96, 5.74). Dabei ist zu beachten, daß die erstgenannte Äquivalenz eine solche von Sätzen, die an zweiter und dritter Stelle genannte dagegen eine semantische Äquivalenz von Begriffen ist.

4.2 Der dialektische Widerspruch

Nachdem schon wiederholt auf Eigenart und Funktion des dialektischen Widerspruchs hingewiesen worden ist (bes. Kap. 3.2), sollen diese Zusammenhänge hier noch einmal eigens thematisiert und auf ihre Relevanz für eine Theorie der Dialektik hin befragt werden.

Um Mißverständnissen vorzubeugen, empfiehlt sich zunächst eine *terminologische Unterscheidung:*

Als ,*semantisch-dialektischer* Widerspruch' ist früher schon (Kap. 3.2) der auf der *Bedeutungsebene* auftretende Widerspruch bezeichnet worden. Dieser resultiert aus dem antinomischen Verhältnis der Gegensatzbestimmungen, das dergestalt den Widerspruch von Gegensatz und Äquivalenz beider zur Folge hat.

Die dem semantisch-dialektischen Widerspruch *zugrundeliegende* dialektische Argumentation bewegt sich auf der *Eigenschaftsebene,* d.h. auf der Ebene der Entsprechungseigenschaften von Kategorien, und führt so zu einem perennierenden antinomischen ,Umschlagen' von Prädikationen (z.B. ,ist ‹N›-entsprechend', ,ist nicht ‹N›-entsprechend', ,ist ‹N›-entsprechend' usf.). Dieser antinomische Prozeß beruht, wie wir wissen, auf der

Struktur negativer Selbstbedingung derart, daß jede vollzogene Prädikation eine neue, kontradiktorisch entgegengesetzte Prädikation induziert (vgl. Kap. 2.1), sodaß jede Prädikation *durch sich selbst* (bzw. durch die in ihr enthaltenen pragmatischen Präsuppositionen) Bedingung der entgegengesetzten Prädikation ist[92]. Es handelt sich hier also um einen *‚pragmatischen Widerspruch'*. Der im Rahmen dieser Dialektik auf der Ebene der Entsprechungseigenschaften auftretende antinomische Widerspruch soll daher als *pragmatisch-dialektischer Widerspruch* bezeichnet werden[93].

Der *pragmatisch*-dialektische Widerspruch führt also zu einem wechselseitigen ‚Ineinanderumschlagen' von Prädikationen, was somit in etwa dem *‚dialektischen Prozeß'* im üblichen Sinn entspricht, während der *semantisch*-dialektische Widerspruch demgegenüber eher statischen Charakter in der Weise einer explizit formulierten *Bedeutungsambivalenz* hat. Dabei tritt der pragmatisch-dialektische Widerspruch auf der *Eigenschaftsebene* (der Entsprechungseigenschaften von Kategorien) auf, der semantisch-dialektische Widerspruch hingegen auf der *Bedeutungsebene*. Zum *Verhältnis* beider Formen des dialektischen Widerspruchs ist zu sagen, daß das Auftreten eines pragmatisch-dialektischen Widerspruchs auf der Eigenschaftsebene, wie wir wissen, den Rückschluß auf einen der dialektischen Argumentation zugrundeliegenden antinomischen Begriff gestattet, der sodann als semantisch-dialektischer Widerspruch auf der Bedeutungsebene in Erscheinung tritt. Beide Formen des dialektischen Widerspruchs spiegeln so nur verschiedene Hinsichten ein und desselben antinomischen

---

92 Vgl. Wandschneider 1993a, 3., 4. Kap.

93 Hier wird übrigens die Beziehung zu Hösles Verwendung des Begriffs ‚dialektischer Widerspruch' deutlich. Er versteht darunter grundsätzlich ebenfalls eine pragmatisch-widersprüchliche Prädikation, für die aber gilt, daß sie *nicht von kontingenten Umständen* (Situationen, Personen usw.) *abhängt* – eine Bedingung, die im vorliegenden Fall evidentermaßen ebenfalls erfüllt ist. Als ‚pragmatischen Widerspruch' bezeichnet Hösle dagegen die von *kontingenten* Bedingungen abhängenden pragmatisch-widersprüchlichen Prädikationen (1990, 176 f). Ein Unterschied zwischen Hösles und dem hier erläuterten Sprachgebrauch besteht – von solchen terminologischen Differenzierungen abgesehen – eher in *verfahrensmäßiger* Hinsicht: Hösle verwendet den Begriff des ‚dialektischen Widerspruchs' sehr allgemein im Kontext der Letztbegründungsproblematik, während die Begriffsverwendung hier sachlich an das *Verfahren* dialektischer Begriffsentwicklung gebunden wird, d.h. an den Nachweis einer antinomisch-dialektischen Struktur im Verhältnis von Gegensatzbestimmungen.

Sachverhalts wider. Aus diesem Grund wird die eingeführte begriffliche Differenzierung im folgenden auch nicht immer streng terminologisch beachtet, sondern häufig ist einfach nur von ‚dialektischem Widerspruch' oder auch von ‚antinomisch-dialektischem Widerspruch' die Rede, z.B. wenn sich der nähere Sinn schon aus dem Kontext ergibt oder wenn eine Unterscheidung der Hinsichten sachlich unnötig ist. Wichtig wird die Begriffsdifferenzierung immer dann, wenn zwischen der Eigenschaftsebene und der Bedeutungsebene unterschieden werden muß.

Zur weiteren Erörterung des dialektischen Widerspruchs sei vorab an einige früher schon verdeutlichte Punkte erinnert: Da der dialektische Widerspruch auf einer antinomischen Struktur beruht, gilt für ihn das über den antinomischen Widerspruch Gesagte (Kap. 2.3) gleichermaßen: Er ist mithin kein normaler Widerspruch, bei dem eines der beiden kontradiktorischen Widerspruchsglieder (in einer zweiwertigen Logik) mit Sicherheit falsch und darum auch der Widerspruch notwendig falsch ist. Es handelt sich vielmehr um einen *Scheinwiderspruch*[94], insofern seine Glieder *verschiedenen Reflexionsstufen*[95] angehören. Für die antinomische Struktur im Verhältnis der Gegensatzbestimmungen – z.B. ‹Sein› und ‹Nichtsein› (abgekürzt ‹S›, ‹N›) – ist das unmittelbar deutlich. Denn mit der Prädikation ‚ist ‹N›-entsprechend' ist notwendig der Übergang zur nächsthöheren Reflexionsstufe mit der formal kontradiktorischen Prädikation ‚ist nicht ‹N›-entsprechend' involviert und umgekehrt. ‹N›-Entsprechung induziert den Übergang zu Nicht-‹N›-Entsprechung, Nicht-‹N›-Entprechung den Übergang zu ‹N›-Entsprechung usf. Jede derartige Prädikation repräsentiert eine Hinsicht, unter der wiederum eine neue – entgegengesetzte – Hinsicht erscheint. Das Entgegengesetzte betrifft somit *verschiedene* Hinsichten, während nur das in *derselben* Hinsicht Entgegengesetzte einen *Widerspruch* darstellt[96]. Soweit die Verhältnisse auf der *Eigen-*

---

[94] Zu Recht vermutet dies auch Fulda in seiner anregenden Arbeit (1978a, 64).

[95] Es sei nochmals darauf hingewiesen, daß ‚Reflexion' hier *nicht subjektivistisch* verstanden werden darf, vgl. Fußn. 36.

[96] Das entspricht dem von Cirne-Lima (i. Ersch.) formulierten Postulat, in dem dieser einen zentralen Aspekt des Widerspruchsprinzips sieht: „Wenn sowohl Spruch wie auch Widerspruch falsch sind (wenn man also nicht einen der Sätze als wahr behalten, den anderen als falsch verwerfen kann), dann soll man verschiedene Rücksichten des Subjekts unterscheiden". „Dieses ... ist die Grundlage jeder Dialektik".

schaftsebene der Entsprechungseigenschaften, d. h. bezüglich des pragmatisch-dialektischen Widerspruchs.

Von der antinomischen Struktur der Entsprechungsprädikate kann nun, wie schon gesagt, auf den zugrundeliegenden *antinomischen Begriff* zurückgeschlossen werden, was auf der *Bedeutungsebene* den semantisch-dialektischen Widerspruch (von Gegensatz und Äquivalenz dihairetischer Bestimmungen) zur Folge hat. Inwiefern kann nun gesagt werden, daß auch hier verschiedene Reflexionsstufen involviert sind, sodaß tatsächlich *kein* Widerspruch vorliegt? Betrachten wir als Beispiel wieder die Gegensatzbestimmungen ‹S› und ‹N›. In dem Gegensatz ‹S› = ‹nicht-N›, so hat sich ergeben, ist die Äquivalenz ‹S› = ‹N› dialektisch mitgesetzt. Angelpunkt der dialektischen Argumentation ist dabei, wie gesagt, der Rekurs auf den antinomischen Begriff

(1) ‹N› = ‹nicht-‹N›-entsprechend›.

Nun ist das darin enthaltene Bestimmungsstück ‚‹N›-entsprechend' aber gerade die ‚pragmatische Variante' von N (s. Kap. 2.2, vgl. auch 2.3). (1) kann daher auch in der Form

(2) ‹N› = ‹nicht-N›

geschrieben werden, was mit dem Gegensatz ‹S› = ‹nicht-N› zu der formal entgegengesetzten Äquivalenz ‹S› = ‹N› führt. Dieser Zusammenhang läßt sich durch folgendes Diagramm veranschaulichen:

$$(3)\qquad \begin{matrix}\text{Äquivalenz}\\ \text{von ‹N› und ‹S›}\end{matrix}\quad \left\{\begin{matrix}\text{‹N› = ‹Nicht-N›}\\ \|\\ \text{‹S›}\end{matrix}\right\}\quad \begin{matrix}\text{Gegensatz}\\ \text{von ‹N› und ‹S›}\end{matrix}$$

Wird nun das früher zum antinomischen Begriff Gesagte (sinngemäß) berücksichtigt (vgl. Kap. 2.2, 2.3), wonach ‚‹N›-entsprechend' das Resultat einer *Reflexion* auf ein Nichtsein und dessen Bestimmung durch den Begriff ‹N› ist, so gehört dieses Resultat also der nächsthöheren Reflexionsstufe an, was durch den Index r symbolisiert werden möge. Dieser Reflexionsübergang wird in der dialektischen Argumentation tatsächlich beständig vollzogen, und er beruht darauf, daß ‹S› die ihr entgegengesetzte Kategorie ‹N› *nicht ist.* Die in der Reflexion auf dieses Nichtsein vollzogene Kategorisierung durch ‹Nichtsein› entspricht so der charakterisierten Reflexionskategorie ‹N_r›. Diese drückt also jenes *Nichtsein* aus, das ‹S› *im Hinblick auf ‹N›* repräsentiert: Was *in der einen Hinsicht Sein* ist – hier das Sein von ‹S› – ist so *in der anderen, reflektierten Hinsicht zugleich Nichtsein*[97] im Sinn der reflektierten Form‹N_r›. Die Äquivalenz von ‹S› und ‹N› als Resultat der dialektischen Argumentation ist damit recht verstanden tatsächlich die *modifizierte Äquivalenz* von ‹S› und ‹N_r›.

Bildeten Gegensatz (‹S› = ‹nicht-N›) und Äquivalenz (‹S› = ‹N›) vorher einen semantischen Widerspruch, so gilt das für die Verbindung von Gegensatz (‹S› = ‹nicht-N›) und *modifizierter* Äquivalenz (‹S› = ‹N_r›) nicht mehr, eben weil hier zwischen ‹N› und ‹N_r› *unterschieden* ist – im einzelnen: Unter Verwendung von ‹N_r› hat der antinomische Begriff die Form ‹N› = ‹nicht-N_r › oder, was hier darstellungstechnisch günstiger ist, die negierte Form

(4) ‹N_r› = ‹nicht-N›,

die mit dem vorausgesetzten Gegensatz ‹S› = ‹nicht-N› nun zu der *modifizierten Äquivalenz* ‹S› = ‹N_r› führt. Statt (3) hat man damit das Diagramm:

(5)	modifizierte Äquivalenz von ‹N_r› und ‹S›	{ ‹N_r› = ‹Nicht-N› ‖ ‹S› }	Gegensatz von ‹N› und ‹S›

Als Antwort auf die vorher gestellte Frage, inwiefern hier verschiedene Reflexionsstufen involviert sind, hat sich damit folgendes ergeben: Nicht die Begriffsverhältnisse von Gegensatz und Äquivalenz gehören zu verschiedenen Reflexionsstufen, sondern die Begriffe ‹S› und ‹N_r› im Rahmen der modifizierten Äquivalenz, während die ursprünglichen Gegensatzbestimmungen ‹S› und ‹N› derselben Stufe angehören, mit anderen

[97] ‹S› und ‹N› sind solchermaßen selbst schon *Beispiele* eines Seins, das gleichermaßen Nichtsein ist – nämlich in einer anderen Hinsicht –, d.h. Formen von *Dasein*. In der dialektischen Argumentation findet sich so schon ein *Vorschein* dessen, was durch diese und die daraus resultierende Synthesebildung erst explizit gemacht wird; vgl. hierzu die Überlegungen in Kap. 4.4.

Worten: Der Gegensatz ist hier nach wie vor einfach das Verhältnis der Gegensatzbestimmungen ‹Sein› und ‹Nichtsein›; das Verhältnis modifizierter Äquivalenz hingegen kann nur durch Einführung einer *neuen, ‚reflektierten' Hinsicht* erfüllt werden, im vorliegenden Fall dadurch, daß das Sein eines Soseins ebenso Nichtsein des zugeordneten Andersseins ist, also, wie früher dargelegt, durch Einführung einer neuen Dihairese ‹Sosein›/‹Anderssein›: Durch die Differenzierung neuer Hinsichten ist so die widerspruchsfreie Vereinbarkeit formal widersprechender Momente ermöglicht. In Kapitel 4.3 werden diese Zusammenhänge noch einmal näher beleuchtet.

Gegensatz und Äquivalenz als Glieder des semantisch-dialektischen Widerspruchs bilden so in der Tat einen *Scheinwiderspruch* – gottlob, denn mit dem Auftreten eines *echten* (formallogischen) Widerspruchs wäre die Möglichkeit von Argumentation bekanntlich vernichtet; das Widerspruchsprinzip ist, wie schon mehrfach betont, argumentationslogisch und darum auch im Kontext dialektischer Begriffsentwicklung unverzichtbar[98]. Doch der *dialektische* Widerspruch entgeht diesem Verdikt aufgrund seines antinomischen Charakters.

Diese seine *antinomische Natur* nötigt auf der anderen Seite aber, wie wir gesehen haben, wegen der *untrennbaren Zusammengehörigkeit* der Glieder zur *Synthesebildung*. Auch dies unterscheidet den dialektischen Widerspruch von dem normalen formallogischen Widerspruch, dessen Glieder ja unabhängig voneinander auftreten können. Demgegenüber beruht die Zusammengehörigkeit der Glieder im (pragmatisch-)dialektischen Widerspruch darauf, daß der antinomische Reflexionsübergang von einem Prädikat zu dem dazu kontradiktorischen ein *notwendiger* Übergang, d. h. durch eine Prädikation jeweils schon *‚mitgesetzt'* ist. Und auf der semantischen Ebene ist dadurch in dem Gegensatz dihairetischer Bestimmungen zugleich deren Äquivalenz *‚mitgesetzt'*.

Diese *paradoxale* Form, so hatte sich gezeigt, repräsentiert nur einen Scheinwiderspruch. Könnte dann aber, um dem Rechnung zu tragen, statt mit der paradoxalen Verbindung von Gegensatz und Äquivalenz nicht auch mit der *nicht-paradoxalen* Form von Gegensatz und *modifizierter* Äquivalenz (hier ‹S› = ‹N_r›, s. o.) gearbeitet werden? Ohne Zweifel. Doch wäre damit nichts gewonnen, denn die eigentliche Arbeit – die aufgrund der essentiellen Zusammengehörigkeit der Glieder geforderte Synthesebil-

---

[98] Vgl. Kap. 2.3; ausführlich hierzu auch Wandschneider 1994.

dung und weitere kategoriale Ausdifferenzierung – ist damit noch nicht geleistet. Im übrigen *ist* dem Charakter des *Scheinwiderspruchs* hier von vornherein (vgl. Kap. 3.2) Rechnung getragen, nämlich durch Verwendung des Zeichen ‚⊕' im Ausdruck des semantisch-dialektischen Widerspruchs: Dadurch ist zum einen die untrennbare Zusammengehörigkeit der Glieder ausgedrückt, damit anderseits aber zugleich der *Unterschied gegenüber einer normalen Konjunktion* (deren Glieder ja unabhängig voneinander sind) und so insbesondere auch gegenüber einer normalen, formallogischen Kontradiktion, die ja eine Konjunktion ist. Durch die so kenntlich gemachte intrinsische Zusammengehörigkeit der Glieder ist ferner, wie dargelegt, das weitere Procedere vorgezeichnet: die Synthesebildung und damit die Bestimmung einer neuen Seinsart derart, daß Gegensatz und Äquivalenz von ‹S› und ‹N› nun *widerspruchfrei vereinbar* werden – nämlich durch die Ausdifferenzierung neuer komplementärer Strukturen auf der Ebene der synthetischen Kategorie: Genau das *ist* die Realisierung der *nicht-paradoxalen Form* von Gegensatz und *modifizierter* Äquivalenz. In dem hier betrachteten Fall von ‹Sein› und ‹Nichtsein› heißt das: Das Sein eines Soseins ist *entgegengesetzt* dem Nichtsein desselben Soseins (Gegensatz bezüglich *derselben* Hinsicht), aber *äquivalent* dem Nichtsein des zugeordneten Andersseins (Äquivalenz bezüglich *verschiedener* Hinsichten). Kurz gesagt: Durch das die Syntheseforderung charakterisierende Zeichen ‚⊕' enthält diese gewissermaßen die Anweisung, die darin auftretende Äquivalenz als eine *zu modifizierende* zu verstehen; und die Synthesebildung und weitere kategoriale Ausdifferenzierung ist die Realisierung dieser Forderung.

Ein näheres Verständnis der *Funktion,* die ‚das Antinomische' des dialektischen Widerspruchs für die Synthesebildung hat, ergibt sich aus folgenden Erwägungen: Man kann sich die Zusammengehörigkeit kontradiktorischer Prädikationen, die aber verschiedenen Reflexionsstufen angehören, zunächst unabhängig von genuin antinomischen Strukturen verdeutlichen: Voneinander Verschiedenes sei dadurch charakterisiert, so lautet ein Argument in Platons ‚Parmenides' (147e–148a), daß jedes der Verschiedenen *gleichermaßen* vom andern verschieden ist, d.h. die Verschiedenen *gleichen* sich insofern eben darin, voneinander verschieden zu sein. Diese Gleichheit, so ist festzustellen, widerspricht der Verschiedenheit aber nicht, denn sie ist Gleichheit *aufgrund* der Verschiedenheit, d.h. auf der Grundlage vorausgesetzter Verschiedenheit ergibt sich sozusagen eine ‚*Metahinsicht*', unter der sich die Verschiedenen nun auch als gleich darstellen. Im Prädikat ‚verschieden voneinander' ist ‚gleich' als ‚Metaprädikat‘ *notwendig mitgesetzt;* beide Prädikate gehören dergestalt untrennbar (wenn auch unterscheidbar) zusammen. Die formal kontradiktorischen Bestimmungen ‚verschieden voneinander‘ und ‚gleich‘ sind so zwar von demselben ausgesagt, aber eben doch in verschiedener Hinsicht und bilden damit recht verstanden keinen Widerspruch. Übrigens gilt auch umgekehrt, daß *Gleiches* auch *verschieden* sein muß: Denn mit ‚Gleichheit‘ ist notwendig unterstellt, daß nicht von *demselben* die Rede ist, sondern von Verschiedenem, das nur in einer bestimmten Hinsicht *nicht* verschieden ist. In beiden Fällen handelt es sich – unbeschadet des eristischen Kontexts im ‚Parmenides‘ – nicht um einen *dialektischen Widerspruch,* da die Struktur selbstbezüglicher Negation und darum auch der antinomische Wertumkehrmechanismus hier fehlt. Es gibt keinen ‚Umschlag‘ von ‚verschieden‘ in ‚gleich‘ und umgekehrt, sondern beides gehört verschiedenen, aber gleichsam statisch miteinander verklammerten, ‚stabilen‘ Stufen an.

Der *antinomisch-dialektische Umschlag* beruht demgegenüber, wie gesagt, auf der Struktur *selbstbezüglicher Negation,* die zu oszillierenden Prädikationen führt, und das heißt, daß keine derselben für sich ‚stabil‘ ist und festgehalten werden kann. Eine statische Koexistenz prädizierbarer Eigenschaften, wie die von ‚Verschiedenheit‘ und ‚Gleichheit‘ in dem eben angeführten ‚Parmenides‘-Beispiel ist im antinomischen Fall nicht möglich. Vielmehr kommt es unter diesen Bedingungen zu einem beständigen Wechsel alternierender Prädikationen. Freilich repräsentiert dieses antinomisch-dialektische ‚Oszillieren‘, wie Heiss (1959, 162f) zu Recht bemerkt, per se noch keinen *begrifflichen Fortschritt.* Dem entspricht, daß dieser Oszillationsprozeß auf der *Eigenschaftsebene* (d.h. auf der Ebene der Entsprechungseigenschaften von Kategorien), nicht auf der *Bedeutungsebene* stattfindet.

Nun verweist, wie wir wissen, dieses Phänomen fortgesetzten antinomisch-dialektischen Umschlagens aber auf einen zugrundeliegenden *antinomischen Begriff,* der als solcher *semantische* Implikationen hat derart, daß mit dem ursprünglichen Gegensatz dihairetischer Bestimmungen, z.B. ‹Sein› und ‹Nichtsein›, auch deren Äquivalenz involviert ist (die, wie sich gezeigt hat, genauer eine ‚modifizierte‘ Äquivalenz ist) und umgekehrt[99]: In dieser Form wirkt sich der zunächst auf der Eigenschaftsebene auftretende pragmatisch-dialektische Widerspruch auf der *Bedeutungsebe-*

[99] Bezüglich der Umkehrbarkeit der dialektischen Argumentation s. Kap. 4.1.

ne aus. ,Umschlag' wäre in diesem Zusammenhang allerdings nicht mehr der richtige Begriff. In dem *antinomischen Begriff* ‹N› = ‹nicht-N› z. B. ist mit dem (ihm zugrundeliegenden) Gegensatz ‹S› = ‹nicht-N› vielmehr auch die Äquivalenz ‹S› = ‹N› *mitenthalten*, so wie umgekehrt, wenn von der Äquivalenz ‹S› = ‹N› ausgegangen wird (vgl. Kap. 4.1), darin auch der Gegensatz ‹S› = ‹nicht-N› *mitenthalten* ist. Die Äquivalenz tritt nicht an die Stelle des Gegensatzes, sondern beide sind gleichsam ,koexistent', weil sie *im antinomischen Begriff untrennbar zusammengehören.* Der antinomische Begriff *ist* so im Grund schon die *Synthese* von Gegensatz und Äquivalenz der antithetischen Bestimmungen.

Von daher wird allererst die *Notwendigkeit* der Synthesebildung einsichtig, die ja auf der *Bedeutungsebene* stattfindet. Zugleich wird ein wesentlicher Unterschied gegenüber dem ,Parmenides'-Beispiel erkennbar: Dieses macht zwar schon die Möglichkeit der Koexistenz kontradiktorischer *Eigenschaften* – in verschiedenen Hinsichten – begreiflich, aber *semantisch* blieb das ohne Auswirkungen: Denn die im Beispiel pointierte ,Verklammerung' beider *Eigenschaften* führt ja nicht zu einem *neuen Bedeutungssinn*[100]. Genau das ist aber für die *Synthese* charakteristisch. Der Unterschied dialektischer Synthesebildung gegenüber einer solchen bloß statischen Verklammerung von Eigenschaftsprädikaten besteht im Auftreten *antinomischer*, d. h. wechselseitig ineinander umschlagender Prädikationen, die als solche einen zugrundeliegenden *antinomischen Begriff* sichtbar machen und sich dadurch auch auf der *Bedeutungsebene* auswirken[101]. Die antinomische Prädikationsstruktur schlägt gleichsam auf die Bedeutungsebene durch. Die Funktion des antinomisch-dialektischen Widerspruchs für die Synthese besteht recht verstanden also nicht einfach nur darin, die essentielle Zusammengehörigkeit von *Prädikationen*, sondern darüberhinaus auch die Notwendigkeit einer *neuen Bedeutung*, eben einer *Synthese*, zu erweisen.

---

[100] Freilich würde die nähere Analyse der *Kategorien* ‹verschieden› und ‹gleich› ebenfalls eine antinomisch-dialektische Struktur sichtbar machen.

[101] Daß der antinomische Begriff in diesem Fall nicht schlicht als *gehaltleer* gelten kann, beruht, wie in Kap. 3.2 dargelegt, auf dem bestimmten Inhalt, den er, abgesehen von seinem antinomischen Charakter, ja nach wie vor als eine der beiden Gegensatzbestimmungen besitzt; vgl. auch die zu Fußn. 62 gehörenden Ausführungen.

Die Notwendigkeit der Synthesebildung beruht somit in der Tat entscheidend auf der *antinomischen Natur* des im Kontext dialektischer Argumentation auftretenden Widerspruchs[102]. Im Sinn des Gesagten lassen sich dabei drei Hinsichten unterscheiden:

(1) Aufgrund seines antinomischen Charakters ist dieser Widerspruch jedenfalls kein normaler formallogischer Widerspruch, sondern ein *Scheinwiderspruch,* insofern seine Glieder verschiedenen Reflexionsstufen angehören; er ist dadurch *argumentationsunschädlich.*

(2) Seine *semantische Funktion* ergibt sich daraus, daß die Haltlosigkeit antinomischen Übergehens auf der Eigenschaftsebene einen zugrundeliegenden *antinomischen Begriff* sichtbar macht und sich dadurch auch auf der *Bedeutungsebene* auswirkt.

(3) Seine *synthetische Funktion* resultiert aus der Bedeutungsambivalenz des zugrundeliegenden antinomischen Begriffs, hier aus der *untrennbaren Zusammengehörigkeit* von Gegensatz und Äquivalenz dihairetischer Bestimmungen[103].

Das Antinomische, d.h. das Selbstbezüglich-Negative und damit in sich Ambivalente (vgl. Kap. 2.2), ist so gleichsam der *Motor* dialektischer Synthesebildung. Dieses „Sichinsichselbstunterscheiden" sei, so formuliert es H. Ulrici (1841, 63), einer der frühen Hegelinterpreten, „wenn auch nicht das ganze Uhrwerk selbst, so doch die Unruhe im Uhrwerke"[104]. In

---

[102] Eben dieser – für den ‚dialektischen Umschlag' und die Synthesebildung konstitutive – *antinomische Charakter* des dialektischen Widerspruchs ist es, scheint mir, der Wolffs (1981, 1986) im übrigen akribischer Analyse des Hegelschen Widerspruchsbegriffs *entgeht* (vgl. bes. 1986, 9. Kap.). Der Hinweis auf den ‚appetitus' der Leibnizschen Monade (1981, 160 ff) dürfte für das Verständnis der *Dynamik dialektischer Begriffsentwicklung* ohne Erklärungswert sein.

[103] Eine schöne Charakterisierung der synthetischen Funktion des Widerspruchs findet sich bei Bubner 1973, 62: „Der Widerspruch ... gibt den Blick auf jene Einheit frei, die er als Widerspruch noch hintanhält, die er aber, da er nur gegen sie Widerspruch ist, zugleich auch ansetzt" – wobei freilich hinzuzufügen wäre, daß es sich dabei allein um den *antinomischen* Widerspruch handeln kann; das Auftreten eines anderen, ‚normalen' Widerspruchs wäre das Ende jeder Argumentation, auch der dialektischen.

[104] Demgegenüber vermag Fulda (1978a, 62), indem er den *antinomischen* Charakter dialektischer Logik außer Betracht läßt, „außer der Vagheit in Verbindung mit nicht erfolgreich zustande gebrachter Referenz keine semantische

Hegels eigener Methodenreflexion am Ende der ‚Logik' entspricht dem offenbar, was er den *„einfachen Punkt der negativen Beziehung* auf sich" nennt (6.563), die *„als der Widerspruch die gesetzte Dialektik ihrer selbst"* sei (6.562). Dies mache „den *Wendungspunkt* der Bewegung des Begriffes" aus (6.563): „Der sich aufhebende Widerspruch" sei, als „das Negative des Negativen", Wiederherstellung der *„Unmittelbarkeit"*, ein neues *„Positives, Identisches, Allgemeines"*, wie es für die Synthese charakteristisch ist. In der Tat: Das Antinomische der *„Beziehung des Negativen auf sich selbst"* (d.h. nicht mehr auf ein vorausgesetztes Positives) oder „das Negative des Negativen" oder, wie Hegel dies auch ausdrückt, „die absolute Negativität" (6.563) bringt, so hat sich gezeigt, die *Synthese* hervor. Die *Negation der Negation* – so Hegels bekannteste Formel für die Struktur *selbstbezüglicher* Negation – ist es, deren recht verstanden *antinomische Natur* zur Synthesebildung nötigt. Wird Hegels ‚Negation der Negation' dagegen lediglich als *doppelte Negation* eines vorausgesetzten Positiven und so einfach als *Rückkehr zu diesem* verstanden, so ist damit gerade der *antinomische* und solcherart *syntheseerzeugende* Charakter dieser Negationsstruktur verfehlt. Es ist das Verdienst des eingangs schon erwähnten Henrichschen Deutungsansatzes (1976; 1978) und seiner Fortentwicklung durch Kesselring

---

Dimension zu erkennen, aus der ein *Anstoß* kommen könnte, immer wieder den Gegenstand der Rede so zu wechseln, wie es für Hegels Dialektik charakteristisch ist" (Hvh. D.W.). In der großen, weiterführenden Arbeit (1978b) sieht Fulda hingegen im *Mangelhaften* des je bestimmten Begriffs die „Unruhe", die zum „Bewegungsursprung" der Dialektik wird (1978b, 139). In der Tat ist es ein Mangel – nämlich die Einseitigkeit der Gegensatzbestimmungen je für sich –, der die *antinomische Struktur* und *dadurch* Dialektik erzeugt. Der Sache nach kommen Fuldas weitere Überlegungen (1978b, 143 ff) dem schon nahe: Was er als das Subjekt dialektischer Tätigkeit bezeichnet, nämlich den „Widerspruch im *Begriff*" (148): das ist ersichtlich nichts anderes als der im Zug dialektischer Argumentation auftretende ‚antinomische Begriff'. Instruktiv ist auch Fuldas Charakterisierung dessen, „was Hegel mit der Forderung des *Zusehens* im Sinn hat: Bei der Darstellung philosophischer Stoffe, an denen sich dialektische Bewegung vollzieht, muß man so eingestellt sein, daß sich etwas, wovon die Rede ist, in dieser Rede als ein anderes *zeigt*" (167): Eben dies hat sich als charakteristisch für den dialektischen Umschlag bei der Prädizierung von Entsprechungsbestimmungen (einer Kategorie bezüglich einer anderen) erwiesen.

(1984), die *Schlüsselfunktion* dieses Gedankens für das Verständnis des dialektischen Prozesses[105] herausgestellt zu haben[106].

Allerdings scheinen sich Hegels Auffassung und die hier entwickelte in einem wesentlichen Punkt zu unterscheiden: Nach Hegel scheint es so zu sein, daß eine *Begriffsbedeutung in ihr Gegenteil umschlägt* (z.B. ‹Sein› in ‹Nichts›, ‹endlich› in ‹unendlich›). Ein solches Umschlagsphänomen gibt es nach den hier entwickelten Überlegungen, wie schon bemerkt, jedenfalls nicht in *der* Form, daß eine Bestimmung wie ‹Sein› ihr Gegenteil ‹Nichtsein› *hervorbringt,* sondern beide gehören im Sinn des Komplementaritätsprinzips *intrinsisch zusammen,* d.h. die Gegensatzbestimmungen sind von vornherein als dichotom-ausschließend – eben als *komplementär* – charakterisiert. Und diese Komplementarität ist dabei nicht *Folge* einer dialektisch-antinomischen Struktur, sondern *erzeugt* diese umgekehrt erst. Erst innerhalb dieses ‚dihairetischen' Rahmens, der durch komplementäre Gegensatzbestimmungen aufgespannt wird, findet danach Dialektik und dialektischer Umschlag statt. Die Dialektik ist hier eine Folge des Gegensatzes, während bei Hegel umgekehrt der Gegensatz eine Folge der Dialektik zu sein scheint. Ich glaube allerdings, daß dies ein eher vordergründiges Verständnis der Hegelschen Argumentation wäre, das für den – überdies fragwürdigen – Übergang von ‹Sein› zu ‹Nichts› zutreffend sein mag. Bei näherer Betrachtung scheint mir auch Hegel häufig von Gegensatzbestimmungen *auszugehen,* um sodann darzutun, daß sie auf der Eigenschaftsebene einander wechselseitig präsupponieren[107]. Doch wird dieses in der ‚Wissenschaft der Logik' faktisch vielerorts praktizierte Verfahren von Hegel selbst nicht ausdrücklich gemacht. Dies im Detail nachzuzeichnen wäre Gegenstand einer eigenen Untersuchung und kann hier nicht geleistet werden.

Man beachte, daß die Synthese nach der hier entwickelten Argumentation nicht in der Verknüpfung entgegengesetzter *Begriffe,* etwa ‹Sein› und

---

[105] Die daran anschließende Adaption von Collmer (1992) bleibt in ihren Aussagen m.E. weithin thetisch-versichernd – was ich hier nicht näher darlegen und so freilich auch nur versichernd konstatieren kann.

[106] Von Henrich (1978, 224) wird zudem die bedenkenswerte These formuliert, Hegel sei letztlich „darauf aus, den Gedanken, der sein System abschließt, aus einer Kombination beider Typen der doppelten Negation miteinander zu gewinnen".

[107] Vgl. z.B. Hegels Argumentation zur Dialektik von ‚Realität' und ‚Negation' (5.118 ff) oder von ‚Etwas' und ‚Anderes' (5.124 ff).

‹Nichtsein›, besteht, wie es dem Vulgärverständnis dialektischer Synthese entspräche, sondern in der Verbindung von *Gegensatz und Äquivalenz* solcher Begriffe, d.h. von *Begriffsverhältnissen* in der Form (formal) kontradiktorischer Aussagen. Diese repräsentieren einen *dialektischen Widerspruch,* der, wie wir gesehen haben, zur Synthesebildung nötigt. Aus dem bloßen *Gegensatz* allein, z.B. von ‹Sein› und ‹Nichtsein›, ergäbe sich garnichts. Eben darum kann es auch nicht zutreffend sein, die dialektische Synthese, wie es üblicherweise geschieht, als eine Verknüpfung von (gegensätzlichen) *Begriffen* aufzufassen; es handelt sich vielmehr um eine solche von (dialektisch-widersprüchlichen) Begriffs*verhältnissen* (Gegensatz und Äquivalenz). Man darf sich dabei nicht durch hier gelegentlich verwendete verkürzte Formulierungen irreführen lassen, etwa der Art ‹Sein, das gleichermaßen Nichtsein ist› – was natürlich präziser ‹Sein, das entgegengesetzt und auch äquivalent Nichtsein ist› heißen müßte.

Erklärungsbedürftig erscheint auch die landläufige Auffassung der Synthese als Verbindung von ‚These' und ‚Antithese': Hat man darunter die Gegensatzbestimmungen zu verstehen? Synthesiert werden aber vielmehr Gegensatz und Äquivalenz beider. Wollte man dies wiederum als eine Verbindung von These und Antithese deuten, so wäre der Gegensatz als ‚These', die Äquivalenz als ‚Antithese' anzusprechen (oder auch umgekehrt, wie im vorhergehenden Kapitel (4.1) gezeigt, die Äquivalenz der Gegensatzbestimmungen als ‚These' und deren Gegensatz als ‚Antithese'). Gleichwohl läßt sich mit der Rede von der Synthese als Verbindung der Gegensatzbestimmungen auch im Rahmen der hier entwickelten Theorie ein Sinn verbinden: Daß die Gegensatzbestimmungen, z.B. ‹Sein› und ‹Nichtsein›, auch als äquivalent zu nehmen sind, heißt ja, daß die Bedeutung der einen die Bedeutung der anderen nicht nur negiert, sondern gleichsam *auch assimiliert.* So ist ‹Sein› auf der durch die Synthese erreichten neuen Bedeutungsebene zwar weiterhin entgegengesetzt ‹Nichtsein›, aber es hat dort *zugleich* immer auch den Sinn von ‹Nichtsein›, und insofern sind ‹Sein› und ‹Nichtsein› in der Synthese auch ‚verknüpft' (vgl. Kap. 4.3).

4.3 Der synthetische Begriff

Ich beginne die nun folgende Charakterisierung der verschiedenen Typen von Kategorien eines dialektischen Zyklus mit dem *synthetischen Begriff.* Es mag unplausibel erscheinen, den Anfang mit einem Begriff zu machen, der aufgrund seiner synthetischen Funktion eher *Abschlußcharakter* besitzt. Dem könnte entgegengehalten werden, daß die synthetische Bestimmung, als Erfüllung der vorausliegenden paradoxalen Syntheseforderung, eine ‚neue Seinsart' charakterisiert und als ein solches *kategoriales Novum* auch einen *Anfang* darstellt. Im übrigen wird die Frage nach dem Beginn eines dialektischen Zyklus später, im Zusammenhang mit dem Problem dialektischer Superstrukturen (Kap. 5.1), noch einmal aufgenommen. Wesentlich dafür, daß die Erörterung der Kategorientypen hier mit der synthetischen Kategorie startet, ist indessen, daß dabei unmittelbar an Überlegungen des vorigen Kapitels (4.2) angeknüpft werden kann.

Die synthetische Kategorie ist, als Charakterisierung einer neuen Seinsart, wieder eine Seinsbestimmung. Wie ist das zu verstehen? Diese Frage war schon im Zusammenhang mit der synthetischen Kategorie ‹Dasein› berührt worden. Entscheidend ist, daß die Synthesebildung zu einer Bestimmung führt, in der ‹Sein› und ‹Nichtsein› sowohl entgegengesetzt als auch äquivalent *sind*. Ist eine solche Bestimmung konsistent realisierbar, so ist dadurch, nach dem früher erläuterten ‚prädikativen' Verständnis von ‹Sein› (Kap. 3.1, 3.2), ein *Seinssinn* charakterisiert. ‹Dasein›, ‹Unterschied›, ‹Bestimmung›, ‹Wechselbestimmung› repräsentieren in dieser Weise ebenfalls *Seinsarten,* zwar von unterschiedlichem Typ, aber eben darin gleich, daß durch sie ein Seinssinn bestimmt ist.

Die neue Seinsart ist zunächst nur paradoxal – als Gegensatz und Äquivalenz der Gegensatzbestimmungen – gekennzeichnet. Wie läßt sich damit, so fragt sich, tatsächlich ein konsistenter Sinngehalt verbinden, wie dies für die synthetische Kategorie unterstellt ist? Betrachten wir die verschiedenen synthetischen Bestimmungen näher:

‹Dasein› steht für ein Sein, das entgegengesetzt und zugleich äquivalent Nichtsein sein soll. Aus dieser Charakterisierung ist immerhin schon soviel zu entnehmen, daß ein Dasein sicher kein ‚reines' Sein ist. Es ist aber auch kein reines Nichtsein. Hegel hat dafür die Bezeichnung *‹Dasein›*, um auszudrücken, daß etwas *da ist* – wobei dies, wie Hegel betont, nicht räumlich zu deuten sei (5.116). Die Kennzeichnung durch die paradoxale Syntheseformel ‹Sein, das gleichermaßen Nichtsein ist› leistet schon eine grundsätzliche Sinnfestlegung für den Bedeutungsgehalt der synthetischen Bestimmung. *Erfüllt* wird die Syntheseforderung durch die Kategorie ‹Dasein›, die durch die nachfolgende Angabe ihrer Erfüllungsbedingungen weiter expliziert wird: ‚Dasein' als Form eines Seins, das entgegengesetzt, aber auch äquivalent Nichtsein ist, setzt voraus, daß es so

etwas wie *,bestimmtes Sein'* gibt, das näher ein bestimmtes ‚Sosein' ist, das ein ‚Anderssein' ausschließt.

Betrachten wir die anderen Synthesen: Ein Sosein, das dem Anderssein nicht nur entgegengesetzt, sondern selbst auch ein Anderssein ist, hat dadurch den Charakter eines Unterschiedenseins. Denn so ist es nicht nur als ein Sosein, sondern zugleich als das Andere des Anderen bestimmt und dergestalt ausdrücklich von diesem unterschieden. Ein solches Sein entspricht dem Sinn von *‹Unterschied›*, wobei dessen Erfüllungsbedingung ‹Beziehung› weiter in ‹Füranderessein› und ‹Ansichsein› ‚dissoziiert'.

Ferner ist ein Füranderessein, das als solches dem Ansichsein einerseits entgegengesetzt, diesem anderseits aber auch äquivalent ist, etwas, das sich in der Beziehung zu anderem nicht verändert. Ebendies liegt im Sinn von *‹Bestimmung›*, der seinerseits ‹Norm›, ‹Geltung› und ‹Geltungsentsprechung› als Erfüllungsbedingungen voraussetzt. Und Geltung schließlich, die einer Geltungsentsprechung entgegengesetzt und zugleich äquivalent ist, erweist sich als etwas, das bestimmend und ebensosehr auch bestimmt ist und insofern der Kategorie *‹Wechselbestimmung›* entspricht, als deren Erfüllungsbedingung sich die Bestimmung ‹Fürsichsein› ergeben hat, die sich weiter in ‹Eins› und ‹Vieles› ausdifferenziert.

In allen diesen Fällen wird durch die Syntheseforderung ein komplexer Sinngehalt festgelegt. Inwiefern dieser die Syntheseforderung erfüllt, wird durch die Angabe von Erfüllungsbedingungen derselben sodann näher expliziert. Bemerkenswert ist, daß die paradoxale Form der Synthese überhaupt einen in sich stimmigen Gehalt definiert. Daß dem so ist, kann nicht zweifelhaft sein. So ist z. B. in ‹Unterschied› dies enthalten, nicht nur als ein bestimmtes Sosein, sondern zugleich als ein Anderssein – nämlich als das Andere des Anderen – bestimmt zu sein. ‹Unterschied› repräsentiert solchermaßen einen Sinngehalt, der die Syntheseforderung ‹Sosein, das gleichermaßen Anderssein ist› mit einer konsistenten Deutung versieht. Der Übergang von der paradoxalen Syntheseforderung zur synthetischen Bestimmung stellt so in der Tat einen *kategorialen Fortschritt* dar.

Man könnte hier freilich eine gewisse *Kontingenz* vermuten. Warum wird als synthetische Bestimmung gerade ‹Unterschied› gewählt, warum nicht ‹Verschiedenheit›, ‹Geschiedensein›, ‹Besonderung› o. ä.? Ich würde solche Bestimmungen in diesem Zusammenhang allerdings nicht als wirkliche Alternativen zu ‹Unterschied› betrachten. Im Hinblick auf die Erfüllbarkeit der Syntheseforderung können sie, denke ich, als quasi synonym behandelt werden. Wesentlich ist der faktische Sprachgebrauch, an dem sich entscheidet, inwieweit ein Begriff als Interpretament der Syntheseforderung in Frage kommt. In dieser Hinsicht gibt es zweifellos eine empirische Schwankungsbreite des Bedeutungsgehalts. Im Blick auf das entwickelte Verfahren ist aber nur das relevant, was durch die vorausgehende paradoxale Syntheseforderung prätendiert ist, und dementsprechend muß dann ein diese Forderung *näherungsweise* erfüllender Begriff der empirischen Sprache aufgefunden werden. Die Kontingenz tritt im Empirischen auf, während das dialektische Verfahren klare Vorgaben für die Auswahl eines Begriffs als eines möglichen Interpretaments der Syntheseforderung macht[108]. Mit der Wahl eines Begriffs wird dieser somit in den Rang einer *Kategorie,* einer logischen Grundbestimmung, erhoben, was zugleich mit einer *terminologischen Festlegung* verbunden ist.

Warum die dialektische Entwicklung damit nicht zuende ist, warum die so erhaltene synthetische Bestimmung ihrerseits durch Angabe von *Erfüllungsbedingungen* weiter expliziert werden muß, wird im folgenden noch zu erörtern sein.

Vorher möchte ich mich der schon berührten Frage zuwenden, wieso durch die paradoxale Syntheseforderung überhaupt ein konsistenter Sinngehalt definiert sein kann: Wie ist es *semantisch* zu verstehen, wenn in der Synthese zweier Gegensatzbestimmungen diese nicht mehr nur als gegensätzlich, sondern *auch als äquivalent* bestimmt sind? Ist deren Bedeutung damit nicht überhaupt aufgelöst, und verstößt ein solches Verfahren nicht gegen die für alles Argumentieren konstitutive Forderung stabiler Bedeutungen?[109]

Betrachten wir die Gegensatzbestimmungen ‹Sein› und ‹Nichtsein› wieder als Beispiel: Die synthetische Verbindung von Gegensatz und Äquivalenz beider führte zur Kategorie ‹Dasein›, die dann weiter als ‹Bestimmtsein› mit neuen Gegensatzbestimmungen, ‹Sosein› und ‹Anderssein›, expliziert wurde. Erst auf der Grundlage dieser Erfüllungsbedingungen der Synthese, so hatten wir gesehen, wird die in ihr enthaltene Forderung, die Verbindung von Gegensatz und Äquivalenz der Gegensatzbestimmungen ‹Sein› und ‹Nichtsein› zu denken, einlösbar: So ist das Sein eines Soseins einerseits *entgegengesetzt* dem Nichtsein desselben, anderseits aber – was gleich noch präzisiert werden muß – *äquivalent* dem Nichtsein des

---

[108] Vgl. hierzu die ausführlichen Überlegungen in Kap. 6.1.

[109] So z. B. schon Platon, Theaitetos 183 a, b.

dem Sosein entgegengesetzten Andersseins, d.h. das Sein des einen ist hier zugleich Nichtsein des anderen. Haben die Kategorien ‹Sein› und ‹Nichtsein› im Zuge dialektischer Begriffsentwicklung ihre Bedeutung also *verändert?*

Offenbar nicht; denn das Sein eines Soseins ist natürlich nicht zugleich dessen Nichtsein. Bezüglich *ein und desselben* Soseins sind ‹Sein› und ‹Nichtsein› nach wie vor Gegensatzbestimmungen. Erst wenn das dem Sosein zugeordnete *Anderssein* einbezogen wird, ergibt sich, daß das Sein des einen zugleich Nichtsein des andern ist (vgl. Kap. 4.2). Noch einmal gefragt: Handelt es sich dabei um eine Modifikation der Semantik von ‹Sein› und ‹Nichtsein›?

Wesentlich ist in diesem Zusammenhang der Umstand, daß ‹Sosein› und ‹Anderssein› per definitionem komplementäre und damit *wechselseitig ausschließende* Bestimmungen sind, sodaß ein Sosein das *ist,* was das Anderssein *nicht ist* und umgekehrt. Beides gehört hier, eben weil es sich um komplementäre Aspekte handelt, untrennbar zusammen. Ein Sosein – ebenso wie das ihm zugeordnete Anderssein – besitzt so von vornherein *zwei* Hinsichten: einerseits die seines eigenen Seins, anderseits die des Nichtseins des zu ihm komplementären Andersseins. Aufgrund der *Komplementarität* von ‚Sosein' und ‚Anderssein' gilt somit, daß das Sein des einen zugleich Nichtsein des andern – also in einer anderen Hinsicht (vgl. Kap. 4.2) – ist. Doch dabei bedeutet ‹Nichtsein› nach wie vor das Gegenteil von ‹Sein›, mit andern Worten: Die ursprüngliche Semantik der Kategorien ‹Sein› und ‹Nichtsein›, derzufolge beide als *gegensätzlich* bestimmt sind, hat sich hier *nicht verändert.*

Neu gegenüber vorher ist aber, daß die Kategorien ‹Sein› und ‹Nichtsein› jetzt ‚kategorisierend', d.h. *prädikativ verwendet* werden: nämlich im Sinn eines Seins oder Nichtseins *von etwas*[110]. Erst im prädikativen Sinn eines ‚Nichtseins von etwas', d.h. *im Modus der Applikation,* kann, wie sich gezeigt hat, auch der Äquivalenzforderung bezüglich der Gegensatzbestimmungen ‹Sein› und ‹Nichtsein› entsprochen werden, sofern das, *wovon* ausgesagt wird, wechselseitig ausschließend ist, sodaß das Sein des einen zugleich Nichtsein des andern ist. Bei Anwendung auf die neuen Gegensatzbestimmungen ‹Sosein› und ‹Anderssein› ist das gegeben; dadurch ist

[110] D.h. von etwas wird ausgesagt, daß es ‚‹S›-entsprechend' bzw. ‚‹N›-entsprechend' ist.

der ‚Sinnkomplex' ‹Sein von Sosein› äquivalent dem ‚Sinnkomplex' ‹Nichtsein von Anderssein›. Das in der Syntheseforderung auch enthaltene Moment der *Äquivalenz* von ‹Sein› und ‹Nichtsein› verändert also nicht den ursprünglich *gegensätzlichen* Sinn beider Bestimmungen, sondern verlangt vielmehr eine *neue Seinsart,* die, als bestimmtes Sein, nun auch *einander ausschließendes Sein* zuläßt.

Bei näherem Zusehen zeigt sich übrigens, daß die prädikative Verwendung von ‹Sein› und ‹Nichtsein› in der Applikation auf bestimmtes Sein bereits in der dialektischen Argumentation, die sich an diesem Gegensatz entzündet, antizipiert ist: Denn ‚ist' und ‚ist nicht' ist dabei ja schon im Sinn einer Seins- bzw. Nichtseinsaussage *von Bestimmtem* gefaßt – das in diesem Fall durch die Kategorien ‹Sein› und ‹Nichtsein› selbst repräsentiert ist (vgl. Kap. 4.4).

Kurzum: Nicht die *Semantik,* sondern, salopp geredet, die *Seinsart* hat sich verändert, oder, um präziser zu sein: Die Synthesebildung nötigt zur Einführung einer neuen Kategorie, die eine neuartige Seinsstruktur charakterisiert, aber die Bedeutung der für sie konstitutiven Gegensatzbestimmungen unberührt läßt. ‚Dialektische Begriffsbewegung' ist danach *nicht,* wie es einem verbreiteten Verständnis entspricht, als *Bedeutungsänderung* von Begriffen zu fassen[111]. Semantisch äquivalent sind ‹Sein› und ‹Nichtsein› erst auf der *neuen Seinsebene,* nämlich *in bezug auf die neuen Komplementärbestimmungen* ‹Sosein› und ‹Anderssein›, d.h. äquivalent sind in Wahrheit *‚Sinnkomplexe'* der Art ‹Sein von Sosein› und ‹Nichtsein von Anderssein›. *Deren* Äquivalenz stellt kein semantisches Paradox mehr dar. Die zunächst nur prätendierte und in dieser Form paradoxale Äquivalenz der Gegensatzbestimmungen ‹Sein› und ‹Nichtsein› wird durch Anwendung derselben auf komplementäre Bestimmungen semantisch konsistent realisierbar, wobei die Anwendung hier in *der* Weise geschieht, daß jeweils die beiden positiven und die beiden negativen Gegensatzbestimmungen – ‹Sein› und ‹Sosein› bzw. ‹Nichtsein› und ‹Anderssein›, also *analoge* Gegensatzbestimmungen – gekoppelt werden. Ich möchte diesbezüglich kurz von *‚analoger Applikation'* sprechen.

In der synthetischen Bestimmung ‹Dasein› sind ‹Sein› und ‹Nichtsein› somit nur als *‚Momente'* enthalten und entsprechend solcher analogen Applikation genauer als ‹Sein von Sosein› und als ‹Nichtsein von Anderssein› zu deuten. Nur *insofern* kann hier von einer *Bedeutungsmodifikation*

[111] Vgl. z.B. Fulda 1978a, 43 ff; Düsing 1990, 189.

gesprochen werden: ‹Sein› und ‹Nichtsein› haben, für sich genommen, ihren ursprünglichen, gegensätzlichen Sinn *behalten,* aber *im analogen Verbund* mit den neuen Gegensatzbestimmungen – und nur so – läßt der ursprüngliche Gegensatz von ‹Sein› und ‹Nichtsein› zugleich die Äquivalenz beider zu[112]. Dies ist also keine Modifikation der ursprünglichen Gegensatzbestimmungen selbst, sondern im Grund nur die Explikation der synthetischen Bestimmung bzw. (mit einer Bezeichnung N. Hartmanns) des in ihr enthaltenen *kategorialen Novums*[113] und seiner Erfüllungsbedingungen.

Was hier zunächst am Beispiel analoger Applikation von ‹Sein› und ‹Nichtsein› gezeigt worden ist, läßt sich entsprechend auf die nächstfolgende Synthese übertragen. Betrachten wir die analoge Applikation von ‹Sosein›/‹Anderssein› auf ‹Füranderessein›/‹Ansichsein›: Hier zeigt sich, daß ‹Sosein eines Füranderesseins› in der Tat äquivalent mit ‹Anderssein eines Ansichseins› ist – denn das Anderssein von Ansichsein ist Aufhebung seiner Beziehungslosigkeit und damit etwas, dessen Sosein ein Füranderessein ist.

Auf der nächsten Stufe ist hingegen eine *Abweichung* vom Prinzip analoger Applikation festzustellen: ‹Füranderessein einer Geltung› ist offenbar äquivalent mit ‹Ansichsein dieser Geltung›, denn Geltung ist ja gerade dadurch definiert, daß Füranderessein und Ansichsein diesbezüglich äquivalent sind. *Analoge* Applikation ergäbe demgegenüber ‹Füranderessein einer *Geltung*› und ‹Ansichsein von *Geltungsentsprechung*›, also jedenfalls keine Äquivalenz. Die hier auftretende *Inversion* wird später, im Zusammenhang mit der Diskussion der Gegensatzbestimmungen (Kap. 4.5), näher untersucht werden.

Es dürfte wohl klar sein, daß die vorstehenden Überlegungen nicht zur Kategorienentwicklung selbst gehören, sondern zur begleitenden *Metareflexion,* in der einerseits von außen herangetragene Fragen, Schwierigkeiten, Einwände usw. erörtert und auf der anderen Seite auch allgemeine Strukturmerkmale des Verfahrens sichtbar gemacht werden: Dem entspricht, daß Begriffe wie ‚Komplementarität' oder ‚analoge Applikation', die hier verwendet wurden, selbst nicht schon in die Reihe der

---

[112] Nur in *diesem* Sinn kann ich mich Fuldas Auffassung (1978a, 43 ff) des dialektischen Fortgangs als einer „Bedeutungsmodifikation" und fortschreitender Einschränkung von „Vagheit" (49, vgl. auch 60) anschließen.

[113] Ein Terminus N. Hartmanns, vgl. z.B. 1949, 60.

hier verfahrensmäßig rekonstruierten Kategorien gehören[114], sondern zunächst einfach der Wissenschaftssprache entnommen sind.

4.4 Die explikative Kategorie als Erfüllungsbedingung der Synthese

Äußerlich gesehen ist die explikative Kategorie neu im Vergleich mit dem klassischen Dreierschema der Dialektik. Kesselring (1984) hat es bereits unternommen, Hegels Argumentation mit *Begriffstetraden* zu rekonstruieren. Allerdings ist seine Deutung *antinomischer Strukturen,* wie schon erwähnt, m. E. nicht zureichend und damit, scheint mir, auch seine Charakterisierung des Verfahrens dialektischer Begriffsentwicklung nicht[115]. Im übrigen hält sich der Autor durchgängig an die Hegelsche Textvorlage, die mir – aus im vorhergehenden angegebenen Gründen – so nicht mehr nachvollziehbar erscheint.

Nicht nachvollziehbar erscheint mir aber auch Kesselrings Kennzeichnung der „zweiten Bestimmung" (1984, 276), um die es jetzt geht (und die hier die ‚explikative Kategorie' ist). Ohne seine diffizilen Erwägungen im Detail wiederzugeben, sei nur soviel angemerkt, daß die ‚zweite Bestimmung' bei Kesselring mit dem antinomischen Verhältnis der Gegensatzbestimmungen in Zusammenhang gebracht wird[116]. Im Sinn der hier entwickelten Argumentation ist das nicht einleuchtend: Die ‚zweite Bestimmung' ist danach, als Erfüllungsbedingung der synthetischen Kategorie, gerade nicht in den antinomischen Prozeß involviert, sondern hat wesentlich explikativen Charakter; sie expliziert nur, was für den Nachweis der antinomischen Gegensatzstruktur bereits präsupponiert ist[117].

---

[114] Ihren systematischen Ort hätten diese Bestimmungen aber in der Methodenreflexion der ‚Logik', also in der ‚Logik des Begriffs' (i. S. Hegels).

[115] Aber es bleibt, um das nochmals zu betonen, sein unbestreitbares Verdienst, (über Henrichs Deutung der ‚absoluten Negation' hinausgehend) die grundsätzliche Relevanz antinomischer Verhältnisse für das Verständnis dialektischer Strukturen herausgestellt zu haben.

[116] Vgl. z. B. 1984, 276 f.

[117] Völlig uneinsichtig ist zudem Kesselrings These, wonach die ‚erste' und ‚zweite' Bestimmung eines dialektischen Zyklus im Gegensatzpaar der nächsten Stufe –

Die Rolle der explikativen Bestimmung im Prozeß dialektischer Begriffsentwicklung ist schon deutlich geworden. Doch wie kommt man zu einer solchen Kategorie; wie und wodurch ist deren Bedeutung bestimmt? Warum ist das dialektische Verfahren mit der Angabe einer synthetischen, d.h. die Syntheseforderung erfüllenden Bestimmung nicht abgeschlossen? Warum muß dann noch zu einer neuen Bestimmung fortgegangen werden?

Die gegebene Charakterisierung der explikativen Bestimmung als Erfüllungs*bedingung* der synthetischen Bestimmung enthält bereits eine Antwort: Der synthetischen Kategorie als Erfüllung der Syntheseforderung liegen *Bedingungen* voraus, die als solche zur Synthese hinzugehören und darum expliziert werden müssen, mit anderen Worten: Die synthetische Bestimmung *enthält implizit mehr,* als in ihr ausgedrückt ist. Sie präsupponiert Strukturmomente, die für sie konstitutiv, aber noch nicht expliziert sind. Die synthetische Bestimmung, ‹Dasein› z.B., enthält zunächst nur die Verbindung von ‹Sein› und ‹Nichtsein›, die so jedenfalls nicht reines Sein oder Nichtsein, sondern ein durch Sein modifiziertes Nichtsein oder ein durch Nichtsein modifiziertes Sein, eben ein ‚Dasein' bezeichnet. ‹Bestimmtsein› expliziert darüberhinaus die *Bedingung der Möglichkeit* eines so gearteten Seins: Damit ‹Dasein› eine sinnvolle Kategorie ist, muß es in sich differentes, und das heißt eben: *bestimmtes* Sein geben. ‹Bestimmtsein› ist so die gegenüber ‹Dasein› konkretere Kategorie. ‹Dasein› ist die abstrakte Erfüllung der Syntheseforderung, ‹Bestimmtsein› deren konkrete Einlösung, d.h. ‹Bestimmtsein› enthält ein für die Kategorie ‹Dasein› präsupponiertes, aber in ihr selbst noch nicht expliziertes Strukturmoment.

Die Frage, *wie* man zu einer solchen Kategorie kommt, ist damit noch nicht beantwortet. Daß ‹Bestimmtsein› eine Explikation von ‹Dasein› faktisch leistet, ist nach dem Gesagten deutlich. Aber hier ist es um die *verfahrensmäßige* Seite zu tun: Ist der Übergang von ‹Dasein› zu ‹Bestimmtsein›

---

wenn auch abgewandelt – „wiederkehren" sollen (1984, 272, vgl. auch 273, 276): Nicht nur, daß eine überzeugende Begründung dafür fehlt; nach den vorhergehenden Überlegungen spricht sachlich alles gegen eine solche Korrespondenz, unter anderem deshalb, weil das Verhältnis von ‚erster' und ‚zweiter' Bestimmung (denen hier die synthetische und die explikative Bestimmung entspricht) in der hier begründeten Auffassung nicht antithetischen, sondern eben explikativen Charakter hat.

durch die bisherige Entwicklung determiniert, oder handelt es sich dabei lediglich um einen glücklichen oder auch beliebigen Einfall?

Zur Klärung dieser Frage sei, um einen konkreten Sachverhalt vor Augen zu haben, nochmals an die Argumentation zur Dialektik von ‹Sein› und ‹Nichtsein› erinnert: ‹Sein›, so war geltend gemacht worden, *ist nicht* äquivalent ‹Nichtsein›. Wegen dieses ‚ist nicht' kommt ‹Sein› die Eigenschaft ‚‹Nichtsein›-entsprechend' zu. Daß die Kategorie ‹Sein› somit ‹Nichtsein›-entsprechend *ist,* heißt wiederum, daß sie die Eigenschaft ‚‹Sein›-entsprechend' besitzt und folglich ‹Nichtsein›-entprechend *nicht ist.* Wegen dieses ‚ist nicht' ist sie wiederum ‹Nichtsein›-entsprechend usf. Entscheidend für diese Argumentation ist somit der Tatbestand, daß ‹Sein› eben *nicht* ‹Nichtsein› ist (und umgekehrt ‹Nichtsein› nicht ‹Sein› ist), oder anders gesagt: daß das Sein der Kategorie ‹Sein› ebenso Nichtsein der Kategorie ‹Nichtsein› ist (und umgekehrt daß Sein von ‹Nichtsein› ebenso Nichtsein von ‹Sein› ist), mit anderen Worten: Die Kategorien ‹Sein› und ‹Nichtsein› sind *selbst* schon ein *Beispiel* von etwas, dem Sein und gleichermaßen Nichtsein als Eigenschaft zukommt, d. h. sie repräsentieren selber schon ein *Dasein.* In der Dialektik der Gegensatzbestimmungen zeigt sich damit auf der *Eigenschaftsebene* bereits ein Vorschein der erst noch zu bildenden synthetischen Struktur; die synthetische Kategorie ist deren Realisierung auf der *semantischen* Ebene. In dieser Realisierung, so hatte sich gezeigt, sind aber die spezifischen *Bedingungen,* unter denen sie sich vollzieht, noch nicht mitexpliziert. In dem betrachteten Beispiel sind beide Kategorien, ‹Sein› und ‹Nichtsein›, *gleichermaßen* als ein Dasein bestimmt, d. h. als ein Sein, das ebenso ein Nichtsein ist. Anderseits sind die beiden Kategorien aber keineswegs *gleich,* sondern *unterscheiden* sich evidentermaßen. Wodurch? Offenbar durch ihre *Bestimmtheit.* Sie sind dergestalt nicht nur gleich, insofern beide ein Dasein sind, sondern auch unterschieden durch ihr je spezifisches Bestimmtsein. Denn ein Sein, das ebenso ein Nichtsein ist, also ein Dasein, kann die Kategorie ‹Sein› eben nur im Hinblick auf die ihr gegenüber anders bestimmte Kategorie ‹Nichtsein› sein. Und ebenso kann die Kategorie ‹Nichtsein› nur dadurch ein Dasein sein, daß ihr Sein zugleich Nichtsein von ‹Sein› ist, also ebenfalls nur im Hinblick auf die ihr gegenüber anders bestimmte Kategorie ‹Sein›. Beide sind gleich, insofern sie ein Dasein sind, aber das ist nur dadurch möglich, daß sie verschieden *bestimmt* sind. Mit Bestimmtsein ist Differenz verbunden, und gerade diese Differenz ist es, vermittels derer die Differenten auch gleich, nämlich Dasein sind. Ihr *Bestimmtsein* regiert also von vornherein die antinomische Beziehung von ‹Sein› und ‹Nichtsein›, die so nicht nur zur Synthesebildung, sondern eben auch zur Explikation der hierfür konstitutiven Präsuppositionen nötigt. Diese sind im Verfahren bereits getätigt und in der Synthesebildung darum immer schon mitenthalten.

Von daher versteht man, warum von der synthetischen Bestimmung ‹Dasein› auf deren Erfüllungsbedingung zurückgefragt werden muß: ‹Dasein› repräsentiert, wie gesagt, nur die unmittelbare *Erfüllung* der Syntheseforderung. Der Synthesebildung liegt aber eine Argumentation voraus, in der wesentlich schon auf das *Bestimmtsein* der Gegensatzbestimmungen ‹Sein› und ‹Nichtsein› selbst rekurriert ist. Dieser Aspekt geht konstitutiv in die synthetische Bestimmung ein, ohne daß er in ihr auch ausgedrückt wäre. Aus diesem Grund kann die kategoriale Entwicklung mit der Angabe des synthetischen Begriffs tatsächlich nicht zuende sein. Sie muß ihre wesentlichen Voraussetzungen ebenfalls noch einholen und kategorial explizieren, in diesem Fall, daß ‹Sein› und ‹Nichtsein› in ihrer dialektischen Beziehung selbst schon als ein *Bestimmtsein* genommen sind, das seinerseits durch *Differenz*, nämlich durch die Differenz von *Sosein* und *Anderssein* charakterisiert ist: ‹Sein› als ein bestimmtes Sosein und ‹Nichtsein› als das dazu komplementäre Anderssein.

Die genauere Analyse der zur Synthesebildung führenden Dialektik von ‹Sein› und ‹Nichtsein› zeigt also, daß schon in der dialektischen Argumentation die *Bedingungen* wirksam sind, unter denen die synthetische Kategorie ‹Dasein› Erfüllung der Syntheseforderung, insbesondere der in dieser enthaltenen Äquivalenzforderung, sein kann. Diese Bedingungen werden in der explikativen Bestimmung ‹Bestimmtsein› und in den sich daraus ausdifferenzierenden Gegensatzbestimmungen ‹Sosein› und ‹Anderssein› nur noch semantisch ausdrücklich gemacht. Im vorhergehenden sind sie daher zu Recht als *Erfüllungsbedingungen* der synthetischen Kategorie charakterisiert worden.

Diese Überlegungen zur Notwendigkeit der explikativen Kategorie – deren Ausdifferenzierung in neue Gegensatzbestimmungen wurde dabei zunächst nur gestreift und wird noch zu diskutieren sein – sind hier zunächst am Exempel des Übergangs von ‹Dasein› zu ‹Bestimmtsein› entwickelt worden. Es bleibt zu klären, ob sie sich auf die andern hier betrachteten dialektischen Zyklen analog übertragen lassen. Die Antwort wird positiv ausfallen, und das heißt, daß die gefundene Struktur zumindest insoweit generalisierbar ist. Im einzelnen:

Im Fall der *2. Synthese* ‹Unterschied› handelt es sich um den Übergang zur explikativen Kategorie ‹Beziehung›. Die zur Synthesebildung führende Argumentation, also die Dialektik von ‹Sosein› und ‹Anderssein› (abgekürzt ‹SO› und ‹AN›), hatte die folgende Form: Die Bestimmung ‹SO› ist *anders* als ‹AN› und besitzt damit die Eigenschaft ‚‹AN›-entsprechend'. Eben dadurch ist sie aber auch als ein bestimmtes Sosein qualifiziert und in diesem Sinn ‹SO›-entsprechend bzw. nicht-‹AN›-entsprechend. Als *nicht* ‹AN›-entsprechend ist sie wiederum als ein Anderssein bestimmt und insofern wieder ‹AN›-entsprechend usf. Wesentlich für diese Argumentation ist also, daß das Sosein von ‹Sosein› ebenso ein Anderssein ist, nämlich in bezug auf ‹Anderssein›. Indem die Kategorien ‹Sosein› und ‹Anderssein› als gegeneinander andere gefaßt werden, sind sie in ihrem Sosein zugleich als Anderssein und damit bereits als *unterschieden* bestimmt. Sie selbst repräsentieren schon ein Unterschiedensein, nämlich *in bezug* aufeinander: Für die zur synthetischen Kategorie ‹Unterschied› führenden Überlegungen ist somit immer schon *‹Beziehung›* präsupponiert und weiter auch deren Ausdifferenzierung in die Gegensatzbestimmungen ‹Füranderessein› und ‹Ansichsein›: Als ‚‹Anderssein›-entsprechend' ist ‹Sosein› ja auf ‹Anderssein› als sein Anderes *bezogen;* im Fall von ‚nicht ‹Anderssein›-entsprechend' ist diese Beziehung auf anderes *negiert* (die sich, aufgrund der hier obwaltenden Dialektik, im Handumdrehen freilich wieder in diese Beziehung verwandelt usw.).

Komplexer sind die Verhältnisse im Fall der *3. Synthese,* die sich aus der Dialektik von ‹Füranderessein› und ‹Ansichsein› (abgekürzt ‹FA› und ‹AS›) ergibt. Der Grund dafür ist schon in der Diskussion dieser dialektischen Struktur zur Sprache gekommen. Betrachten wir zunächst die Argumentation zum Nachweis des antinomischen Verhältnisses: Geht man von der Entsprechungsaussage ‚‹FA› ist ‹AS›-entsprechend' aus, so ist festzustellen, daß die Kategorie ‹FA› hier in einer (Entsprechungs-)Beziehung zu der *anderen* Kategorie ‹AS› steht und so die Eigenschaft des Füranderesseins (‚FA') besitzt, die sie selbst bedeutet. Das ermöglicht nun die Aussage ‚‹FA› ist ‹FA›-entsprechend', in welcher ‹FA› nun *nicht* mehr in Beziehung zu anderem steht, somit nicht die Eigenschaft des Füranderesseins, sondern die des Ansichseins (‚AS') besitzt. Dies führt zu der ersteren Aussage ‚‹FA› ist ‹AS›-entsprechend' zurück usf.

Die Besonderheit dieser Argumentation im Vergleich mit den analogen Überlegungen auf den vorhergehenden Stufen ist in folgendem zu sehen: In den früheren Fällen kam es nur auf das Prädikat, nicht auf das Satzsubjekt der in diesem Zusammenhang formulierten Entsprechungsaussagen an. Z.B. ist eben bezüglich des Prädikats ‚ist ‹Anderssein›-entsprechend' argumentiert worden, daß dadurch ein bestimmtes Sosein qualifiziert ist, sodaß auf ‚ist ‹Sosein›-entsprechend' bzw. ‚ist nicht ‹Anderssein›-entsprechend' geschlossen werden konnte. Aufgrund dieses ‚ist nicht' wurde wieder auf ‚ist ‹Anderssein›-entsprechend' geschlossen usf. Der argumentative Fortgang ergab sich hier allein aus der Positivität bzw. Negativität der Prädikation (‚ist', ‚ist nicht') im Zusammenspiel mit einem negativen Bezugsbegriff (‹Anderssein›). Jetzt hingegen geht es um das Bestehen oder Nichtbestehen einer *Beziehungsstruktur.* Realisiert ist diese Struktur im vorliegenden Zusammenhang speziell in der Form von Aussagen über Entsprechungseigenschaften der Kategorie ‹FA›, die hier das grammatische Subjekt solcher Sätze bildet. Argumentationsrelevant ist dessen *Beziehung* zu der im jeweiligen Entsprechungsprädikat enthaltenen Kategorie, ‹AS› bzw. ‹FA›, mit anderen Worten: Für die dialektische Argumentation wird hier erstmals die Beziehung des Satzsubjekts (‹FA›[118]) zu den im Prädikat auftretenden Bestimmungen (‹FA› bzw. ‹AS›) wesentlich, wobei diese – da es sich insbesondere um Entsprechungsbeziehungen handelt – eben als *Bestimmungen* präsupponiert sind[119].

Das ist neu gegenüber den vorherigen Fällen. Natürlich waren auch die früher betrachteten Kategorien ‚Bestimmungen', doch dies ist bisher nicht *argumentationsrelevant* geworden. In der Dialektik von ‹Füranderessein› und ‹Ansichsein› ist das erstmalig der Fall, ohne daß deren Bestimmungscharakter freilich schon *kategorisiert* wäre. Dessen Kategorisierung bildet so konsequenterweise den nächsten Schritt im Fortgang begrifflicher Entwicklung. Die Dialektik von ‹Füranderessein› und ‹Ansichsein› führt zur Synthese beider und dadurch zur Kategorie ‹Bestimmung›, die für die dialektische Argumentation, wie dargelegt, bereits präsupponiert ist.

Von daher läßt sich auch eine Aussage über die *Erfüllungsbedingung* der Synthese und damit über die explikative Kategorie machen: Sind ‹FA› und ‹AS› als Bestimmungen vorausgesetzt, so ist für diese damit auch *Norm-*

---

[118] Mit der anderen Gegensatzbestimmung ‹AS› als Satzsubjekt wäre die angegebene dialektische Argumentation übrigens nicht möglich. Allerdings würde sich auch nichts ergeben, was im Widerspruch zu ihr wäre, d. h. es gäbe kein *anderes,* sondern *garkein* Resultat.

[119] Vgl. hierzu auch die Ausführungen in Kap. 4.5.

charakter unterstellt, was in den mit ihnen gebildeten Entsprechungsprädikaten unmittelbar zum Ausdruck kommt: ‚Entsprechung' meint hier ja nichts anderes als Normentsprechung. ‹FA› und ‹AS› sind, indem sie in ihrem dialektischen Verhältnis als Bestimmungen vorausgesetzt sind, auch schon als *normativ* unterstellt. Das gilt, wie gesagt, natürlich auch schon für die früher betrachteten Kategorien, aber jetzt wird dieser Umstand erstmalig argumentationsrelevant. Und damit ist in der dialektischen Argumentation bereits vorweggenommen, daß ‹Norm› Erfüllungsbedingung von ‹Bestimmung› ist.

Zu untersuchen bleiben die Verhältnisse im Zusammenhang mit der *4. Synthese.* Die Dialektik von ‹Geltung› und ‹Geltungsentsprechung› (abgekürzt ‹GT› und ‹GE›) führte zu folgender Argumentation: Insofern die Kategorie ‹GT› als Bestimmung unterstellt ist, besitzt sie selbst die Eigenschaft der Geltung, und somit gilt (a) ‹GT› ist ‹GT›-entsprechend. Mit dieser Entsprechungseigenschaft ist ‹GT› nun aber als geltungsentsprechend bestimmt, d.h. ‹GT› ist ‹GE›-entsprechend oder, aufgrund der Entgegensetzung von ‹GT› und ‹GE›, (b) ‹GT› ist nicht ‹GT›-entsprechend. Nun ist ‹GT› im Prädikat dieses Satzes aber (durch seine Funktion als Bezugsbegriff) wiederum als Bestimmung und damit als Geltung unterstellt. Das muß dann auch für ‹GT› in Subjektstellung gelten, sodaß ‹GT› erneut die Eigenschaft des Geltungseins zugesprochen werden muß, (a) ‹GT› ist ‹GT›-entsprechend, und so fort[120]. In (b) geht also das Satzsubjekt der formulierten Entsprechungsaussage (wie schon in der Dialektik der vorhergehenden Gegensatzbestimmungen) wesentlich in die Argumentation mit ein.

Es erhellt, daß in dieser dialektischen Bewegung, die zur synthetischen Kategorie ‹Wechselbestimmung› führt, ‹GT› *selbst schon als wechselbestimmend präsupponiert* ist; in (a) wird das unmittelbar deutlich: Denn das Entsprechungsprädikat ‚ist *‹GT›*-entsprechend' weist einerseits ‹GT› als ein Geltungsein aus, und dies muß dann auch für das Satzsubjekt ‹GT› zutreffen. Zugleich ist durch das Prädikat aber auch eine *Entsprechungs*eigen-

---

[120] Natürlich ist ‹GT› auch im Prädikat von (a) als geltend bestimmt. Aber das führt, im Gegensatz zu (b), wie früher ausgeführt, *nicht* zu einer neuen Entsprechungseigenschaft, sondern bestätigt zunächst nur (a). Eine *neue* Hinsicht ergibt sich nur aus dem in (a) enthaltenen *Entsprechungs*prädikat: Dadurch ist ‹GT› nun als ‚‹GE›-entsprechend' bzw. (b) als ‚nicht-‹GT›-entsprechend' bestimmt.

schaft charakterisiert, sodaß das Satzsubjekt *ebenso* als ein Geltungsentsprechungsein bestimmt ist. Ähnlich in (b): Über das Prädikat ‚nicht ‹*GT*›-entsprechend' ist das Satzsubjekt ‹GT› als ein Geltungsein bestimmt, und anderseits ist ‚*nicht* ‹GT›-entprechend' äquivalent mit ‚‹GE›-entsprechend' und das Satzsubjekt ‹GT› so als ein Geltungsentsprechungsein charakterisiert. ‹GT› selbst ist somit als *bestimmend* (geltend) wie auch als *bestimmt* (geltungsentsprechend) und in diesem Sinn in der Tat schon als *wechselbestimmend* vorausgesetzt.

Analoge Schlüsse können, wie früher dargelegt (Kap. 3.7), auch für die andere Gegensatzbestimmung ‹GE› gezogen werden. Beide sind also als ein Geltungsein bestimmt, das ebenso Geltungsentsprechungsein ist. Sie sind damit in der Tat schon als *wechselbestimmend* vorausgesetzt, d. h. nicht nur als bestimmend, sondern selbst auch als bestimmt durch die involvierten Bestimmungen. Es handelt sich hierbei also nicht um Beziehungsglieder, deren Bestimmtsein schon *unabhängig* von der Beziehung bestünde, sondern in dieser wechselbestimmenden Verbindung von Bestimmen und Bestimmtsein ist auch dasjenige, was die Beziehungsglieder *selbst sind,* in das Beziehungsgefüge *miteingeschlossen,* sodaß prinzipiell *nichts außerhalb* bleibt. Insofern sind sie grundsätzlich schon als Glieder einer *holistischen* Bestimmungsstruktur gedacht, und als Realisierungsbedingung von ‹Wechselbestimmung› ist dergestalt schon ‹Fürsichsein› antizipiert[121].

Man könnte auch hier einwenden, daß Geltungsentsprechungsbeziehungen in *allen* bisher diskutierten Fällen dialektischer Argumentation als zentrale Bestimmungsstücke fungieren, nicht erst in dem zuletzt betrachteten Fall der Kategorien ‹GT› und ‹GE›. Das ist zweifellos zutreffend. Aber darauf wäre, analog zu früheren Überlegungen, zu sagen, daß Geltungsentsprechungsbestimmungen zwar immer schon relevant, aber nicht als solche *thematisch* waren. Unverzichtbar für die Argumentation ist überhaupt die gesamte Logik, aber *verfahrensrelevant* ist an der je spezifischen Stelle der Begriffsentwicklung nur dasjenige, was durch *die* Gegensatzbestimmungen, deren Dialektik jeweils entfaltet wird, selbst präsupponiert ist – hier also durch ‹Geltung› und ‹Geltungsentsprechung›.

---

[121] Für den in der Dialektik von ‹Geltung› und ‹Geltungsentsprechung› sichtbar werdenden Charakter fürsichseiender Abgeschlossenheit des Beziehungsgefüges beider Kategorien spricht auch, daß, wie früher dargelegt wurde (Kap. 3.7), die *gleiche* dialektische Argumentation durchführbar ist, egal ob ‹GT› oder auch ‹GE› als grammatisches Subjekt der Geltungsentsprechungsaussagen gewählt wird.

Die im vorhergehenden formulierte Auffassung bezüglich des Verhältnisses von synthetischer und explikativer Kategorie hat sich somit für alle vier hier betrachteten Synthesen bestätigt. Die *synthetische* Kategorie ist danach die unmittelbare Erfüllung der Syntheseforderung, und die *explikative* Kategorie macht deren Erfüllungsbedingungen sichtbar. Wesentlich ist, daß sich diese Struktur schon in der zur Synthesebildung führenden Dialektik der Gegensatzbestimmungen vorgebildet findet: Indem diese solchermaßen aufeinander bezogen werden, zeigt jede von ihnen faktisch schon die Eigenschaftsstruktur, die dann in der synthetischen und explikativen Kategorie bedeutungsmäßig kanonisiert wird, anders gesagt: Jede der Gegensatzbestimmungen ist auf der Eigenschaftsebene selbst schon ein *Beispiel* der neuen Seinsart, wie sie durch die synthetische Kategorie dann begrifflich gefaßt und durch die explikative Kategorie hinsichtlich ihrer Möglichkeitsbedingungen bestimmt wird.

Dies aber beruht, wie auch deutlich geworden ist, auf der Dialektik der Gegensatzbestimmungen und damit letztlich auf deren *Komplementarität,* die somit als konstitutive Bedingung für die Erfüllung der Syntheseforderung verstanden und daher ebenfalls expliziert werden muß. Aus diesem Grund kann weder bei der synthetischen noch bei der explikativen Bestimmung stehengeblieben werden. Vielmehr muß auch noch die der letzteren latent zugrundeliegende Komplementarität sichtbar gemacht und kategorisiert werden: in Gestalt der *neuen* Gegensatzbestimmungen, in die sich die explikative Bestimmung besondert.

Die hiermit namhaft gemachten Erfüllungsbedingungen der synthetischen Kategorie finden sich also in der vorausgehenden dialektischen Argumentation schon *präformiert.* Der Übergang von der synthetischen zur explikativen Kategorie (und sodann weiter zu neuen Gegensatzbestimmungen) ist solchermaßen als Sichtbarmachung der für den Prozeß der Synthesebildung spezifischen Bedingungen zu verstehen und keineswegs Sache eines beliebigen Einfalls. Natürlich wird das faktische Erkennen (sofern es mehr als ein mechanischer Prozeß ist) stets auf ‚Einfälle' angewiesen sein, die aber verfahrensmäßig und geltungstheoretisch überprüfbar sein müssen. Das ist hier grundsätzlich gegeben. Das Verfahren dialektischer Begriffsentwicklung ist damit, recht verstanden, nichts anderes als das Unternehmen, *seine eigenen Voraussetzungen reflexiv einzuholen und kategorial ausdrücklich zu machen,* und in diesem Sinn ist es durch den Gang der jeweils schon durchlaufenen Entwicklung *vorgezeichnet.*

4.5 Die Gegensatzbestimmungen

Der Grund für das Auftreten begrifflicher *Dihairesen,* also komplementärer Gegensatzbestimmungen, ist im vorhergehenden schon angedeutet worden: Es ist die in der explikativen Kategorie schon latent enthaltene *Differenz,* die nun auch ‚gesetzt', ausdrücklich gemacht werden muß. Diese Differenz erklärt sich, wie wir gesehen haben, daraus, daß die explikative Bestimmung als Erfüllungsbedingung der Syntheseforderung zu verstehen ist, wonach die Gegensatzbestimmungen des vorausliegenden Zyklus als entgegengesetzt und ebenso als äquivalent zu fassen sind. Erfüllbar wird diese Forderung, wie sich weiter gezeigt hat, aber nur durch Anwendung auf neu einzuführende komplementäre Gegensatzbestimmungen. Dieses Verfahren *analoger Applikation,* wie ich es genannt habe, ist am Beispiel der auf ‹Sein› und ‹Nichtsein› (1. Dihairese) bezogenen Syntheseforderung erläutert worden: ‹Sein› und ‹Nichtsein› sind für sich genommen natürlich entgegengesetzte Bestimmungen. Werden sie aber auf ‹Sosein› und ‹Anderssein› (2. Dihairese) appliziert, so ergibt sich für die so entstehenden ‚Sinnkomplexe' Äquivalenz: ‹Sein von Sosein› ist äquivalent ‹Nichtsein von Anderssein›. Denn gerade so sind ‹Sosein› und ‹Anderssein› *definiert:* Aufgrund ihrer Komplementarität *schließen sie einander aus,* und das heißt eben, daß das Sein eines Soseins zugleich Nichtsein des zu ihm komplementären Andersseins ist. Eben dadurch ist die in der Synthese enthaltene Äquivalenzforderung bezüglich ‹Sein› und ‹Nichtsein› semantisch konsistent erfüllbar. In diesem Sinn gehören die Gegensatzbestimmungen der *2. Dihairese* konstitutiv zu den Erfüllungsbedingungen der vorausgehenden Synthese, und als solche sind sie in der zur Synthese führenden dialektischen Argumentation bereits präsupponiert, d.h. ‹Sein› und ‹Nichtsein› sind darin, wie dargelegt, notwendig schon als *bestimmte Entitäten* verstanden, die sich zueinander schon wie Sosein und Anderssein verhalten.

Allgemein: Die zur Synthesebildung führende dialektische Argumentation enthält schon die Präsupposition der explikativen Bestimmung und der zugeordneten dihairetischen Gegensatzbestimmungen und liefert so die *Heuristik* für deren Auffindung. Davon zu unterscheiden ist der *Geltungsaspekt:* Notwendig ist die Einführung der explikativen Bestimmung und der Gegensatzbestimmungen als Explikation der zur Syntheseforderung gehörigen *Erfüllungsbedingungen.* Heuristik und Geltungsaspekt hängen freilich auch in einem wesentlichen Sinn zusammen. Denn nur vermittels der in der Dialektik der Gegensatzbestimmungen getätigten *Präsuppositionen* – die die Heuristik für den nächsten Zyklus anleiten – wird ja die Synthesebildung möglich, und diese nötigt dann zur *Explikation* jener präsupponierten Erfüllungsbedingungen der Synthese in Form der explikativen Bestimmung und der ihr zugeordneten neuen Gegensatzbestimmungen.

Es soll jetzt dargelegt werden, daß dieses Deutungsmodell auch die Verhältnisse bezüglich der anderen hier untersuchten Dihairesen zutreffend beschreibt. Dazu muß jeweils die entsprechende dialektische Argumentation – nochmals – kurz skizziert werden.

Auch die Gegensatzbestimmungen ‹Füranderessein› und ‹Ansichsein› der *3. Dihairese* finden sich in der Dialektik von ‹Sosein› und ‹Anderssein› (abgekürzt: ‹SO›, ‹AS›) der 2. Dihairese offenbar schon vorgebildet. Diese Dialektik hat ja die folgende Form: Da ‹SO› eine gegenüber ‹AN› *andere* Kategorie ist, gilt: (1) ‹SO› ist ‹AS›-entsprechend. ‹SO› ist hier auf eine andere Kategorie bezogen und präsupponiert damit schon *Füranderessein.* Nun ist durch das Prädikat ‚ist ‹AS›-entsprechend' in (1) wiederum ein Sosein charakterisiert, sodaß gilt: (2) ‹SO› ist ‹SO›-entsprechend oder ‹SO› ist nicht ‹AN›-entsprechend: Die eben konstatierte Beziehung von ‹SO› auf die andere Kategorie ist hier negiert und somit schon ein *Ansichsein* präsupponiert – das freilich, wegen der zugrundeliegenden antinomischen Struktur, sogleich wieder in Füranderessein umschlägt usf. Die Gegensatzbestimmungen ‹Füranderessein› und ‹Ansichsein› der 3. Dihairese sind für die Dialektik von ‹Sosein› und ‹Anderssein› der vorhergehenden Dihairese so in der Tat schon präsupponiert.

In ähnlicher Weise sind auch die Gegensatzbestimmungen ‹Geltung› und ‹Geltungsentsprechung› der *4. Dihairese* in der Dialektik von ‹Füranderessein› und ‹Ansichsein› (abgekürzt ‹FA›, ‹AS›) der 3. Dihairese schon präformiert. Dort war argumentiert worden, daß ‹FA› jedenfalls nicht ‹AS› ist und diese Differenz das Füranderessein von ‹FA› bezüglich ‹AS› ausmacht, sodaß gilt: (1) ‹FA› ist ‹FA›-entsprechend. Hier erscheint ‹FA› nun nicht mehr als in Beziehung zu anderem stehend und repräsentiert insofern ein Ansichsein, sodaß gilt: (2) ‹FA› ist ‹AS›-entsprechend. Dadurch ist aber wieder die Beziehung zu der anderen Gegensatzbestimmung ‹AS› und somit ein Füranderessein gegeben, was zu (1) zurückführt, usf. Für den jetzt interessierenden Zusammenhang ist nun wesentlich, daß ‹FA› in (1), aufgrund seiner Funktion als Prädikats*begriff*, jedenfalls als Bestimmung und damit bereits als ein *Geltungsein* präsupponiert ist; und in (2) ist

‹FA› als ‚‹AS›-entsprechend' und somit auch als *geltungsentsprechend* präsupponiert (wie übrigens auch schon in (1)), mit anderen Worten: Auch die Gegensatzbestimmungen der 4. Dihairese sind für die dialektische Argumentation der vorhergehenden Dihairese schon präsupponiert.

Diese Überlegungen betreffen sozusagen die *Herkunft* der Gegensatzbestimmungen aus der Dialektik der jeweils vorhergehenden Dihairese, ihre *Heuristik.* Wie wir gesehen haben, kommt den neuen Gegensatzbestimmungen umgekehrt auch eine *geltungstheoretische Funktion* für die ihnen vorausgehende Synthese zu, nämlich als Explikation der *Erfüllungsbedingungen* derselben. Die synthetische Bestimmung soll ja Gegensatz und Äquivalenz der ihr zugrundeliegenden Gegensatzbestimmungen in sich vereinen. Dies ist, wie sich gezeigt hat, nur unter Bedingungen möglich, die durch die explikative Kategorie und die ihr zugeordneten neuen Gegensatzbestimmungen charakterisiert werden. Darauf ist fallweise schon aufmerksam gemacht worden; im folgenden sollen diese Verhältnisse noch einmal für alle vier Synthesen im Zusammenhang verdeutlicht werden:

Die in der *1. Synthese* enthaltene *Äquivalenzforderung* für ‹Sein› und ‹Nichtsein›, so hatte sich ergeben, ist durch Applikation auf die Gegensatzbestimmungen ‹Sosein› und ‹Anderssein› der nachfolgenden Dihairese erfüllbar, d.h. der ‚Sinnkomplex' ‹Sein von Sosein› ist äquivalent dem Sinnkomplex ‹Nichtsein von Anderssein›. Diese Anwendung komplementärer Bestimmungen auf die entsprechenden komplementären Bestimmungen der nächsten Dihairese ist im vorigen als *analoge Applikation* bezeichnet worden. Die *Gegensatzforderung* für ‹Sein› und ‹Nichtsein› ist demgegenüber durch *‚einfache Applikation'*, wie ich kurz sagen möchte, erfüllbar, d.h. durch Anwendung auf *ein und denselben* Begriff; z.B. ist der Sinnkomplex ‹Sein von Sosein› entgegengesetzt ‹Nichtsein von Sosein›.

Etwas Ähnliches gilt auch für die *2. Synthese.* Auch hier ist die *Gegensatzforderung* durch einfache Applikation erfüllbar: ‹Sosein von Füranderessein› ist entgegengesetzt ‹Anderssein von Füranderessein›. Und die *Äquivalenzforderung* ist wieder durch analoge Applikation erfüllbar: ‹Sosein von Füranderessein› ist äquivalent ‹Anderssein von Ansichsein›; denn das *Anderssein* eines Ansichseins ist Negation der durch ‹Ansichsein› charakterisierten Beziehungslosigkeit, somit Rückkehr zum Füranderessein.

Eine gewisse Komplizierung ergibt sich im Fall der *3. Synthese:* Nach dem Bisherigen sollte man erwarten, daß die Äquivalenzforderung bezüglich ‹Füranderessein› und ‹Ansichsein› durch analoge Applikation auf die neuen Gegensatzbestimmungen erfüllbar ist. Statt zu Äquivalenz, wie in den früheren Fällen, führt dieses Verfahren jetzt aber zu einem *Gegensatz:* Das Füranderessein einer Geltung – die eine Seite analoger Applikation – ist ja die *Geltungsbeziehung* einer Norm; das Ansichsein einer Geltungsentsprechung hingegen – die andere Seite analoger Applikation – ist (als ein Ansichsein) jedenfalls *keine Beziehung.* Analoge Applikation ergibt hier also keine Äquivalenz mehr wie in den beiden vorhergehenden Fällen.

Nun, gottseidank ist das so. Denn die Gegensatzbestimmung ‹Geltung› repräsentiert in diesem besonderen Fall ja bereits die Erfüllung der *Äquivalenzforderung.* Gerade so ist die in ‹Bestimmung› enthaltene Geltungshinsicht definiert: nämlich als Äquivalenz von ‹Füranderessein› und ‹Ansichsein›. Allerdings verlangt nicht nur die Äquivalenzforderung Erfüllung, sondern auch die in der Synthese ebenso enthaltene *Gegensatzforderung.* Die aber, so hat die eben durchgeführte Überlegung schon gezeigt, ist in diesem Fall unter der Bedingung *analoger* Applikation erfüllbar: Deren eine Seite ‹Füranderessein einer Geltung› bezeichnet eine Beziehung (nämlich ‚Geltung'), die andere Seite ‹Ansichsein einer Geltungsentsprechung› hingegen keine Beziehung; letzteres weil durch ‹Ansichsein› gerade der Beziehungscharakter negiert wird.

Im Vergleich mit den früheren Synthesen liegt hier also eine *Inversion* der Erfüllungsbedingungen vor: Waren dort die Gegensatzbestimmungen je für sich Erfüllungsbedingung der in der vorhergehenden Synthese enthaltenen *Gegensatzforderung* – Beispiel: Das Sein von Sosein ist entgegengesetzt dem Nichtsein von Sosein – und die *Äquivalenzforderung* unter der Bedingung analoger Applikation erfüllbar – Beispiel: Das Sein von Sosein ist äquivalent dem Nichtsein von Anderssein –, so ist es in diesem Fall gerade umgekehrt: Die *Gegensatzforderung,* nicht die Äquivalenzforderung, ist jetzt, wie dargelegt, durch analoge Applikation erfüllbar. Die Erklärung dafür ergibt sich aus dem Umstand, daß der Gegensatz von ‹Geltung› und ‹Geltungsentsprechung›, wie später gezeigt wird (Kap. 4.7), nicht mehr eindeutig im Sinn des Gegensatzes von ‚positiv' und ‚negativ' verstanden werden kann.

Die in der *4. Synthese* ‹Wechselbestimmung› schließlich enthaltene Gegensatz- und Äquivalenzforderung bezüglich ‹Geltung› und ‹Geltungsentsprechung› wird durch Applikation auf die neuen Gegensatzbestimmungen ‹Eins› und ‹Vieles› erfüllbar: Durch Wechselbestimmung ist ein durchgängiges *Beziehungsgefüge* von Geltungs- und Geltungsentsprechungsbeziehungen konstituiert. Geltung ist so immer auch mit Geltungsentsprechung verbunden. Beides läßt sich unter dem Aspekt des *Einsseins* eines fürsichseienden Beziehungsgefüges garnicht trennen; mit dem einen ist stets auch das andere gegeben. Unter dem Aspekt des Einsseins ist also die *Äquivalenzforderung* für ‹Geltung› und ‹Geltungsentsprechung› erfüllbar. Unter dem Aspekt der in einem solchen Beziehungsgefüge auch enthaltenen *Vielheit* hingegen sind Geltung und Geltungsentsprechung entgegengesetzt; auf diese Weise ist also die *Gegensatzforderung* für ‹Geltung› und ‹Geltungsentsprechung› erfüllbar.

Auch hier ist somit eine *Abweichung* im Vergleich mit der Form analoger Applikation festzustellen, wie sie im Fall der beiden ersten Synthesen realisiert war. Die Äquivalenzforderung ist hier nicht durch analoge Anwendung auf die beiden nachfolgenden Gegensatzbestimmungen ‹Eins› und ‹Vieles› erfüllbar, sondern allein mit Bezug auf *eine* der beiden, eben ‹Eins›. Aber auch die Gegensatzforderung ist nicht durch analoge Applikation erfüllbar, wie es bezüglich der 3. Synthese der Fall war (die damit eine Inversion gegenüber den früheren beiden Fällen darstellte), sondern allein mit Bezug auf die komplementäre Bestimmung ‹Vieles›. Auch hier sind also die neuen Gegensatzbestimmungen erforderlich als Erfüllungsbedingungen der Syntheseforderung. Aber der Erfüllungsmodus ist weder der analoger Applikation noch deren Inversion (wie im Fall der 3. Synthese), sondern – mit dem vorher[122] eingeführten Begriff – der *einfacher* Applikation, d. h. eine gleichsam *entkoppelte* Form dergestalt, daß die Äquivalenzforderung hier unter dem Aspekt des Einsseins, die Gegensatzforderung unter dem des Vielesseins erfüllbar ist.

Die Gegensatzbestimmungen, so haben diese Überlegungen insgesamt gezeigt, sind also in jedem Fall notwendig aufgrund ihrer *Funktion als Erfüllungsbedingungen* der aus der Synthese stammenden Gegensatz- und Äquivalenzforderung bezüglich der Gegensatzbestimmungen der *vorhergehenden* Dihairese, die hier also *vorausgesetzt* sind[123]. Damit ist der *geltungstheoretische* Aspekt der Einführung neuer Gegensatzbestimmungen charakterisiert. Die *Heuristik* für die Auffindung der neuen Gegensatzbestimmungen hingegen wird, wie schon gesagt, durch die *Dialektik* der vorhergehenden Gegensatzbestimmungen geliefert. Durch die dialektische Argumentation sind die neuen Bestimmungen, so hat sich gezeigt, bereits

---

[122] Im Zusammenhang mit der Gegensatzforderung der 1. Synthese.

[123] Wie der *am Anfang* auftretende Gegensatz von ‹Sein› und ‹Nichtsein› unter diesem Aspekt zu beurteilen ist, wird noch zu diskutieren sein (Kap. 5.2).

präsupponiert, die dann, vermittelt über die explikative Bestimmung, als Erfüllungsbedingungen der Synthesebildung fungieren. Die *Art und Weise* der Ausdifferenzierung einer explikativen Bestimmung in neue Gegensatzbestimmungen soll nun im folgenden näher untersucht werden.

4.6 Die Komplementarität der Gegensatzbestimmungen

Sind die Gegensatzbestimmungen, wie dargelegt, als Erfüllungsbedingungen der Syntheseforderung zu verstehen, so müssen sich aus dieser Funktion auch ihre wesentlichen Eigenschaften und die Struktur der Gegensatzbeziehung erklären lassen. Das soll im folgenden unternommen werden.

Daß stets *zwei* Gegensatzbestimmungen auftreten, scheint – eben aufgrund des Gegensatzcharakters – trivial zu sein. Trotzdem kann man – etwa mit Blick auf Platons Problematisierung des dihairetischen Verfahrens, z.B. im ‚Sophistes' – fragen: Warum differenziert sich die explikative Bestimmung nicht in drei oder mehr Bestimmungen aus, warum gerade in zwei? Im Fall der ersten beiden Synthesen liegt die Antwort auf der Hand: Die aus der Synthese stammende Äquivalenzforderung ist dort durch analoge Applikation erfüllbar, also durch Anwendung der alten Gegensatzbestimmungen auf je zwei ihnen korrespondierende neue Gegensatzbestimmungen: Die Zweiheit der alten führt hier also wiederum zu einer Dichotomisierung. Das gilt analog für die 3. Synthese, bei der zwar nicht mehr die Äquivalenzforderung, aber dafür die Gegensatzforderung unter der Bedingung analoger Applikation erfüllbar ist. Anders stellt sich die Situation im Fall der 4. Synthese dar: Weder die Gegensatzforderung noch die Äquivalenzforderung sind hier durch analoge Applikation erfüllbar; beides ist vielmehr durch ‚einfache' Applikation möglich: Die Äquivalenzforderung ist, wie vorher dargelegt, unter dem Aspekt der einen Gegensatzbestimmung (‹Eins›), die Gegensatzforderung unter dem Aspekt der anderen (‹Vieles›) erfüllbar. Das heißt freilich, daß auch in diesem Fall wiederum zwei Bestimmungen als Erfüllungsbedingungen der Syntheseforderung notwendig sind, und nur die Art und Weise, wie sie deren Erfüllung ermöglichen, ist strukturmäßig verschieden von den vorhergehenden Fällen.

Hinsichtlich der ersten drei Synthesen ist die Einführung dichotomer Bestimmungen offenbar durch die *Zweigliedrigkeit* der synthesebedingten Gegensatz- und Äquivalenzforderung vorgezeichnet: denn diese betreffen den Gegensatz bzw. die Äquivalenz *zweier* Bestimmungen. Die Dichotomisierung erklärt sich in diesen Fällen also aus der Zweiheit der *vorausgehenden* Gegensatzbestimmungen. Im Fall der 4. Synthese ist es dagegen die Zweiheit von Äquivalenz- und Gegensatzforderung selbst, für deren Erfüllbarkeit die neuen Gegensatzbestimmungen ‹Eins› und ‹Vieles› benötigt werden. Bei genauerem Zusehen zeigt sich allerdings, daß auch diese Dualität im Grund auf der Zweiheit der vorausgehenden Gegensatzbestimmungen beruht. Denn nur durch sie ist ja die dialektische Argumentation ermöglicht, die sodann zur Zweiheit von Gegensatz- und Äquivalenzforderung führt. Auch diese Zweiheit hängt also mit der Zweiheit der zu synthetisierenden Gegensatzbestimmungen zusammen, sodaß letztlich auch in diesen Fällen gilt, daß sich die Zweiheit der Gegensatzbestimmungen aus der Zweiheit der jeweils vorausgehenden Gegensatzbestimmungen erklärt.

Dieser Tatbestand verweist erneut auf eine *erste Zweiheit* – die von ‹Sein› und ‹Nichtsein› –, die allen folgenden Dihairesen zugrundeliegt, als solche nicht mehr in der angegebenen Weise zu begründen ist und daher eine eigene Betrachtung erforderlich macht, die an späterer Stelle folgen wird (Kap. 5.2).

Aus der Funktion, Erfüllungsbedingung der Syntheseforderung zu sein, ergibt sich weiter, daß die Gegensatzbestimmungen *ausschließend* sein müssen. Zumindest ist das eine notwendige Voraussetzung für das Verfahren *analoger* Applikation. Am Beispiel der besonders durchsichtigen 1. Synthese wird das unmittelbar deutlich: Das *Sein* von Sosein ist tatsächlich nur dann äquivalent dem *Nichtsein* von Anderssein, wenn Sosein und Anderssein einander ausschließen. In den anderen Fällen, in denen eine der beiden Syntheseforderungen nur unter der Bedingung analoger Applikation erfüllbar ist, gilt das analog. Bezüglich der 4. Synthese gibt es zwar nicht mehr die Form analoger, sondern die ‚einfacher' Applikation als Erfüllungsbedingung der Syntheseforderungen. Aber auch hier ist wesentlich, daß die Gegensatzbestimmungen ‹Eins› und ‹Vieles› ausschließend sind, denn nur so hat man gegensätzliche Applikationsbedingungen, unter denen die entgegengesetzten Syntheseforderungen (der Äquivalenz und der Entgegensetzung) erfüllbar sein können (vgl. Kap. 4.5.).

Als Erfüllungsbedingung der Synthese ist also in jedem Fall gefordert, *zwei einander ausschließende Bestimmungen* einzuführen. Eine solche Forderung ist allerdings noch sehr unbestimmt; z.B. würden auch die Begriffspaare ‹rot›/‹grün›, ‹rot›/‹blau›, ‹grün›/‹blau› diese Forderung erfüllen. *Eindeutig* wird sie erst, wenn zusätzlich gefordert wird, daß es *genau zwei* derartige Bestimmungen gibt. Das ist aber nur möglich, wenn die zwei Bestimmungen nicht nur ausschließend, sondern darüberhinaus auch *komplementär* sind. Wie ist das zu verstehen? Daß sie Komplemente sind, heißt, daß sie einen ‚logischen Raum' charakterisieren, den beide zusammen vollständig ‚ausfüllen'. Ein solches Verhältnis zweier Bestimmungen ist dann gegeben, wenn jede als die *semantische Negation* der anderen definiert ist. Im Sinn des *Komplementaritätsprinzips* sind die Gegensatzbestimmungen in der Tat so eingeführt worden, z.B. ‹Füranderessein› als äquivalent mit ‹nicht-Ansichsein› und umgekehrt ‹Ansichsein› als äquivalent mit ‹nicht-Füranderessein›. Beide Bestimmungen sind so wechselseitig das *Gegenteil* voneinander und dementsprechend als *Gegensatzbestimmungen* bezeichnet worden.

Das Beispiel läßt freilich schon erkennen, daß die hier auftretende Negation keine *totale* Negation, etwa in der Art von ‹rot› und ‹nicht-rot›, sein kann, wobei die letztere Bestimmung das gesamte ‚semantische Universum' mit Ausnahme von ‹rot›, also eine völlig *unbestimmte* Bedeutungstotalität abdeckt. Das kann hier schon deshalb nicht der Fall sein, weil die negierte Bestimmung, in dem genannten Beispiel also ‹nicht-Ansichsein›, einer *bestimmten* Bedeutung, hier ‹Füranderessein›, äquivalent ist, wie auch umgekehrt ‹nicht-Füranderessein› der bestimmten Bedeutung ‹Ansichsein› äquivalent ist. Statt einer totalen Negation ist sie – mit Hegels Terminus – eine *bestimmte Negation,* somit „nicht alle Negation, sondern *die Negation der bestimmten Sache* ... Indem das Resultierende, die Negation, *bestimmte* Negation ist, hat sie einen *Inhalt*", und das heißt, „daß das Negative ebensosehr positiv ist oder daß das sich Widersprechende sich nicht in Null, in das abstrakte Nichts auflöst, sondern wesentlich nur in die Negation seines *besonderen* Inhalts" (5.49[124], vgl. auch 3.57, 74; 6.561).

---

[124] Hegel fährt an dieser Stelle fort: „Sie ist ein neuer Begriff, aber der höhere, reichere Begriff als der vorhergehende; denn sie ist um dessen Negation oder Entgegengesetztes reicher geworden, enthält ihn also, aber auch mehr als ihn, und ist die Einheit seiner und seines Entgegengesetzten" (5.49): Das ist – hier offenbar schon als ‚Negation der Negation' verstanden (vgl. Kap. 4.2) – quasi ‚schon die Synthese'!

Die bestimmte Negation setzt, um nicht total negierend zu sein, eine *Eingrenzung* des semantischen Universums voraus[125], die durch eine *allgemeine Bestimmung* definiert ist. Durch den Begriff ‹Obst› z.B. ist eine Einschränkung auf die verschiedenen Obstarten gegeben; der dadurch definierte ‚semantische Raum' umfaßt also nur noch Äpfel, Birnen, Pflaumen usf., nicht hingegen Tische, Autos, Zahlen etc. Auch im Fall der Gegensatzbestimmungen gibt es offenbar eine solche allgemeine Bestimmung, die eine solche Eingrenzung des semantischen Universums leistet, nämlich die den Gegensatzbestimmungen vorgeschaltete *explikative Bestimmung*. So etwa die Kategorie ‹Beziehung›, die sich sodann in ‹Füranderessein› und ‹Ansichsein› besondert, wobei ‹Ansichsein› im Sinn des vorher Gesagten die *bestimmte Negation* von ‹Füranderessein› ist. Allerdings kann das Beispiel des Begriffs ‹Obst› keine genaue Parallele hierzu sein, da in diesem Fall garkeine explizite *Negation* auftritt.

Ein an das vorliegende Problem strukturell besser angepaßtes Beispiel wäre wohl der Begriff des ‚Möblierungszustands' einer Wohnung: Diese kann ‚möbliert' oder ‚unmöbliert' vermietet werden (oder vielleicht auch ‚teilmöbliert'). Die vorausgesetzte allgemeine Bestimmung ist also ‹Möblierungszustand›, die sich in ‹möbliert› und ‹unmöbliert› besondert. Im Vergleich mit dem Verhältnis von ‹Obst› und ‹Obstarten› zeigt sich hier eine andere Struktur: Zum einen tritt die negierte Bestimmung ‹unmöbliert› auf, die als solche aber keineswegs unbestimmt bleibt, sondern ebenfalls einen wohlbestimmten Möblierungszustand charakterisiert und somit eine ‚bestimmte Negation' darstellt. Zum andern ist festzustellen, daß die positive Bestimmung ‹möbliert› gewissermaßen schon in der beiden zugrundeliegenden allgemeinen Hinsicht ‹Möblierungszustand› ‚mitgegeben' und dabei doch von dieser verschieden ist. Denn die Allgemeinheit von ‹Möblierungszustand› schließt eben beides – ‹möbliert› und ‹unmöbliert› – als Besonderungen dieses Allgemeinen ein.

Grundsätzlich gesehen stellt sich der fragliche Sachverhalt damit wie folgt dar: Durch die allgemeine Hinsicht ‹Möblierungszustand› wird das semantische Universum so eingeschränkt, daß es darin zwei wohlbestimmte Zustände, ‚möbliert' und ‚unmöbliert', gibt, und eventuell einen dritten: ‚teilmöbliert' – dazu gleich mehr. Welche Zustände dies sind, ist hier in der

---

[125] Puntels Charakterisierung der bestimmten Negation als „*Rück*bezug" auf das durch sie negierte Positive stellt insofern eine Unterbestimmung dar (1973, 236).

allgemeinen Hinsicht (im Unterschied zum Begriff ‹Obst›) bereits mitgegeben, d. h. sie enthält schon Information darüber, wie der positive Zustand beschaffen ist: ‚möbliert'; und der andere Zustand ist dessen *bestimmte Negation* ‚unmöbliert', also der zum ersteren *komplementäre* Zustand innerhalb des durch ‹Möblierungszustand› eingegrenzten semantischen Raums, mit anderen Worten: Das Allgemeine differenziert sich hier *aus sich heraus* in seine Besonderungen; diese sind durch das Allgemeine also schon mitbestimmt.

Der Unterschied gegenüber einer abstrakt allgemeinen Bestimmung wie ‹Obst› ist damit deutlich: Aus dieser folgt eben nicht, welche Obstsorten es gibt. ‚Äpfel', ‚Birnen' usw. sind – um auf eine krude, aber geläufige Vorstellung zurückzugreifen – im Vergleich mit ‚Obst', als ihrem Allgemeinen, durch zusätzliche ‚Merkmale' bestimmt, die nicht aus dem ‚Merkmal Obst' herleitbar sind. Die Differenzierung dieses Allgemeinen in sein Besonderes bleibt daher unbestimmt. Im Fall der *bestimmten Negation* hingegen ist die Besonderung des Allgemeinen maximal bestimmt, indem sich dieses in das durch das Allgemeine selbst vorgegebene Positive und dessen negatives Komplement ausdifferenziert.

Nur unter der Bedingung eines solchen *zweigliedrigen Komplementärverhältnisses,* so zeigt sich weiter, ist die Besonderung des Allgemeinen *eindeutig.* Es gibt hier nur den positiven Zustand und dessen Negation. *Nicht* mehr eindeutig ist dieses Verhältnis bei einer drei- oder mehrgliedrigen Alternative: Wenn zwischen ‹möbliert› und ‹unmöbliert› noch ‹teilmöbliert› eingeschoben wird, ist der Sinn dieser neuen Bestimmung nicht klar definiert (handelt es sich nur um die Kücheneinrichtung, ganz oder teilweise, oder auch um andere Einrichtungsgegenstände?).

Es erhellt, daß diese Überlegungen unmittelbar auf das Verhältnis von explikativer Bestimmung und Gegensatzbestimmungen übertragbar sind: Die explikative Bestimmung fungiert dabei als die einschränkende allgemeine Hinsicht, und die Gegensatzbestimmungen sind ihre Besonderungen. Indem diese im Verhältnis bestimmter Negation zueinander stehen, sind sie dichotom-komplementär – im einzelnen: Durch die auf die Synthese ‹Dasein› folgende explikative Bestimmung ‹Bestimmtsein› ist eine allgemeine Hinsicht definiert, deren positiver Sinngehalt durch ‹Sosein› und deren Negation durch die hierzu komplementäre Bestimmung ‹Anderssein› gegeben ist. In der nächsten explikativen Bestimmung ‹Beziehung› sind ‹Füranderessein› (= ‹in Beziehung zu anderem sein›) und ‹Ansichsein› (= ‹nicht in Beziehung zu anderem sein›) als komplementäre Bestimmungen mitgesetzt. Analog ist durch die explikative Bestimmung ‹Norm› immer auch ‹Geltung› und als bestimmte Negation ‹Nichtgeltung›, dies aber unter der leitenden Hinsicht von Normativität, mitgesetzt. ‹Nichtgeltung› in *diesem* Sinn meint aber ‹Geltungsentsprechung›, eben als notwendiges Korrelat zu ‹Geltung›[126]. Die explikative Bestimmung ‹Fürsichsein› schließlich enthält das Sinnmoment ‹Eins› und als dessen bestimmte Negation ‹Vieles›.

Die explikativen Kategorien ‹Bestimmtsein›, ‹Beziehung›, ‹Norm›, ‹Fürsichsein› sind hiernach allgemeine Bestimmungen, die jeweils komplementäre ‚Arten', bezeichnet durch die zugeordneten Gegensatzbestimmungen, umfassen. Wenn also, wie dargelegt, genau zwei einander ausschließende Bestimmungen als Erfüllungsbedingungen der Synthese gefordert sind, so ist diese Aufgabe durch die Einführung dichotom-komplementärer Bestimmungen lösbar, und nur so ist sie *eindeutig* lösbar. Das ist entscheidend. Die einzige Möglichkeit, einen logischen Spielraum mit genau zwei ‚Arten' zu haben, ist durch *komplementäre* Bestimmungen gegeben, die als solche im Verhältnis von *Position* und *bestimmter Negation* zueinander stehen. Vorausgesetzt ist dafür die Ausgrenzung eines Bedeutungsfelds aus der Totalität des semantischen Universums. Erreicht wird dies hier durch die explikative Kategorie als die bestimmende Hinsicht der ihr zugeordneten Gegensatzbestimmungen.

Insofern läßt sich geradezu von einer *Selbstbesonderung* der explikativen Bestimmung sprechen. Das Allgemeine ist hier nicht eine abstrakte Gattung wie z. B. ‚Obst', wo das Besondere gleichsam additiv in Form zusätzlicher ‚Merkmale' zum Allgemeinen hinzutreten muß und diesem daher äußerlich bleibt – weshalb es auch völlig *kontingent* ist, welche und wieviele Obstarten es gibt. Im Fall des sich selbst besondernden Allgemeinen ist diese Kontingenz beseitigt. Dieses Allgemeine – hier die explikative Kategorie – bestimmt das Besondere vollständig aus sich heraus, was, wie gesagt, nur vermittels komplementärer Bestimmungen, und zwar in der Form bestimmter (nicht totaler) Negation möglich ist. Ein solches Allgemeines ist, mit Hegel gesprochen, nicht mehr *abstrakt*, sondern *konkret*. „Das Konkrete ist das Allgemeine, das bestimmt ist, also sein Anderes in sich enthält" (18.98); es ist „dies, in und aus sich selbst das Besondere an und für sich zu bestimmen" (18.370). Von daher ergibt sich ein Zugang zu Hegels Verständnis von *Begriff:* „Der Begriff ist das schlechthin *Konkrete*", und „die Momente des Begriffes [sc. Allgemeinheit, Besonderheit, Einzelheit] kön-

---

[126] Vgl. hierzu auch den letzten Absatz dieses Kapitels.

nen insofern nicht abgesondert werden" (8.313). In diesem Sinn könnte man sagen, daß das Verhältnis von explikativer Bestimmung und Gegensatzbestimmungen schon so etwas wie eine Vorform des Hegelschen ‚Begriffs' darstellt.

Diese Form der Ausdifferenzierung des Allgemeinen in dichotom-komplementäre Bestimmungen in der Weise bestimmter Negation garantiert erst die *Eindeutigkeit* des Verfahrens, Erfüllungsbedingungen der Syntheseforderung anzugeben. Man kann in dieser *Komplementaritätsstruktur* eine Parallele zum Prinzip *dihairetischer Begriffsbestimmung* sehen, wie es im Platonischen ‚Sophistes' ins Auge gefaßt und in einem gewissen Sinn allerdings auch fraglich gemacht wird. Platons Vorbehalte in diesem Zusammenhang ergeben sich aber vor allem daraus, daß die Dichotomisierung *empirischer* Bestimmungen (z.B. des ‚Angelfischers') unvermeidlich Beliebigkeiten und Unbestimmtheiten einschließt und damit Stringenz vermissen läßt. Aber dieser Einwand trifft das hier diskutierte Verfahren nicht. Die Dichotomisierung von Begriffen im Sinn des Komplementaritätsprinzips sichert die Eindeutigkeit des dihairetischen Verfahrens. Denn *komplementäre* Bestimmungen eines semantischen Raums bilden in diesem eine vollständige Alternative – was von *empirischen* Unterscheidungen grundsätzlich nicht behauptet werden kann. Z.B. könnte es, neben der ‚Jagd durch Fallen' und der ‚Jagd durch Verwundung' (‚Sophistes' 220 b), etwa auch ‚Jagd durch Betäubung', ‚Jagd durch Täuschung' u.ä. geben. Das Komplementaritätsprinzip hingegen garantiert per Konstruktion Eindeutigkeit, und man kann dadurch sicher sein, daß es nur die positive Bestimmung und deren bestimmte Negation gibt. Die Methode dialektischer Begriffsentwicklung enthält Elemente des Dihairesisverfahrens, aber in streng geregelter, nicht-empirischer Form, die Beliebigkeit ausschließt[127].

Im Hinblick auf die Notwendigkeit, komplementäre Gegensatzbestimmungen einzuführen, beruft sich Hegel wiederholt auf Spinozas Diktum ‚Omnis determinatio est negatio'[128]. Daß Bestimmen nur durch *Abgrenzung*

---

[127] Ich verstehe dies (zusammen mit dem, was schon zu den anderen Kategorientypen gesagt wurde, auch als eine konstruktive Antwort auf Fuldas (1978a, 56 ff) eher skeptische Beurteilung der Notwendigkeit und Eindeutigkeit des dialektischen Fortgangs.

[128] Z.B. 5.121, 6.195. Die Originalformulierung findet sich in einem Spinoza-Brief (50. Brief vom 2. 6. 1674 an J. Jelles) und lautet genauer „determinatio negatio est" (nach Hösle 1987a, 195, Anm. 74).

möglich und damit stets auch ein Negieren ist, hat in der Tat Plausibilität für sich. Der Sinn von ‹Sosein› ergäbe sich danach erst aus der Abgrenzung gegen ‹Anderssein› und umgekehrt der von ‹Anderssein› erst aus der Abgrenzung gegen ‹Sosein›. Beide Kategorien würden damit allerdings einander *wechselseitig voraussetzen,* und das heißt: Ihre Bedeutungen wären *zirkulär definiert* und damit *semantisch unfundiert,* also letztlich ungreifbar, unbestimmt. ‚Determinatio per negatio', so suggestiv dies zunächst klingt, wirft dergestalt das Fundierungsproblem auf, und es stellt sich die Frage, ob die Bedeutungsentwicklung tatsächlich so denkbar ist. Eine *fundierte* Bestimmung durch Abgrenzung würde demgegenüber erfordern, daß diese auf der Grundlage einer schon gegebenen Bedeutung erfolgt. Allein durch das wechselweise Ausschlußverhältnis zweier Bestimmungen kann kein Bedeutungsgehalt erzeugt werden. ‚Bedeutungsbestimmung durch wechselseitige Abgrenzung' ist offenbar kein effizientes Erklärungsmodell.

Wie die bisherigen Überlegungen indes gezeigt haben, sind die Gegensatzbestimmungen keineswegs nur wechselweise durcheinander bestimmt. In diesem Fall wäre jede *nur* als die Negation der jeweils anderen bestimmt, also negativ in bezug auf diese und für sich selbst positiv. ‚Positiv' und ‚negativ' wären bloß relative Qualifizierungen. Die ‚Wertigkeit' der Gegensatzbestimmungen erschöpft sich aber offenbar nicht in solcher Relativität. Denn es zeigte sich ja, daß die explikative Kategorie in komplementäre Bestimmungen auseinandertritt und daß dies nur in *der* Weise möglich ist, daß die eine den *positiven* Sinn der explikativen Kategorie übernimmt und die andere deren *bestimmte Negation* ist. Das Fundierungsproblem hat sich damit erledigt. Denn der Sinn der positiven Gegensatzbestimmung stammt solchermaßen aus der explikativen Bestimmung und *entsteht nicht erst durch Abgrenzung* gegen ihr Gegenteil, d. h. die positive Bestimmung ist *fundiert.* Fundiert ist damit auch deren bestimmte Negation, d. h. die dazu komplementäre Gegensatzbestimmung.

Als Ergebnis dieser Überlegungen ist festzuhalten, daß das Fundierungsproblem, das sich bei wörtlichem Verständnis des Spinoza-Diktums (‚determinatio negatio est') unvermeidlich einstellen würde, hier nicht auftritt. Es ist eben nicht so, daß der Sinngehalt der Gegensatzbestimmungen sich *allein* aus deren wechselseitiger Abgrenzung ergäbe. Er stammt vielmehr aus der explikativen Bestimmung, die sich in eine positive Bestimmung und deren bestimmte Negation besondert. Die Gegensatzbestimmungen gewinnen ihren Sinn nicht nur aus ihrer Entgegensetzung, sondern beruhen auf dem *schon gegebenen* Sinn der explikativen

Bestimmung, der sich in komplementäre Gegensatzbestimmungen ausdifferenziert[129]. Das in diesem Zusammenhang formulierte *Komplementaritätsprinzip* trägt diesem Tatbestand, scheint mir, besser Rechnung als das Spinoza-Diktum, das eher irreführende Konnotationen erzeugt.

Das Verhältnis von ‹Geltung› und ‹Geltungsentsprechung› bietet diesbezüglich ein besonders instruktives Beispiel: Vom ‚Abgrenzungsmodell' her, wie ich kurz sagen möchte, wäre nämlich – vom Fundierungsproblem ganz abgesehen – unverständlich, wieso ‹Geltungsentsprechung› das Gegenstück zu ‹Geltung› ist. Nachvollziehbar wird das erst auf der Basis der vorausgehenden explikativen Bestimmung ‹Norm›: Normativität schließt einerseits Geltung ein, anderseits aber auch, daß diese stets auch Geltung *für etwas* ist. Das, wofür sie gilt, ist selbst kein Geltungsein und repräsentiert insofern eine ‚Nicht-Geltung'. Unter der leitenden Hinsicht von Normativität ist dies aber nichts Unbestimmtes, sondern eben ‚Geltungsentsprechung' als notwendiges Korrelat von ‚Geltung'. Was nicht geltend ist, muß, im Sinn dieser Dichotomisierung, geltungsentsprechend sein. Unter dem Aspekt von ‚Normativität' gehört beides komplementär zusammen[130]. ‹Geltung› und ‹Geltungsentsprechung› sind dergestalt Gegensätze in der Form von Komplementen, die freilich per se nicht als ‚positiv' oder ‚negativ' qualifiziert sind, sondern nur die nähere Explikation der explikativen

---

[129] Die explikative Bestimmung hat damit offenbar die Funktion dessen, was Wolff in seiner Analyse des Hegelschen Widerspruchsbegriffs „das reflexionslogische Substrat" von Gegensatzbestimmungen nennt (1981, 113 ff; 1986, 118). Er verdeutlicht dies an einem Kantischen Beispiel: Unter der Bedingung, daß ein Gegenstand überhaupt Geruch hat, kann er wohlriechend oder nicht-wohlriechend sein. ‚Geruch haben' ist dabei die bestimmende Hinsicht unter der ‚wohlriechend' und ‚nicht-wohlriechend' Gegensatzbestimmungen sind, die in diesem Fall *konträr* verwendet sind. Ohne diese Einschränkung auf die Geruchssphäre hingegen ist ‚nicht-wohlriechend' einfach das *kontradiktorische* Gegenteil von ‚wohlriechend' (so z.B. wenn eine Primzahl als ‚nicht-wohlriechend' qualifiziert wird). Ob sie das eine oder das andere sind, hängt folglich, so Wolff, von dem reflexionslogischen Substrat ab, auf das sie bezogen werden. K. Hartmann (1973, 227 ff) hat auf den – in traditioneller Redeweise – ‚limitativen' Charakter des dialektischen Gegensatzes aufmerksam gemacht, der das Merkmal des Konträren und des Kontradiktorischen in sich vereine (229 f).

[130] In Platonischer Terminologie könnte man, wie früher schon bemerkt (Kap. 3.7), Geltung als die charakteristische Funktion der ‚Idee' und Geltungsentsprechung als ‚Teilhabe' an der Idee interpretieren.

Bestimmung leisten. Damit stellt sich die Frage, welchen Sinn Attributionen wie ‚positiv' und ‚negativ' in diesem Zusammenhang haben, eine Frage, der im folgenden nachgegangen werden soll.

4.7 Das Positive und das Negative im Verhältnis der Gegensatzbestimmungen

‚Positiv' und ‚negativ' sind im Verhältnis der Gegensatzbestimmungen zunächst einmal *relative* Eigenschaften: Jede der beiden antithetischen Kategorien ist semantisch als Negation der anderen bestimmt; ‹Sein› ist äquivalent mit ‹nicht-Nichtsein› und umgekehrt, analog im Fall der anderen Gegensatzbestimmungen. Nicht relativ ist hingegen der *negative* Sinn von ‚nicht' selbst. Das muß so sein, wenn die Verneinung – auch die relative – überhaupt einen Sinn haben soll.

Dem eindeutig negativen Sinn von ‚nicht' entspricht der eindeutig *positive* Sinn der Kopula ‚ist'. Positiv ist aber offenbar auch die in der dialektischen Argumentation auftretende Prädikatspartikel ‚entsprechend', die ja eine *Gleichartigkeit* dessen, was einander entsprechend ist, bezeichnet und eben nicht Ungleichartigkeit.

Für die *1. Dihairese* ergibt sich damit, daß ‹Sein› und ‹Nichtsein› als Kategorisierungen des ‚ist' und ‚ist nicht' klarerweise positiven bzw. negativen Charakter haben. In der *2. Dihairese* wird davon Gebrauch gemacht, daß ‹Sosein› die Kategorisierung der positiven Prädikation ‚einem Begriff entsprechend sein' und so ebenfalls positiv ist. ‹Anderssein› muß dann – was auch schon in ‚anders' zum Ausdruck kommt – negativ sein.

Daß die Verhältnisse im Fall der *3. Dihairese* sehr viel komplexer sind, ist schon deutlich geworden. In der Struktur der dialektischen Argumentation erscheint hier ein Novum: Die in diesem Zusammenhang formulierten Entsprechungsaussagen enthalten nicht nur im Prädikat eine der beiden Gegensatzbestimmungen ‹Füranderessein› und ‹Ansichsein› (abgekürzt ‹FA› und ‹AS›), sondern wesentlich für die Argumentation ist jetzt auch, daß ‹FA› zugleich auch grammatisches Subjekt ist[131]. Aus ‚‹FA›

[131] Mit ‹AS› in Subjektposition hingegen wäre die dialektische Argumentation, wie man leicht sieht, nicht durchführbar – dazu gleich mehr.

ist ‹FA›-entsprechend‘ läßt sich so nämlich schließen, daß ‹FA› *nicht* zu einem anderen Begriff in Beziehung steht, und durch diese Verneinung der Beziehung zu anderem ist ‹FA› nun als ‚‹AS›-entsprechend‘ bestimmt. Eben dadurch ist ‹FA› nun aber zu einem *anderen* Begriff – ‹AS› – in Beziehung getreten, entspricht damit seiner eigenen Bedeutung und ist so wieder als ‚‹FA›-entsprechend‘ bestimmt usw.

Man erkennt leicht den strukturellen Unterschied gegenüber der dialektischen Argumentation in den früheren Fällen: Die im Prädikat auftretenden Begriffe, ‹FA› oder ‹AS›, sind zwar, wie auch früher schon, Bezugsbegriffe für die formulierten Entsprechungsaussagen, aber sie sind ihrerseits wiederum auf den Begriff ‹FA› in Subjektposition bezogen. Im Vergleich beider zeigt sich, ob es sich dabei um ein Füranderessein (verschiedene Begriffe ‹FA› und ‹AS›) oder um ein Ansichsein (gleiche Begriffe ‹FA› und ‹FA›) handelt. Das heißt nun aber, daß der Subjektbegriff ‹FA› faktisch die Funktion einer fixierten *Bezugsinstanz* hat, denn *ändern* kann sich in diesem Kontext sinnvollerweise nur der Prädikatsbegriff, wobei sich die für die dialektische Argumentation charakteristische Wertumkehr wie folgt ergibt: Enthält die Prädikation den Begriff ‹FA›, der dem in Subjektposition stehenden *gleich* ist, so führt das zu einer Prädikation, die den von ‹FA› *verschiedenen* Begriff ‹AS› enthält. Enthält die Prädikation den Begriff ‹AS›, der von dem in Subjektposition stehenden Begriff ‹FA› *verschieden* ist, so nötigt das, zu einer Prädikation überzugehen, die ‹FA› und damit wieder einen dem Subjekt *gleichen* Begriff enthält. Dasselbe kürzer: Gleichheit des Prädikatsbegriffs mit dem Subjektbegriff führt zu einem davon verschiedenen Prädikatsbegriff; Verschiedenheit des Prädikatsbegriffs mit dem Subjektbegriff führt zu einem damit gleichen Prädikatsbegriff, übersichtlicher:

‹FA› : ‹FA›-entsprechend ⇝ ‹AS›-entsprechend
‹FA› : ‹AS›-entsprechend ⇝ ‹FA›-entsprechend

Eine Bestimmung aber, die mit einem Gleichen ein Verschiedenes ergibt und mit einem Ungleichen ein Gleiches, muß eine *negative* Bestimmung sein, schematisch:

(–) : (–) ⇝ (+)
(–) : (+) ⇝ (–)

Wäre das Satzsubjekt hingegen eine positive Bestimmung, so würde das nach diesen Überlegungen bedeuten: (+) : (+) ⇝ (–), (+) : (–) ⇝ (+), was nicht in Übereinstimmung mit dem üblichen Sinn von Positivität ist, wonach gleichartige Bestimmungen wieder Gleiches und ungleichartige Bestimmungen Ungleiches ergeben: (+) : (+) ⇝ (+), (+) : (–) ⇝ (–).

Daß ‹FA› dergestalt als eine *negative* Bestimmung charakterisiert ist, mag zunächst überraschen, insofern ‹Füranderessein› ja den Sinngehalt *affirmiert,* der mit der hier zugrundeliegenden explikativen Kategorie ‹Beziehung› ‚gesetzt' ist, wohingegen ‹Ansichsein› die *Negation* von Beziehung ausdrückt. Nach den entwickelten Überlegungen kann aber an dem negativen Charakter von ‹FA› kein Zweifel sein, sodaß die früher verwendete Bezeichnung *‚positive* Gegensatzbestimmung' für ‹FA› nicht mehr vorbehaltlos akzeptabel ist. Vielleicht sollte sie durch einen Terminus wie *‚thetische Gegensatzbestimmung'* ersetzt werden, um dem erwähnten Umstand Rechnung zu tragen, daß ‹FA› den mit ‹Beziehung› ‚gesetzten' Sinngehalt übernimmt; und die dazu komplementäre Bestimmung ‹AS›, die die Abwesenheit von Beziehung ausdrückt, könnte dementsprechend die *‚antithetische Gegensatzbestimmung'* genannt werden. Unabhängig von solchen terminologischen Fragen bleibt es aber bemerkenswert, daß die ‚thetisch' genannte Gegensatzbestimmung in diesem Fall negativen Charakter hat. An späterer Stelle (Kap. 5.1) soll diskutiert werden, was aus dieser *Inversion* von ‚positiv' und ‚negativ' im Verhältnis der Gegensatzbestimmungen für die Gestalt möglicher ‚Superstrukturen' dialektischer Kategorienentwicklung folgen könnte.

Daß ‹Füranderessein› eine negative Bestimmung ist, ist im Hinblick auf deren inhaltliche Bedeutung freilich nicht so überraschend; denn diese enthält die negative Hinsicht ‚anderes', die, wie man sich anhand der dialektischen Argumentation bezüglich ‹FA› und ‹AS› überzeugt, für die Negativität von ‹FA› verantwortlich ist. Im übrigen erklärt sich daraus, warum die dialektische Argumentation nur mit ‹FA› in der Position des grammatischen Subjekts (also, wie gesagt, gewissermaßen als *Bezugsinstanz* für den Vergleich mit dem Prädikatsbegriff), nicht hingegen mit ‹AS› möglich ist: Nur eine *negative* Bezugsinstanz hat, wie in Kapitel 2.1 gezeigt wurde, *Wertumkehr* der Entsprechungsbestimmungen zur Folge und damit auch dialektische Relevanz. Und nur durch diese Überlegungen zum Wertumkehrmechanismus ist der negative Charakter von ‹Füranderessein› – unbeschadet des darin enthaltenen ‚anderes' – verbindlich erweisbar.

Im Fall der *4. Dihairese* schließlich sind die Verhältnisse noch erheblich komplexer. Auf die Frage, welche der beiden Gegensatzbestimmungen, ‹Geltung› und ‹Geltungsentsprechung› (abgekürzt ‹GT› und ‹GE›), positiv und welche negativ ist, dürfte die Antwort entschieden schwerfallen – zumal sich gezeigt hat, daß die thetische Gegensatzbestimmung keineswegs immer die positive ist. Was ist an ‹Geltung› und ‹Geltungsentsprechung› überhaupt positiv oder negativ? Eindeutig negative Partikel wie ‚nicht' oder ‚anders', die einen Hinweis geben könnten, sind hier nicht auszumachen. ‚Entsprechung' in ‹Geltungsentsprechung› könnte allenfalls vermuten lassen, daß die antithetische Gegensatzbestimmung auch hier, wie schon im Fall der 3. Dihairese, positiv und ‹Geltung› infolgedessen negativ ist.

Dafür scheint auch die dialektische Argumentation – zunächst mit ‹GT› in Subjektstellung – zu sprechen. Die Schlußweise ist bekannt: Aus ‚‹GT› ist ‹GT›-entsprechend' ergibt sich der Entsprechungscharakter von ‹GT› und damit ‚‹GT› ist ‹GE›-entsprechend', also auch ‚‹GT› ist nicht ‹GT›-entsprechend'. In dieser Prädikation wird nun der Charakter von ‹GT›, eine *Bestimmung* zu sein, die aufgrund ihrer Normativität ein Geltungsein repräsentiert, argumentationsrelevant: Denn so ist das Satzsubjekt ‹GT› selbst als ein Geltungsein bestimmt, was wieder zu ‚‹GT› ist ‹GT›-entsprechend' führt, und so fort, schematisch:

‹GT› :	‹GT›-entsprechend	⇝	‹GE›-entsprechend
			= nicht ‹GT›-entsprechend
‹GT› :	nicht ‹GT›-entsprechend	⇝	‹GT›-entsprechend

Die Verhältnisse sind hier anders als im Fall der 3. Dihairese. Trotzdem – was in den auftretenden Entsprechungsprädikaten jeweils argumentationsrelevant ist (der Geltungs- bzw. Entsprechungscharakter, also der ‹GT›-Charakter bzw. der ‹GE›-Charakter), hängt, wie wir wissen (vgl. Kap. 3.7), entscheidend vom jeweiligen Satzsubjekt (‹GT› bzw. ‹GE›) ab. Von daher werden ähnliche Argumentationen wie im Fall der 3. Dihairese möglich. Man erkennt unschwer die folgenden Zusammenhänge:

‹GT› in der Position des Satzsubjekts führt zusammen mit dem *gleichen* Term ‹GT› in der Prädikatsbestimmung zu einer neuen Prädikatsbestimmung mit dem *entgegengesetzten* Term ‹GE›; und ‹GT› in Subjektposition führt mit dem *negierten* Term ‚nicht-‹GT›' in der Prädikatsbestimmung zu einer neuen Prädikatsbestimmung mit dem *gleichen* Term ‹GT› wie der in

Subjektposition stehende. Damit hat ‹GT› offenbar die Charakteristik einer *negativen* Größe:

(–) : (–) ⤳ (+)
(–) : (+) ⤳ (–)

Ist ‹GT› aber negativ, so ist ‹GE› *positiv,* wie zuvor schon aufgrund der positiven Partikel ‚Entsprechung' in ‹Geltungsentsprechung› vermutet worden war.

Nun hatte sich aber ergeben (Kap. 3.7), daß die dialektische Argumentation hier, anders als im Fall der 3. Dihairese, auch für die antithetische Gegensatzbestimmung *‹GE›* in der Position des grammatischen Subjekts durchführbar ist. Betrachtet man nur die jeweils weiterführenden Hinsichten (also nicht diejenigen, die die Argumentation nicht weiterbringen, sondern nur den status quo bestätigen), so gilt: In ‚‹GE› ist ‹GE›-entsprechend' ist ‹GE› im Prädikat als Bestimmung, und das heißt mit Normgeltung präsupponiert, was sich wegen der Gleichheit mit dem Subjektsbegriff ‹GE› auf diesen überträgt. Damit ist nun ‚‹GE› ist ‹GT›-entsprechend' involviert. Aufgrund dieser Entsprechungsbestimmung folgt wiederum ‚‹GE› ist ‹GE›-entsprechend' usw., schematisch:

‹GE› : ‹GE›-entsprechend ⤳ ‹GT›-entsprechend
‹GE› : ‹GT›-entsprechend ⤳ ‹GE›-entsprechend

Dieses Ergebnis muß überraschen; denn danach ist ‹GE› *keine* positive Bestimmung, wie sich eben ergeben hatte, sondern eine *negative:* ‹GE› in Subjektposition führt zusammen mit der *gleichen* Prädikatsbestimmung ‹GE› zu der *entgegengesetzten* Prädikatsbestimmung ‹GT›, und mit der *entgegengesetzten* Prädikatsbestimmung ‹GT› resultiert die Prädikatsbestimmung ‹GE›, die dem Satzsubjekt *gleichartig* ist. Ist ‹GE› aber, wie es hiernach zu sein scheint, negativ, dann muß ‹GT› jetzt *positiv* sein.

Man hat damit folgendes Resultat: Wird die dialektische Argumentation mit ‹GT› in Subjektposition durchgeführt, so erweist sich ‹GT› als negativ und ‹GE› als positiv. Mit ‹GE› in Subjektposition ergibt sich umgekehrt, daß ‹GE› negativ und ‹GT› positiv ist. *Beide* Gegensatzbestimmungen sind danach *ebenso als positiv wie als negativ* bestimmt – ein merkwürdiges, zunächst nicht deutbares Resultat. Ich werde in Kapitel 5.1 zeigen, daß sich daraus, zusammen mit der früher konstatierten eigentümlichen *Inversion* von ‚positiv' und ‚negativ' im Verhältnis der Gegensatzbestimmungen der 3. Dihairese gewichtige Argumente für die Existenz einer *dialektischen Superstruktur* ergeben.

4.8 Zur Frage der Vierzahl ‚qualitätslogischer' Zyklen

In der hier durchgeführten Rekonstruktion der dialektischen Begriffsentwicklung, die in etwa die ‚Logik der Qualität' in Hegels ‚Wissenschaft der Logik' umfaßt, haben sich insgesamt vier *dialektische Zyklen* ergeben: Vier insofern, als mit der 4. Synthese eine Kategorie – ‹Wechselbestimmung› – auftritt, die so etwas wie eine umfassende, sich selbst tragende, fürsichseiende Einheit bezeichnet, was in der zugeordneten explikativen Bestimmung ‹Fürsichsein› sodann kategorialen Ausdruck gewinnt. Von daher könnte vermutet werden, daß die ‚Qualitätslogik' hier zu einem *Abschluß* kommt und die dialektische Entwicklung mit der folgenden Kategorie ‹Fürsichsein› und der zugeordneten Dihairese ‹Eins›/‹Vieles› in die ‚Quantitätslogik' übergeht (vgl. Kap. 3.8).

Nun ist die *Vierzahl* der bis zu dieser Stufe entwickelten qualitätslogischen Zyklen zunächst einfach ein Tatbestand, und man kann nun fragen, ob sich für eine mögliche Zäsur an dieser Stelle eine *Begründung* angeben läßt. Woher könnte eine solche Begründung genommen werden? Wäre es etwa denkbar, daß der anfängliche Begriff ‹Sein› die folgenden Kategorien schon in irgendeiner Form in sich enthielte, sodaß sie analytisch daraus zu gewinnen wären? Zweifellos nicht. Denn der Begriff des reinen Seins ist nach Voraussetzung völlig bestimmungslos, und die semantische Analyse würde darum nichts in ihm entdecken können[132]. Im übrigen ist das hier praktizierte dialektische Verfahren ja auch wesentlich *synthetisch* (im Sinn der Synthesebildung), sodaß ein rein analytisches Verfahren schon aus diesem Grund nicht zureichend sein könnte.

Dennoch ist der Gedanke analytischer Begründung nicht ganz abwegig: Wiederholt wurde so argumentiert, daß das, was in der dialektischen Begriffsentwicklung semantisch expliziert wird, pragmatisch dafür schon

---

[132] Das ist ja Hegels Argument für die Kategorie ‹Nichts›, das an früherer Stelle allerdings kritisiert worden ist (Kap. 3.4).

präsupponiert sein muß, sofern überhaupt Argumentation möglich sein soll. Das Verfahren ist so zwar keine Analyse explizit gegebener Bedeutungsgehalte, aber es könnte in einem weiter gefaßten Sinn ‚analytisch' genannt werden: eben als Explikation dessen, was für die dialektische Argumentation implizit immer schon in Anspruch genommen ist. Im Rückgang darauf wird dann vielleicht auch eine Antwort auf die hier gestellte Frage bezüglich der *Vierzahl* dialektischer Zyklen möglich.

Wesentlich für die dialektische Argumentation ist nun offenbar die Prädikationsform *‚ist einem Begriff entsprechend'* und deren Negation. In der Tat läuft das Verfahren ja auf den Nachweis hinaus, daß abwechselnd kontradiktorisch entgegengesetzte Entsprechungsbestimmungen auftreten – wobei eine der beiden Gegensatzbestimmungen (in der Prädikatsbestimmung) als *Bezugsbegriff* fungiert, in bezug auf den *Entsprechung* oder *Nichtentsprechung* konstatiert wird. Auf diese Weise wird – das ist früher ausführlich dargelegt worden – eine antinomische Struktur sichtbar derart, daß die Gegensatzbestimmungen nicht nur als entgegengesetzt, sondern auch als äquivalent erscheinen. Dieser antinomische Widerspruch erzwingt die Einführung einer synthetischen Bestimmung, die Gegensatz und Äquivalenz beider gleichermaßen enthält.

Die für die dialektische Argumentation charakteristische Prädikation *‚ist einem Begriff entsprechend'* ist solchermaßen von zentraler Bedeutung. Aus dieser *‚Grundprädikation'*, wie ich sie im folgenden nennen möchte, müßten sich dann aber auch, so ist zu vermuten, Hinweise für die Beurteilung der gestellten Frage bezüglich der Vierzahl dialektischer Strukturen ergeben. Das ist in der Tat der Fall. Es zeigt sich, daß die Grundprädikation verschiedene Hinsichten enthält, die für die verschiedenen Formen dialektischer Argumentation jeweils bestimmend sind:

Fundamentaler Bestandteil der Grundprädikation ‚ist einem Begriff entsprechend' ist die Kopula *‚ist'* bzw. deren Negation *‚ist nicht'*. Fundamental deshalb, weil sie die urteilsbildende Grundfunktion und damit eine unhintergehbare Voraussetzung allen Argumentierens ist. Die Kopula ist hier *prädikativ* gedeutet im Sinn von *‚der Fall sein'* (vgl. Kap. 3.1)[133], und eben dadurch ist charakterisiert, was ‹Sein› im Rahmen der ‚Logik' bedeutet. ‚Sein' korrespondiert also dem ‚ist' und ‹Nichtsein› dem ‚ist nicht' in der Grundprädikation. Nur durch diese Korrespondenz wird die Dialektik der Dihairese ‹Sein›/‹Nichtsein› möglich: *‚Ist* ‹Nichtsein›-entsprechend'

[133] Vgl. auch Fußnote 46.

hat dadurch *Seinscharakter* und induziert so die Prädikation ‚ist ‹Sein›-entsprechend'. Aufgrund des Gegensatzverhältnisses von ‹Sein› und ‹Nichtsein› ist dies dem Prädikat *‚ist nicht* ‹Nichtsein›-entsprechend' äquivalent, das dergestalt wiederum *Nichtseinscharakter* hat und dadurch zu ‚ist ‹Nichtsein›-entsprechend' zurückführt, usw. Die Prädikationselemente ‚ist' und ‚ist nicht' generieren so im Zusammenspiel mit ihren Kategorisierungen ‹Sein› und ‹Nichtsein› die dialektische Struktur der *1. Dihairese.*

Bestimmend für die *2. Dihairese* ‹Sosein›/‹Anderssein› sind nicht mehr nur die Prädikationselemente ‚ist' und ‚ist nicht', wesentlich ist offenbar die vollständige Grundprädikation *‚ist einem Begriff entsprechend'* und deren Negation. Beide drücken aus, daß *etwas Bestimmtes* der Fall ist und charakterisieren damit ein bestimmtes Sosein bzw. ein davon verschiedenes Anderssein. Sie sind dergestalt selbst Fälle von Sosein bzw. Anderssein und erzeugen dadurch im Zusammenspiel mit den Gegensatzbestimmungen ‹Sosein› und ‹Anderssein› deren Dialektik: ‚Ist ‹Anderssein›-entsprechend' ist selbst ein Fall eines bestimmten *Soseins* und führt dadurch zu ‚ist ‹Sosein›-entsprechend'. Dies ist mit ‚ist nicht ‹Anderssein›-entsprechend' äquivalent, repräsentiert damit, aufgrund der Negation, selbst einen Fall von *Anderssein* und führt so zur Prädikation ‚ist ‹Anderssein›-entsprechend' zurück usf. Entscheidend ist auch hier wieder das Korrespondenzverhältnis zwischen der Prädikationsform ‚ist einem Begriff entsprechend' und der Kategorie ‹Sosein› bzw. zwischen der Negation ‚ist einem Begriff nicht entsprechend' und ‹Anderssein›, mit anderen Worten: Zu den Gegensatzbestimmungen ‹Sosein› und ‹Anderssein› gehört eine bestimmte Prädikationsform, die hier nicht mehr nur, wie in der Dialektik der 1. Dihairese ein Prädikationselement (Kopula), sondern die vollständige Grundprädikation ‚ist einem Begriff entsprechend' ist.

Damit scheinen die Erklärungsmöglichkeiten der Grundprädikation freilich ausgeschöpft zu sein. Verstehbar ist auf dieser Basis bisher aber nur die Existenz der beiden ersten dialektischen Dihairesen. Lassen sich für die beiden anderen ebenfalls Argumente angeben?

Hier ist daran zu denken, daß die vollständige Grundprädikation ‚ist einem Begriff entsprechend' als ein Fall von Sosein gedeutet und dementsprechend als *ein* Prädikat genommen wurde. Näher besehen ist dieses aber ein *komplexes* Gebilde, das verschiedene Hinsichten enthält – zunächst: ‚In Entsprechung sein' schließt offenbar ein *Beziehungsmoment* ein. Dieses ist in der Tat für die Dialektik der *3. Dihairese* ‹Füranderessein›/‹Ansichsein› bestimmend – nochmals: ‚Einem (anderen) Begriff entsprechend sein' bzw. ‚nicht einem (anderen) Begriff entsprechend sein' sind Fälle einer Beziehung zu anderem und ihrer Negation und generieren dadurch die Dialektik von ‹Füranderessein› und ‹Ansichsein› (abgekürzt ‹FA› und ‹AS›): Ist der Begriff ‹FA› z.B. ‹AS›-entsprechend, so ist er einem anderen Begriff entsprechend, steht dadurch in Beziehung zu anderem und ist somit als ‚‹FA›-entsprechend' bestimmt. Aber dies ist nun keine Beziehung zu anderem mehr; ‹FA› ist jetzt nur durch sich selbst bestimmt, repräsentiert so einen Fall von Ansichsein und ist dergestalt wieder als ‚‹AS›-entsprechend' bestimmt usw. Wesentlich für diese Dialektik ist also das in ‚Entsprechendsein' enthaltene Beziehungsmoment.

Schließlich ist in der Grundprädikation ‚ist einem Begriff entsprechend' auch noch die Hinsicht des *Begriffseins* enthalten. Der damit verbundene *normative* Charakter – der Begriff des Tisches legt definitorisch fest, was ein Tisch ist – führt zur Dialektik der *4. Dihairese* ‹Geltung›/‹Geltungsentsprechung› (abgekürzt ‹GT› und ‹GE›): Ist ‹GT› z.B. als ‚‹GT›-entsprechend' bestimmt, so ist dies ein Fall von Geltungs*entsprechung*, und ‹GT› ist damit als ‚‹GE›-entsprechend' bzw. als ‚nicht ‹GT›-entsprechend' bestimmt und repräsentiert so keine Geltungsentsprechung mehr. Aber durch seine Verwendungsweise als *Begriff* im Prädikat ist es nun auch in Subjektstellung als Begriff, damit als ein *Geltungsein* und solchermaßen wieder als ‚‹GT›-entsprechend' bestimmt, sodaß wiederum Geltungsentsprechung prädizierbar wird, usf.[134].

Insgesamt hat sich hier folgendes ergeben: In der Grundprädikation der dialektischen Argumentation ‚ist einem Begriff entsprechend' sind *genau vier* Hinsichten enthalten, die für die Dialektik der vier hier entwickelten

[134] Man könnte natürlich argumentieren, daß ‹GT› auch hier im Prädikat als *Begriff* auftritt und dadurch auch in Subjektstellung als Begriff, folglich als ein Geltungsein und so als ‚‹GT›-entsprechend' bestimmt ist – womit man freilich keinen Schritt weitergekommen wäre. *Diese* Hinsicht trägt zur dialektischen Argumentation also nichts bei. Analoges gilt im Fall der anderen Prädikation ‚ist nicht ‹GT›-entsprechend': Wird daraus nicht, wie vorher, auf ein Geltungsein geschlossen, sondern, über die äquivalente Prädikation ‚ist ‹GE›-entsprechend', auf eine Entsprechungseigenschaft, so ist damit nur wieder dasselbe, nämlich ‚‹GE›-entsprechend', impliziert. Diese Fälle führen, wie früher schon bemerkt, also nur wieder zum selben Ergebnis und tragen darum zur dialektischen Argumentation nichts bei.

Dihairesen bestimmend sind. Nur vermittels dieser Prädikationsmomente wird im Zusammenspiel mit den zugeordneten Gegensatzbestimmungen die dialektische Argumentation möglich. Im Fall der 1. Dihairese beruht das darauf, daß das Prädikationselement *,ist'* und dessen Negation ,ist nicht' selber eine Seinshinsicht und eine Nichtseinshinsicht repräsentieren. Für die 2. Dihairese gilt, daß durch die vollständige Grundprädikation *,ist einem Begriff entsprechend'* ein Fall von ‹Sosein› und durch deren Negation ,ist einem Begriff nicht entsprechend' ein Fall von ‹Anderssein› repräsentiert ist. Hinsichtlich der 3. Dihairese ist durch *,Entsprechendsein'* ein Fall von Beziehungsein gegeben: ein Füranderessein bei Entsprechung von thetischer und antithetischer Gegensatzbestimmung und ein Ansichsein bei Selbstentsprechung der thetischen Gegensatzbestimmung. In der 4. Dihairese schließlich wird die in der Grundprädikation enthaltene *Begriffshinsicht* wesentlich; ,ist einem Begriff entsprechend' und die Negation davon begründen hier einen Fall von Geltung und, je nachdem, auch von Geltungsentsprechung.

Die vier in der Grundprädikation enthaltenen Prädikationshinsichten sind also (Hervorhebung durch Kursivierung): (I) ,*ist* einem Begriff entsprechend', (II) *,ist einem Begriff entsprechend'*, (III) ,ist einem Begriff *entsprechend*', (IV) ,ist einem *Begriff* entsprechend', wobei die Hervorhebung des gesamten Prädikats in (II) anzeigt, daß es in diesem Fall *im ganzen* zu nehmen ist. In (III) und (IV) wird dieses komplexe Ganze weiter analysiert. Mit den angegebenen vier Akzentuierungen sind offenbar *alle* in der Grundprädikation enthaltenen Hinsichten zur Geltung gebracht. Andere, die zu weiteren Prädikationen führen könnten, gibt es nicht. Damit ist, denke ich, doch ein überzeugendes Argument für die *Vierzahl* dialektischer Dihairesen in der Sphäre der ,Qualitätslogik' gefunden.

Man kann fragen, ob sich über die Vierzahl hinaus auch Aussagen über die *Reihenfolge* der Dihairesen allein aufgrund der fundamentalen Prädikation ,ist einem Begriff entsprechend' machen lassen. Natürlich ist die Reihenfolge durch die Begriffsentwicklung selbst determiniert, die ihrerseits wesentlich durch die genannten Prädikationshinsichten mitbestimmt ist. Trotzdem sind solche ,Metaüberlegungen', wie sich zeigt, nicht uninteressant:

(I) Daß der Anfang mit der Kopula ,ist', als erstem in der Grundprädikation enthaltenen Prädikationselement, zu machen ist, wurde schon gesagt und mit der für alles Argumentieren fundamentalen Urteilsfunktion der (prädikativen) Kopula begründet. (II) Das vollständige Grundprädikat ‚ist einem Begriff entsprechend' bringt sodann die Hinsicht der *Bestimmtheit* zur Geltung; denn Bestimmtheit ist als Entsprechung mit einem bestimmten Begriff zu fassen. (III) Eine solche Entsprechung hat *Beziehungscharakter,* der seinerseits aber Bestimmtheit *voraussetzt* – Beispiel: Die Beziehung ‚Das Buch liegt auf dem Tisch' setzt die Bestimmtheit von ‚Buch', ‚liegt auf', ‚Tisch' voraus. (IV) In der Grundprädikation geht es insbesondere um die Beziehung zu einem *Begriff.* Die damit verknüpfte *normative* Hinsicht schließt stets Geltung *für etwas* ein und setzt solchermaßen ein Beziehungsmoment *voraus.* Dieses muß also schon expliziert sein, bevor die normative Hinsicht kategorisiert werden kann. Kurzum: Aufgrund solcher Metaüberlegungen gewinnt auch die *Reihenfolge* der vier Dihairesen Plausibilität.

Ein weiteres – früher schon genanntes (Kap. 3.8) – Argument für den *Abschlußcharakter* der vierten Dihairese ‹Geltung›/‹Geltungsentsprechung› ist in dem Umstand zu sehen, daß, vermittelt über die aus ihr hervorgehende Synthese ‹Wechselbestimmung›, schließlich eine Kategorie auftritt, die so etwas wie eine umfassende, sich selbst konstituierende, fürsichseiende Einheit präsupponiert, d.h. ein in sich abgeschlossenes *Fürsichsein.* Damit kommen dann, wie dargelegt, neuartige Kategorien – ‹Eins›, ‹Vieles› – ins Spiel, die schon *quantitativen* Charakter zeigen, d.h. hier beginnt offenbar eine neue Sphäre jenseits der ‚Qualitätslogik'.

Ein mehr formaler Aspekt ergibt sich aus dem Gedanken, daß vier aufeinanderfolgende Kategorien der dialektischen Begriffsentwicklung, wie früher dargelegt, gerade einen Zyklus bilden. Von daher könnte die Vermutung formuliert werden, daß vier solcher Zyklen wiederum eine dialektische Superstruktur bilden, die in Hegels ‚Logik' die ‚Qualitätslogik' umfassen würde. Eine solche Struktur folgt zwar aus den bisherigen Überlegungen, soweit ich sehe, noch nicht, aber es gibt Hinweise, die für eine derartige Vermutung sprechen. Dabei sind vor allem, wie sich zeigen wird, die im vorigen Kapitel (4.7) untersuchten Eigenschaften der Positivität und Negativität im Verhältnis der Gegensatzbestimmungen von Bedeutung. Dieser Frage wird in Kapitel 5.1 weiter nachgegangen. Zuvor sollen einige Überlegungen zu der schon angedeuteten möglichen Fortführung der dialektischen Kategorienentwicklung – jenseits der ‚Qualitätslogik' – formuliert werden.

4.9 Ausblick: Möglicher Fortgang der Kategorienentwicklung im Sinn einer ‚Quantitätslogik'[135]

Wenn im vorhergehenden Kapitel argumentiert worden war, daß in der Grundprädikation ‚ist einem Begriff entsprechend' vier Prädikationshinsichten enthalten sind, die gerade den hier betrachteten vier Dihairesen korrespondieren, so ist nicht recht einsichtig, wie die dialektische Entwicklung dann noch weitergehen und zu neuen Dihairesen führen könnte. Die Möglichkeiten der Grundprädikation sind ausgeschöpft: Ebendies war ja für den *Abschlußcharakter* der entwickelten Argumentation geltend gemacht worden. Kann es so gesehen überhaupt sinnvoll sein, einen *Fortgang* des Verfahrens anzunehmen? – diese Frage muß sich hier aufdrängen.

Nun hatte die Syntheseforderung bezüglich der 4. Dihairese ‹Geltung›/‹Geltungsentsprechung› zu der synthetischen Kategorie ‹Wechselbestimmung› geführt. Die Explikation ihrer Erfüllungsbedingungen nötigte weiter zur Einführung der explikativen Kategorie ‹Fürsichsein›, die ihrerseits in das Gegensatzpaar ‹Eins› und ‹Vieles› dissoziiert. Die Frage ist nun: Was läßt sich über diese Gegensatzbestimmungen aussagen, und zwar unter dem Aspekt der durch sie kategorisierten Bedeutungen ‹Eins› und ‹Vieles› selber?

Zur Beantwortung dieser Frage wird auch hier, im Sinn des Komplementaritätsprinzips, von der strikten Entgegensetzung der Gegensatzbestimmungen ‹Eins› und ‹Vieles› (abgekürzt ‹E›, ‹V›) ausgegangen,

(1) ‹E› = ‹nicht-V›.

‹E› ist so jedenfalls als *eine* Kategorie bestimmt und damit als ‚‹E›-entsprechend',

(2) ‹E› ist ‹E›-entsprechend.

Mit dem ‚ist' ist aber *zugleich* eine *Seinshinsicht* geltend gemacht, sodaß mit (2) auch ‚‹E› ist ‹S›-entsprechend' involviert ist – ein der zweiten Hypothese in Platons ‚Parmenides' nachgebildetes Argument. Betrachtet man

[135] Zur Hegelschen ‚Quantitätslogik' vgl. Fleischhacker 1982.

ferner in (2) das ganze Prädikat ‚ist ‹E›-entsprechend', so ist deutlich, daß damit ferner auch ein Dasein, ein bestimmtes Sein, ein Sosein, ein Anderssein (z.B. im Vergleich mit einem ‹V›-Entsprechend-Sein), ein Unterschiedensein (z.B. ebenfalls bezüglich ‹V›-Entsprechend-Sein), ein Beziehungsein (insofern es sich um eine Entsprechungsbeziehung handelt), ein Füranderessein (z.B. in bezug auf ‹V›) etc. aussagbar ist, was zu Prädikationen ‚ist ‹Dasein›-entsprechend', ‚ist ‹Bestimmtsein›-entsprechend', ‚ist ‹Sosein›-entsprechend' etc. Anlaß gibt, mit anderen Worten: Hier können zumindest alle bisher entwickelten Kategorien ins Spiel gebracht werden, und auf diese Weise wird von ‹E› eine *Vielheit* von Entsprechungseigenschaften prädizierbar. Das wäre zwar auch schon für frühere Gegensatzbestimmungen möglich, aber für deren dialektisches Verhältnis irrelevant gewesen. Daß dies jetzt anders ist, beruht natürlich darauf, daß mit der ‹Eins›/‹Vieles›-Dihairese erstmalig die Hinsichten von Eins und Vielem relevant werden, kurzum: Indem solchermaßen an der Kategorie ‹E› eine *Pluralität* in Erscheinung tritt, kann von dieser nun ‚Vieles' prädiziert werden, d. h. ‹E› ist ‹V›-entsprechend oder, wegen (1),

(3) ‹E› ist nicht ‹E›-entsprechend.

Nun sind die aufgeführten vielerlei Entsprechungseigenschaften aber stets von ein und derselben Kategorie ‹E› ausgesagt, die dergestalt wiederum als *eine* bestimmt ist,

(4) ‹E› ist ‹E›-entsprechend,

und so fort. Im Auftreten alternierender Prädikate ‚‹E›-entsprechend', ‚nicht ‹E›-entsprechend', ‚‹E›-entsprechend' usw. zeigt sich also auch hier eine *antinomische Struktur,* die nach den früheren Überlegungen den Rückschluß auf einen zugrundeliegenden antinomischen Begriff der Form

(5) ‹E› = ‹nicht-‹E›-entsprechend›

zuläßt. Nun ist ‹nicht-‹E›-entsprechend›, wie wir wissen, äquivalent mit ‹nicht-E› und dies, wegen (1), mit ‹V›, sodaß (5) in die Äquivalenz

(6) ‹E› = ‹V›

übergeht. Insgesamt ergibt sich also auch hier aufgrund der antinomischen Struktur ein *semantisch-dialektischer Widerspruch,*

$$(\langle E \rangle = \langle \text{nicht-V} \rangle) \oplus (\langle E \rangle = \langle V \rangle), \tag{7}$$

dessen Glieder untrennbar zusammengehören (hier wieder durch $\oplus$ angedeutet) und dadurch zur *Synthesebildung* nötigen – dies (sowie die Argumentationsunschädlichkeit eines solchen antinomischen Widerspruchs) ist in den Kapiteln 3.2 und 4.2 ausführlich dargelegt worden und braucht jetzt nicht wiederholt zu werden.

Auch hier ergibt sich also eine *dialektische* Argumentation, obwohl die Grundprädikation ‚einem Begriff entsprechend sein', wie schon gesagt, ‚ausgereizt' ist. Wie ist das zu erklären? Wesentlich für die aufgetretene dialektische Struktur ist hier offenbar nicht mehr die Struktur des Prädikats, sondern des *grammatischen Subjekts,* von dem Entsprechungseigenschaften prädiziert werden: Der Umstand, daß eine Kategorie nicht nur Bedeutung, sondern selbst auch eine Pluralität von Eigenschaften besitzt – ich möchte dies kurz als deren *‚plurale Eigenschaftsstruktur'* bezeichnen – war zwar auch für die Dialektik der früheren Dihairesen entscheidend, aber eben noch nicht *thematisch.* In der Tat: Für die dialektische Argumentation der ersten beiden Dihairesen war das grammatische Subjekt der Entsprechungsprädikationen, wie wir gesehen haben (vgl. Kap. 4.7), überhaupt irrelevant; in der Dialektik der 3. Dihairese war lediglich die Identität oder Differenz von Subjekts- und Prädikatsbegriff ausschlaggebend, und in der Dialektik der 4. Dihairese nur der (aus den Entsprechungsprädikationen erschließbare) Geltungs- bzw. Geltungsentsprechungscharakter des Satzsubjekts. In allen diesen Fällen war die Grundprädikation ‚ist einem Begriff entsprechend' konstitutiv für die dialektische Argumentation (vgl. Kap. 4.8). In der Dialektik von ‹Eins› und ‹Vieles› ist das offenbar nicht mehr so; bestimmend für diese Argumentation ist jetzt vielmehr die *plurale Eigenschaftsstruktur* (in dem angegebenen Sinn) einer Kategorie, bezüglich der Entsprechungsaussagen formuliert werden.

Der Fortgang der dialektischen Argumentation über die ‚Qualitätslogik' hinaus wird, so läßt sich sagen, also grundsätzlich dadurch möglich, daß zu einem neuen Bestimmungsgrund möglicher Entsprechungsaussagen übergegangen wird. Dieser Übergang ist keineswegs willkürlich; denn die neuen Kategorien ‹Eins› und ‹Vieles› selber sind es, die einen solchen Übergang fordern. In der dialektischen Kategorienentwicklung wird an diesem Punkt eine Struktur thematisch – eben die an einer Kategorie entwickelbare plurale Eigenschaftsstruktur –, die für die dialektische Argumentation zwar immer schon vorausgesetzt war, aber noch nicht expliziert ist (was auch hier zunächst lediglich unter dem Aspekt der Vielheit geschehen ist).

Diese Überlegungen sollen hier nicht systematisch fortgeführt und zu einer quantitätslogischen Dialektik ausgearbeitet werden. Es kam mir jetzt nur darauf an, die Möglichkeit einer Fortentwicklung der Argumentation in den Bereich der ‚Quantitätslogik' hinein zu verdeutlichen. Interessant ist, daß die dialektische Argumentation weitergeht – obwohl die vorher entwickelten vier Zyklen, wie dargelegt, eine relativ abgeschlossene Einheit (im Sinn der ‚Qualitätslogik') bilden – und in welcher Form dies geschieht. Wesentlich dafür ist, wie sich gezeigt hat, daß die Kategorienentwicklung selbst zu neuen Formen des grammatischen Subjekts von Entsprechungsaussagen und so auch zu neuen dialektischen Verhältnissen führt. Denkbar wäre z. B. auch, daß nicht nur einzelne Gegensatzbestimmungen, sondern auch Kategorienkomplexe – etwa Dihairesen, Synthesen, vielleicht sogar ganze Zyklen o. ä. – in diese Position eintreten. Damit eröffnet sich grundsätzlich ein weites Feld von Möglichkeiten dialektischer Argumentation, die an dieser Stelle noch unabsehbar sind.

Die Frage, wie die Begriffsentwicklung im Bereich der ‚Quantitätslogik' aussehen könnte, soll hier, wie gesagt nicht mehr argumentativ angegangen werden. Zur Anregung der Diskussion möchte ich im folgenden aber einige *Mutmaßungen* zu einem möglichen Fortgang formulieren, die so natürlich keinerlei Verbindlichkeit beanspruchen können. Meine diesbezüglichen Konjekturen sehen so aus:

Die qualitätslogische Kategorienentwicklung endet nach der hier entwickelten Argumentation mit der synthetischen Kategorie ‹Wechselbestimmung›. Die darauffolgende explikative Bestimmung ‹Fürsichsein› wäre dann als die erste quantitätslogische Kategorie zu betrachten, die ihrerseits in die Gegensatzbestimmungen ‹Eins› und ‹Vieles› dissoziiert. Deren Synthese würde sodann zur Bestimmung von etwas führen, das als Eines zugleich auch Vieles ist, also sozusagen Vieles in sich enthält. Würde man diese Vielen vermehren oder vermindern, so änderte sich die Natur des ‚Eins aus Vielen' dadurch nicht, mit anderen Worten: Die aus ‹Eins› und ‹Vieles› gebildete synthetische Kategorie hätte die Bedeutung *‹Größe›*. Denn für die Größe ist wesentlich, daß sie verändert werden kann, ohne dadurch *qualitativ* etwas anderes zu werden. Hegel charakterisiert die

Quantität daher als etwas, das „gleichgültig" gegen seine Bestimmtheit, seine Grenze ist (5.209 ff): Wenn „z.B ein Acker diese seine Grenze verändert, so bleibt er Acker vor wie nach. Wenn hingegen seine qualitative Grenze verändert wird, so ist dies seine Bestimmtheit, wodurch er Acker ist, und er wird Wiese, Wald usf." (5.210). Die *quantitative* Veränderung ist also kein Übergang von einer Bestimmtheit zu einer anderen, sondern betrifft allein das in Einem enthaltene Viele, eben seine Quantität, nicht seine Qualität.

Wenn ‹Größe› die zu ‹Eins› und ‹Vieles› gehörige *synthetische* Kategorie, d.h. die Erfüllung der in diesem Zusammenhang sich ergebenden Syntheseforderung ist, dann nötigt dies nach den früher entwickelten Überlegungen weiter zur Einführung einer *explikativen* Kategorie. Was diese expliziert, sind, so hatte sich gezeigt, Erfüllungsbedingungen des synthetischen Begriffs, die in der unmittelbar vorausgehenden dialektischen Argumentation bereits präsupponiert sind. Wesentlich für die Dialektik von ‹Eins› und ‹Vieles› war aber, daß sich die Kategorie ‹Eins›[136] aufgrund ihrer pluralen Eigenschaftsstruktur als ein komplexes Gebilde darstellte. Dieser Komplexcharakter möge – in Ermangelung eines besseren Begriffs – durch das Kunstwort *‹Komplexion›*[137] expliziert werden. Positiv ist darin die Bestimmung *‹Menge›* enthalten, negativ die Bestimmung ‹nicht-Menge› im Sinn von *‹Element›*.

Diese neue Dihairese könnte nun – was hier ebenfalls konjektural zu verstehen ist – wiederum zu einer dialektischen Struktur und damit zu einer Syntheseforderung führen, die somit die Form ‹Menge, die zugleich Element ist› oder umgekehrt ‹Element, das zugleich Menge ist› hätte. Erfüllt wird diese Forderung offenbar durch den Begriff der *‹Zahl›*, der nach gängiger Auffassung als ‚Menge von Mengen' bestimmt ist[138]. In der Tat ist für eine Zahl charakteristisch, daß sie als Menge Elemente enthält, die ihrerseits Zahlen und damit wieder Mengen sind.

Damit ist auch präsupponiert, daß sich Zahlen eindeutig in einer Reihenfolge anordnen lassen, denn aufgrund des für sie konstitutiven Inklu-

---

[136] Für die antithetische Gegensatzbestimmung ‹Vieles› gilt das natürlich analog.

[137] Hegel verwendet diesen Term in der ‚Phänomenologie des Geistes', und zwar in folgender Bedeutung: ‚Hier' habe Allgemeinheitscharakter, insofern eine solche räumliche Bestimmung wiederum andere Hier einschließe und dergestalt „eine einfache Komplexion vieler Hier" sei (3.90).

[138] Vgl. z.B. Frey 1968, 100.

sionsverhältnisses (der Mengen von Mengen) ist klar, welche Zahl größer und welche kleiner ist. Diese Größer-/Kleiner-als-Beziehung ist eine Ordnungsrelation, durch die eine *Rangordnung* definiert ist. Der Begriff der ‹Zahl› als synthetische Bestimmung nötigte so zugleich, den der *‹Ordnung›* als *explikative Bestimmung* einzuführen, ohne die sich nicht explizieren läßt, was eine Zahl ist. Die Bedeutung ‹Ordnung› findet ihren *positiven* Ausdruck in der geläufigen Bestimmung des *‹Rangs›* oder der *‚intensiven Größe'*, die als solche eine zahlenmäßige Rangordnung definiert – man denke an Schulnoten oder Temperaturgrade. Charakteristisch für die Rangbestimmung oder intensive Größe ist, daß sie eine festliegende Reihenfolge definiert (‚1' markiert den ersten Rang, ‚2' den zweiten usf.). Das bedeutet zugleich, daß die Rangfolge an einen festen Anfang – ‚null' – geknüpft ist, und das hat, wie sich zeigen wird, zur Folge, daß intensive Größen nicht zu einer neuen intensiven Größe zusammengesetzt werden können – drei Schulnoten ‚2' ergeben zusammen nicht die Schulnote ‚6' als Resultat.

Das zugehörige *Negative* wäre dann eine Zahlbestimmung, deren Zählung *nicht* an einen festen Anfang – ‚null' – gebunden ist, sondern eine beliebige Zahl als Anfang haben kann (z.B. ‚3'). Man hätte damit eine Größe, die gleichsam *‚zwischen'* jenen Zahlen liegt, die ihre Grenze darstellen. Dieses ‚Intervall' ist dann keine Ranggröße mehr, sondern so etwas wie ein *‚Quantum'*. *‹Rang›* und *‹Quantum›* wären danach die *Gegensatzbestimmungen,* die zur explikativen Bestimmung ‹Ordnung› gehören.

Der daraus resultierende *synthetische Begriff* wäre sodann die Verbindung von ‹Rang› und ‹Quantum› in der Weise, daß beide nicht nur als gegensätzlich, sondern auch als äquivalent bestimmt wären. Dies wäre also eine Größe, die einerseits einen Nullanfang, anderseits aber auch Intervallcharakter hat. Erfüllt wird diese Forderung bekanntlich durch den Begriff der *‹extensiven Größe›:* Ihre Zahlgröße ist einerseits auf ‚null' bezogen – ‚drei' meint zunächst einfach ‚drei mehr als null' –, zum andern läßt sich der Anfang wegen des darin ebenfalls enthaltenen ‚Quantumcharakters' aber auch umdefinieren, z.B. in ‚drei mehr als zwei'.

Erfüllungsbedingung der Syntheseforderung, die zur Bestimmung der ‹extensiven Größe› führt, ist somit die Möglichkeit, zwei Zahlen durch Addition oder Subtraktion zu einer neuen zu *verbinden.* Zu der Zahl 2 die Zahl 3 addieren, heißt ja (s. Schema): Man zählt erst von ‚0' bis ‚2' und beginnt dann mit der zweiten Zahl, aber nicht wieder bei ‚0', sondern bei ‚2', sodaß die zweite Zahl, also ‚3', auf diese Weise mit ‚5' endet:

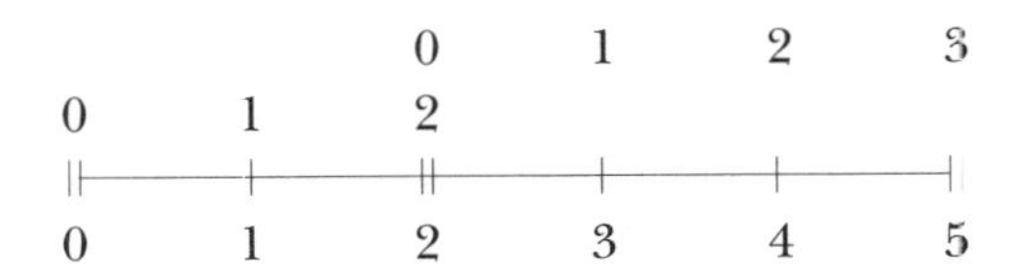

Die Umdeutung des Anfangs ist hier nur für die zweite Zahl notwendig; die erste könnte insofern noch eine intensive Größe sein. Doch das wäre keine wirkliche Addition, die ja, als eine Zusammensetzung, symmetrisch sein muß.

Erfüllungsbedingung des Begriffs ‹extensive Größe› ist so offenbar die Möglichkeit, eine Addition oder Subtraktion – und damit grundsätzlich auch eine Multiplikation oder Division und weiter auch Potenzierung – durchzuführen. Die zur synthetischen Kategorie der ‹extensiven Größe› gehörende *explikative Bestimmung* wäre sonach die Kategorie *‹Zahloperation›*.

Nun liegt aber im Begriff ‹Zahloperation› aufgrund seiner Allgemeinheit, daß die zu verbindenden Zahlen *frei wählbar* sind. Die Zahloperation ist damit grundsätzlich eine *variable Größen* enthaltende Operation, deren *Resultat* von solchen frei wählbaren variablen Größen *funktional abhängig* ist. Der affirmative Sinngehalt der Kategorie ‹Zahloperation› fände seinen Ausdruck dementsprechend im Begriff der *‹Funktion›*. Die antithetische Gegensatzbestimmung ‹nicht-Funktion› wäre dann die Bestimmung des *‹(Funktions-)Arguments›*, also der ‚unabhängigen' Variablen einer Funktion. Und wenn man annimmt, daß sich aus dieser Dihairese von ‹Funktion› und ‹Argument› wiederum eine dialektische Struktur mit Synthesebildung ergibt, so hätte man eine neue *synthetische Bestimmung* ‹Funktion, die zugleich Argument ist und umgekehrt›. Man sieht leicht, daß dieser Begriff *‹funktionaler Wechselbestimmung›* zu einer Funktion führt, die sich selbst als Argument enthält. Ist nämlich $y = f(x)$ eine Funktion mit x als Argument und ist ferner, entsprechend der Syntheseforderung – y soll nicht nur Funktion, sondern auch Argument und x nicht nur Argument, sondern zugleich Funktion sein –, $x = g(y)$ eine Funktion mit y als Argument[139], so hat man insgesamt $y = f(x) = f(g(y)) = h(y)$, d. h. y ist hier eine Funktion von y und somit eine durch sich selbst bestimmte, *reflexive* Funktion. Das ist nach wie vor eine quantitative Bestimmung, aber diese kann nun nicht

---

[139] Dabei ist angenommen, daß $x = g(y)$ nicht der triviale Fall der Umkehrfunktion $x = f^{-1}(y)$ ist, der mit $y = f(x)$ nur die Identität $y = y$ repräsentiert.

mehr beliebig vermehrt oder vermindert werden[140], wie das für die *Größe* wesentlich ist. Deren „Gleichgültigkeit gegen die Bestimmtheit" (Hegel 5.387), d.h. gegen die Qualität, ist hier somit aufgehoben. Die reflexiv durch sich selbst bestimmte Größe hat solchermaßen wieder ein „*qualitatives* Moment" und könnte insofern mit Hegels Kategorie des ‹*Maßes*› in Verbindung gebracht werden: „Das Maß ist die einfache Beziehung des Quantums auf sich, seine eigene Bestimmtheit an sich selbst; so ist das Quantum qualitativ" (5.394). „Im Maße sind, abstrakt ausgedrückt, Qualität und Quantität vereinigt" (5.387). Das Maß gehört in diesem Sinn „zur Natur von etwas selbst", d.h. „Etwas ist gegen diese Größe nicht gleichgültig, so daß, wenn sie geändert würde, es bliebe, was es ist, sondern die Änderung derselben änderte seine Qualität" (5.395). Durch das einer Sache inhärierende Maß ist sozusagen ein *Schwellenwert* definiert, bei dessen quantitativer Überschreitung ein ‚*qualitativer Sprung*' stattfindet: Zur Natur eines Stabs gehört z.B., daß er eine bestimmte *quantitative* Belastung aushält; darüberhinaus zerbricht er und verändert damit seine Qualität.

Diese Deutung des *Maßes* als einer *reflexiven, durch sich selbst bestimmten Größe,* als „einfache Beziehung des Quantums auf sich" (5.394), würde bedeuten, daß hier, nach Durchlaufen von insgesamt vier Zyklen der Quantitätsbestimmung, ebenfalls eine Form des *Fürsichseins* auftritt wie schon am Ende der ‚Qualitätslogik'. Beides – die Vierheit der Zyklen und die Form des Fürsichseins – spräche dafür, daß damit ein neuer *Abschluß* erreicht ist, eben der quantitätslogischer Kategorienentwicklung. Dies wäre zugleich als Anfang einer neuen Zyklenfolge im Rahmen einer ‚*Logik des Maßes*' zu verstehen.

Es sei nochmals betont, daß es sich bei diesen Überlegungen um *Konjekturen* handelt. Überprüft werden können diese nur in der Weise, daß die hier nicht realisierte dialektische Argumentation in extenso durchzuführen versucht wird. Nur so wäre auch zu klären, inwieweit etwa Hegels Argumention übernommen werden könnte oder modifiziert werden müßte. Die angenommene quantitätslogische Zyklenfolge soll abschließend der hier entwickelten qualitätslogischen Zyklenfolge gegenübergestellt und mit dieser verglichen werden – wobei, damit ein Resultat des folgenden Kapitels (5.1) vorwegnehmend, für die Zyklenstruktur ange-

---

[140] Ein Beispiel: $y = ax$, $x = y^2$. Einsetzen ergibt $y = ay^2$ oder $y(ay-1) = 0$. Daraus kann y bestimmt werden; eine Lösung ist 0, die andere $y = 1/a$; die zugeordneten x-Werte sind 0 und $1/a^2$. In graphischer Darstellung sind dies die Koordinaten der Schnittpunkte der beiden Kurven $y = ax$ und $x = y^2$.

nommen ist, daß ein Zyklus jeweils mit der explikativen Bestimmung beginnt und mit der synthetischen endet (was für den Anfang des I. qualitätslogischen Zyklus ein Fragezeichen ergibt: ein ‚Vor-Sein'?[141]):

Qualitätslogik	*Zyklus*	*Quantitätslogik*
?		Fürsichsein
Sein/Nichtsein	I	Eins/Vieles
Dasein		Größe
Bestimmtsein		Komplexion
Sosein/Anderssein	II	Menge/Element
Unterschied		Zahl
Beziehung		Ordnung
Füranderessein/Ansichsein	III	Rang/Quantum
Bestimmung		Extensive Größe
Norm		Zahloperation
Geltung/Geltungsentsprechung	IV	Funktion/Argument
Wechselbestimmung		Funktionale Wechselbestimmung

Im Vergleich beider Sequenzen werden gewisse *Parallelitäten* sichtbar, die noch kurz angedeutet werden sollen: Was die anfänglichen Gegensatzbestimmungen ‹Sein›/‹Nichtsein› und ‹Eins›/‹Vieles› betrifft, würde man zunächst kaum von einer Entsprechung reden wollen – sofern man nicht dem Eleatismus anhängt, für den ‚Sein' und ‚Eins' einerseits und ‚Nichtsein' und ‚Vieles' bekanntlich zusammengehören. Die in dieser Auffassung enthaltene Dialektik ist von Platon im ‚Parmenides' entfaltet und damit, kann man sagen, doch eine sachliche Affinität beider Gegensatzpaare sichtbar gemacht worden. Daß ferner die synthetische Kategorie ‹Dasein› im Sinn bestimmten Seins in gewisser Weise der synthetischen Kategorie ‹Größe› als Bezeichnung einer bestimmten Quantität korrespondiert, würde man vielleicht sogar einleuchtend nennen und vielleicht auch, daß die explikative Kategorie ‹Bestimmtsein› ein Analogon im Begriff der ‹Komplexion› hat, der ja eine wohlbestimmte Einheit meint. Weniger plausibel erscheint, daß dem qualitätslogischen Gegensatzpaar ‹Sosein›/‹Anderssein› im Rahmen der ‚Quantitätslogik' ‹Menge›/‹Ele-

[141] Vgl. die Überlegungen in Kap. 5.2.

ment› entsprechen soll. Eine gewisse Korrespondenz zeigen hingegen die synthetischen Kategorien ‹Unterschied› und ‹Zahl› und weiter auch die zugeordneten explikativen Bestimmungen ‹Beziehung› und ‹Ordnung›; vielleicht auch die nachfolgenden Gegensatzpaare ‹Füranderessein›/‹Ansichsein› und ‹Rang›/‹Quantum› – der Rang ergibt sich aus der Beziehung von Zahlen auf einen festen Anfang ‚null' (‚Füranderessein'), während das Quantum von einer solchen Beziehung unabhängig ist (‚Ansichsein'). Und weiter: ‹Bestimmung› ist auf qualitätslogischer Ebene die Synthese von ‹Füranderessein› und ‹Ansichsein›, und im Begriff der ‹extensiven Größe› sind die quantitätslogischen Kategorien ‹Rang› und ‹Quantum› synthetisch verbunden. Eine Parallele hinsichtlich der Bedeutungen läßt sich hier, wenn überhaupt, sicher nur sehr künstlich konstruieren. Demgegenüber hat die qualitätslogische Kategorie ‹Norm› durchaus Affinität zu der ihr korrespondierenden quantitätslogischen Kategorie ‹Zahloperation›, die im Sinn einer ‚Rechenvorschrift' gleichfalls normativen Charakter hat. Eben diese normative Seite ist damit auch für den Begriff der ‹Funktion› wesentlich, der so in der Tat eine Entsprechung mit der qualitätslogischen Kategorie ‹Geltung› aufweist. Dem qualitätslogischen Gegenbegriff ‹Geltungsentsprechung› könnte quantitätslogisch in einleuchtender Weise der zu ‹Funktion› gehörige Komplementbegriff ‹Argument› korrespondieren, denn charakteristisch ist, daß das Argument einer Funktion die durch sie definierte Rechenvorschrift erfüllt und ihr insofern ‚entspricht'. Der Kategorie ‹Wechselbestimmung› würde ‹funktionale Wechselbestimmung› entsprechen, und daß schließlich die Kategorie des ‹Fürsichseins› eine Parallele in der des ‹Maßes› hat, wurde schon erwähnt.

Alle diese Überlegungen sind – das sei nochmals betont – *rein konjektural.*

5. Globale Perspektiven

5.1 Zur Frage dialektischer Superstrukturen

Was die dialektische Begriffsentwicklung bisher ergeben hat, ist zum einen eine wohlbestimmte *Abfolge* von Kategorien, zum andern eine *Zyklusstruktur,* d.h. eine periodische Struktur, die sich nach jeweils vier Kategorien wiederholt. Die konkrete Zyklusstruktur ist noch ungeklärt; es ist z.B. eine offene Frage, ob es in der Kategorienfolge klare *Zäsuren* gibt, sodaß sinnvoll vom ‚Anfang' und ‚Ende' eines Zyklus gesprochen werden kann. Darüberhinaus muß sich die Frage stellen, ob diese Zyklen einfach nur in linearer Reihung aufeinanderfolgen oder ob sie ihrerseits eine übergeordnete Struktur bilden, also eine *Superstruktur von Zyklen* über der Zyklenstruktur der Kategorien selbst.

Ein erster Hinweis auf die Existenz einer solchen Superstruktur ergibt sich, wie vorher schon erwähnt (Kap. 4.8), aus der *Vierzahl* der Kategorien, die der Vierzahl der hier entwickelten Zyklen möglicherweise korrespondiert. Träfe dies zu, so wäre zu vermuten, daß die Zyklen *unterschiedlichen Charakter* haben: entsprechend dem unterschiedlichen Typ von Kategorien innerhalb eines Zyklus (thetische und antithetische Gegensatzbestimmung, synthetische Bestimmung, explikative Bestimmung). Für die verschiedenen Zyklen in einer Superstruktur würde das bedeuten, daß zwei derselben Gegensatzcharakter und die beiden anderen jeweils synthetischen bzw. explikativen Charakter haben – was immer das konkret heißen könnte.

Gäbe es eine solche Superstruktur für die vier Zyklen, so könnte diese ihrerseits wiederum Teil einer nochmals übergeordneten Superstruktur sein, und vielleicht ginge die Bildung immer größerer Komplexe noch weiter, bis zur Globalgliederung der ‚Logik' im ganzen. Daß Hegel selbst dieser Auffassung ist, läßt schon das Inhaltsverzeichnis der ‚Wissenschaft der Logik' erkennen. Hösle (1987a) hat in diesem Zusammenhang Hegels wesentlich *triadische* ‚Logik'-Struktur kritisiert und mit guten Gründen *tetradisch modifiziert* (vgl. Kap. 3.8), die so auch der hier gefundenen Vierzahl der Kategorien besser entsprechen würde. Den damit verbundenen, sehr komplexen Fragen kann im vorliegenden Kontext allerdings nicht weiter nachgegangen werden.

Was sich ergeben hat, sind zunächst vier Kategorienzyklen; nur davon kann hier ausgegangen werden. Die Frage, ob die Zyklen ihrerseits möglicherweise einen ,Superzyklus' bilden, kann auf dieser Erkenntnisgrundlage weithin nur hypothetisch diskutiert werden. Für die Existenz eines Superzyklus lassen sich aber, scheint es, durchaus Argumente geltend machen. Von Interesse ist ferner, daß, wie sich gleich zeigen wird, von einer solchen Superstruktur her umgekehrt auf die Mikrostruktur des einzelnen Zyklus zurückgeschlossen werden kann.

Zur Erörterung des Problems sollen die Zyklen, wie vorher schon, durch römische Ziffern bezeichnet werden. Die einfache *lineare* Zyklenfolge, die als solche noch keine Superstruktur im eigentlichen Wortsinn darstellt, wäre so durch I – II – III – IV repräsentiert. Eine erste Frage wäre nun, welche Möglichkeiten einer *nicht-linearen Makrostruktur* der vier Zyklen denkbar sind, wenn dafür die *Mikrostruktur* eines Zyklus selbst zugrundegelegt wird – was hier die einzig naheliegende Hypothese darstellt. Grundsätzlich wäre dabei auch eine *zyklisch geschlossene* Anordnung der gegebenen vier Zyklen denkbar, was allerdings eine *Abschließung* der Kategoriensequenz bedeuten würde, d.h. es wäre dann nicht einsehbar, daß und warum es über die entwickelten Kategorien hinaus auch noch andere (z.B. Quantitätskategorien) geben sollte – was im Hinblick darauf, daß für logisches Argumentieren zweifellos viel mehr Kategorien präsupponiert sind als bisher entwickelt, anderseits als sicher gelten muß. Allerdings: Für die ,Logik' im ganzen entfällt dieses Argument, sodaß der Gedanke einer *in sich geschlossenen Struktur* in diesem Fall einiges für sich hat – ganz abgesehen von den in den Kapiteln 1.1 und 6.3 durchgeführten Überlegungen zum Absolutheitscharakter des Logischen, die gleichfalls für eine geschlossene Struktur sprechen (vgl. Kap. 4.).

Soll die Makrostruktur der Mikrostruktur eines Zyklus nachgebildet werden, was hier, wie gesagt, nur *hypothetisch* angesetzt werden kann, so müßte die Mikrostruktur dafür schon bekannt sein. Insbesondere müßte klar sein, mit welcher Kategorie ein Zyklus jeweils beginnt: mit der thetischen oder der antithetischen Gegensatzbestimmung, mit der synthetischen oder mit der explikativen Bestimmung? Eben darüber hat sich bislang kein sicheres Wissen ergeben. Das war auch nicht wichtig, da die Zyklen nicht scharf gegeneinander abgegrenzt werden mußten. Die *Reihenfolge* der Zyklen liegt ja unabhängig davon aus sachlichen Gründen fest. Im Sinn der hier gemachten Annahme, daß die Makrostruktur der Mikrostruktur eines Zyklus entspricht, bleibt also nichts anderes übrig, als die verschiedenen denkbaren Möglichkeiten durchzugehen und zu prüfen.

Je nachdem, mit welcher Kategorie der Zyklus beginnt, ergeben sich grundsätzlich *drei Topiken,* in schematischer Darstellung (wobei die römischen Ziffern für die einzelnen Zyklen stehen und deren Anordnung jeweils einem hypothetischen Zyklusschema entspricht):

I / II
Topik A: III
IV

Hierbei ist also angenommen, daß ein Zyklus mit den Gegensatzbestimmungen beginnt und mit der explikativen Bestimmung endet. Beginnt er dagegen mit der explikativen Bestimmung, so muß er mit der synthetischen enden; für die Makroebene bedeutet das:

I
Topik B: II / III
IV

Beginnt ein Zyklus schließlich mit der synthetischen Kategorie, so endet er mit den Gegensatzbestimmungen, und auf der Makroebene hat man damit die Zyklenanordnung:

I
Topik C: II
III / IV

Rein formal gibt es noch die Möglichkeit, daß die Zyklusgrenze gleichsam *zwischen* den Gegensatzbestimmungen verläuft:

/ I
II
Topik D: III
IV /

In diesem Fall würde der Zyklus mit der antithetischen Gegensatzbestimmung beginnen und nach der synthetischen und explikativen Bestimmung mit der thetischen Gegensatzbestimmung enden. Die beiden hier auftretenden Gegensatzbestimmungen am Anfang und am Ende würden also *verschiedenen Dihairesen* angehören. Anderseits ist klar, daß die Gegensatzbestimmungen aufgrund ihrer Komplementarität wesensmäßig *zusammengehören.* Die Annahme, daß zwischen beiden die Zyklusgrenze verläuft, ergibt somit wenig Sinn. Die hier der Vollständigkeit halber mitaufgeführte Topik D erweist sich als kontraintuitiv und wird daher im folgenden nicht in Betracht gezogen. Die anderen Möglichkeiten sollen näher untersucht und diskutiert werden:

Topik A ergibt sich aus der Annahme, daß ein dialektischer Zyklus mit den Gegensatzbestimmungen beginnt; dies würde zu folgender Anordnung der Kategorien führen (auf die Anführung der Kategorien durch spitze Klammern wird hier verzichtet):

Topik A

(I / II)	Sein / Nichtsein Dasein Bestimmtsein	Sosein / Anderssein Unterschied Beziehung
(III)	Füranderessein / Ansichsein Bestimmung Norm	
(IV)	Geltung / Geltungsentsprechung Wechselbestimmung Fürsichsein	

Zyklus III erscheint hier als ‚Synthese' von I und II. Heißt dies möglicherweise, daß die thetische Gegensatzbestimmung ‹Füranderessein› in III als Synthese von ‹Bestimmtsein› und ‹Beziehung› zu deuten wäre? Oder kann der synthetische Charakter nur dem Zyklus III *insgesamt* oder vielleicht auch der darin am *weitesten entwickelten* Kategorie ‹Norm›, gleichsam als dessen Repräsentant, zugesprochen werden, und was könnte das heißen? – Fragen, auf die es vorderhand keine Antwort gibt. Ferner sind I und II hier gleichsam als *‚Gegensatzzyklen'* charakterisiert: Ob und was das für Konsequenzen möglicherweise hätte, ist ebenfalls nicht klar. Innerhalb eines Zyklus, so hat sich gezeigt, haben die Gegensatzbestimmungen die Funktion von Erfüllungsbedingungen der vorausgehenden Synthese. Sollte sich auf der Makroebene eine ähnliche Funktion für die Gegensatzzyklen ergeben, dann offenbar nur in einem übertragenen Sinn, da die Kategorien selbst schon *vollständig bestimmt* sind. Im übrigen setzen Erfüllungsbedingungen eine Synthese und eine ihr zugrundeliegende dialektisch-antinomische Struktur voraus: Ist etwas Derartiges auch auf der Makroebene denkbar?

‚Sinnfragen‘ dieser Art sind nicht spezifisch für die Topik A, sondern ergeben sich analog für die anderen Schemata. Topik A entspricht übrigens der Kategorienanordnung, wie sie dem hier realisierten Vorgehen faktisch zugrundeliegt – womit für die Zyklenstruktur freilich nichts präjudiziert ist: Sie beginnt mit den Gegensatzbestimmungen und endet jeweils mit der explikativen Bestimmung, die so als das eigentliche Resultat der Entwicklung eines Zyklus erscheint. Eher unplausibel erscheint aber, daß die Gegensatzbestimmungen, die ja sachlich zur explikativen Bestimmung – gleichsam als deren ‚Dissoziationsprodukte‘ – gehören, hier nicht mehr ein und demselben Zyklus, sondern dem nächsten zugerechnet werden. Denn erst sie sind ja die eigentlichen Erfüllungsbedingungen der vorausgehenden Synthese.

Topik B beruht auf der Annahme, daß ein dialektischer Zyklus mit der explikativen Bestimmung beginnt, zu deren Ausdifferenzierung in Gegensatzbestimmungen führt und mit der synthetischen Kategorie endet:

Topik B

(I)	? Sein / Nichtsein Dasein	
(II) / (III)	Bestimmtsein Sosein / Anderssein Unterschied	Beziehung Füranderessein / Ansichsein Bestimmung
(IV)	Norm Geltung / Geltungsentsprechung Wechselbestimmung	

In diesem Fall würde der I. Zyklus mit einer ‹Sein› vorausliegenden (hier nicht bekannten) explikativen Bestimmung beginnen (wozu sich – im Sinn einer zyklischen Schließung der ‚Logik‘ im ganzen – allerdings Hypothesen formulieren ließen)[142]. Der zusätzlichen ersten Kategorie entspricht, daß am Ende der Topik B die Kategorie ‹Fürsichsein› gewissermaßen

[142] Vgl. die Überlegung in Kap. 5.2.

‚übrigbleibt'. Sollte das vermieden werden, müßte man das ganze Schema ‚nach unten verschieben' und hätte dann die folgende modifizierte Anordnung B':

Topik B'

		? Sein / Nichtsein Dasein	
(I)		Bestimmtsein Sosein / Anderssein Unterschied	
(II / III)	Beziehung Füranderessein / Ansichsein Bestimmung		Norm Geltung / Geltungsentsprechung Wechselbestimmung
(IV)		Fürsichsein Eins / Vieles ?	

Irritierend daran ist allerdings, daß der I. Zyklus hier erst mit ‹Bestimmtsein› beginnen würde, d.h. ‹Sein›/‹Nichtsein›, ‹Dasein› würden aus dieser Topik herausfallen und gewissermaßen Teil eines ‚Vorzyklus' sein. Zugleich würde der IV. Zyklus erst mit ‹Fürsichsein› beginnen und so schon quantitätslogische Kategorien einschließen. Beides erscheint wenig einleuchtend, sodaß der Topik B sicher der Vorzug zu geben wäre. Dafür sprechen auch Argumente zum Status des III. und IV. Zyklus, die gleich noch, im Anschluß an diese strukturellen Überlegungen, verdeutlicht werden sollen.

Sinnvoller als in der Topik A erscheint in B die Anordnung der Kategorien innerhalb eines Zyklus: Explikative Bestimmung und Gegensatzbestimmungen, also die Gesamtheit der Erfüllungsbedingungen der vorhergehenden Synthese, gehören jetzt *demselben* Zyklus an. Die von ihnen erzeugte Syntheseforderung findet ihre Erfüllung in der synthetischen Abschlußbestimmung. Daß der Zyklus anderseits mit der explikativen Bestimmung beginnt, ist sachlich keineswegs abwegig, da diese, über die synthetische Kategorie des vorangehenden Zyklus hinaus, ein *kategoriales Novum* enthält (dazu gleich mehr): Insgesamt also eine prima vista durchaus einleuchtende Struktur.

Zu bedenken bleibt die *Topik C,* die sich ergibt, wenn das Zyklusschema mit der synthetischen Kategorie beginnt:

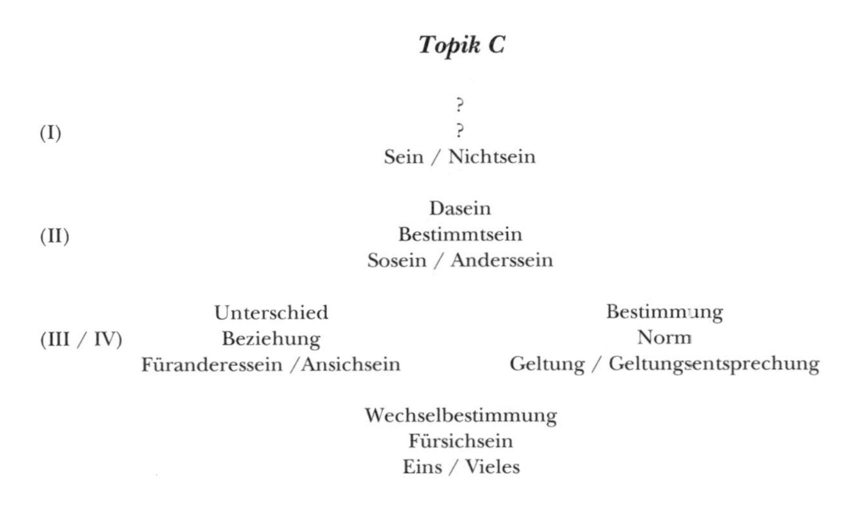

‚Beginn mit der synthetischen Kategorie' klingt etwas unwahrscheinlich, denn ihrem sachlichen Sinn entsprechend bildet die Synthese ja einen Abschluß. Trotzdem muß diese Anordnung nicht a priori abwegig sein, denn die synthetische Bestimmung, so haben wir gesehen, bezeichnet eine neue Seinsart; mit ihr *beginnt* insofern auch etwas. Freilich: Was da beginnt, hat seinen Ursprung in den Gegensatzbestimmungen des vorausgehenden Zyklus, ist in diesen quasi schon mitgegeben und findet in der synthetischen Bestimmung nur seine *Erfüllung.* Die *explikative Bestimmung* enthält demgegenüber ein kategoriales Novum anderer Art: Sie macht Erfüllungs*bedingungen* sichtbar, die für die Erfüllung der Syntheseforderung zwar präsupponiert, aber noch nicht expliziert sind. Dies zeigt sich etwa im Vergleich von ‹Unterschied› als synthetischer und ‹Beziehung› als der zugehörigen explikativen Bestimmung (vgl. Kap. 3.5): Insofern die Gegensatzbestimmung ‹Sosein› von ‹Anderssein› *unterschieden* ist, ist sie in bezug auf diese ihrerseits als ein Anderssein bestimmt – aber eben nur unter Voraussetzung dieses ‚in bezug': ‹Beziehung› ist die in ‹Unterschied› noch latente Bedingung, die erst in der explikativen Bestimmung ausdrücklich wird und in ihrer Funktion als *Bedingung* der Synthese im Vergleich mit dieser sozusagen auf einer anderen kategorialen Stufe angesiedelt ist – was in den sich daraus ausdifferenzierenden Gegensatzbestimmungen sinnfällig wird.

Bezüglich der in Topik C angenommenen Zyklusstruktur ist festzustellen, daß mit der hier in erster Position stehenden synthetischen Kategorie auch deren sämtliche Erfüllungsbedingungen zum selben Zyklus gehören: sowohl die explikative Bestimmung als auch die Gegensatzbestimmungen, in die sie dissoziert. Alles, was die Synthese impliziert, ist im selben Zyklus beisammen, der so gesehen eine sachlich geschlossene Einheit darstellt. Das könnte für diese Topik sprechen. Auf der anderen Seite muß man auch an die Struktur der ‚Logik' im ganzen denken. Unter der Voraussetzung, daß auch diese der angenommenen Zyklusstruktur C entspricht, würde die ‚Logik' insgesamt nicht mit einer höchsten Synthese abschließen, sondern in einer dualistischen Spannung enden: Die im Sinn der Hösleschen Überlegungen zu fordernde ‚Logik der Intersubjektivität' als ein vierter ‚Logik'-Teil wäre danach keine Vollendung, sondern bildete einen *Gegensatz* zur ‚Begriffslogik' als drittem ‚Logik'-Teil. Das klingt wenig wahrscheinlich, auch wenn solche Überlegungen, das sei nochmals betont, hier *konjektural* bleiben.

Irritierend ist ferner, daß aus dieser Topik nicht nur ‹Fürsichsein›, sondern auch ‹Wechselbestimmung› ‚herausfallen' würde. Im I. Zyklus gäbe es zudem zwei ‚Unbekannte'.

Welches *Fazit* läßt sich aus diesen Strukturüberlegungen ziehen? Eine eindeutige Präferenz für *eine* der diskutierten Topiken scheint mir bisher nicht gegeben zu sein. Unter rein strukturellen Gesichtspunkten sind in allen Fällen einleuchtende und ebenso auch irritierende Aspekte sichtbar geworden. Eine Entscheidung für die eine oder andere Struktur ist von daher also nicht zu erwarten.

Besonderes Interesse gewinnen in dieser Situation die Resultate des Kapitels 4.7 zur Positivität und Negativität von Gegensatzbestimmungen. Hier ist an die eigentümliche *Inversion* von ‚positiv' und ‚negativ' im im Fall der 3. Dihairese zu erinnern: Die Kategorie ‹Füranderessein› hatte sich dort, obwohl sie die thetische Gegensatzbestimmung ist, als *negativ* herausgestellt und ‹Ansichsein›, die dazu antithetische Gegensatzbestimmung, als positiv. Und im Fall der 4. Dihairese hatte sich eine überraschende *Ambivalenz* ergeben dergestalt, daß *beide* Gegensatzbestimmungen ebenso als positiv wie als negativ bestimmt sind.

Hier legt sich eine *Vermutung* nahe: Daß ‹Füranderessein›, obwohl thetische Gegensatzbestimmung, negativ ist, hat seinen Grund möglicherweise darin, daß diese gewissermaßen einem *‚negativen Zyklus'* angehört. Ich meine damit einen Zyklus, der auf der Makroebene der Superstruktur den gleichen Stellenwert hat wie die antithetische und insofern ‚negativ' geartete Gegensatzbestimmung auf der Mikroebene eines Zyklus. In einem solchen ‚negativen' Zyklus, so könnte man vermuten, sind die Rollen von ‚positv' und ‚negativ' vertauscht. Denn irgendwie muß der besondere Stellenwert dieses Zyklus zur Geltung kommen, falls es die angenommene Strukturanalogie von Makro- und Mikroebene tatsächlich gibt. Geht man die verschiedenen Topiken nun unter diesem Aspekt durch, so zeigt sich sofort, daß die genannte Bedingung *allein* für die Topik B erfüllt ist. Nur so kann die 3. Dihairese einem solchen ‚negativen' Zyklus angehören, nämlich dem III. Zyklus in Topik B. Selbst die nur leicht modifizierte Topik B', die aus B durch eine bloße Verschiebung der Zyklen ‚nach unten' entsteht, wäre damit nicht vereinbar: ‹Füranderessein› gehört in diesem Fall dem ‚positiven' Zyklus II an, der die Inversion von ‚positiv' und ‚negativ' nicht erklären könnte. Vielleicht hat man damit doch so etwas wie ein *Auswahlkriterium* bezüglich der verschiedenen Topiken.

Für Topik B spricht im übrigen auch jene merkwürdige *Ambivalenz* im Fall der 4. Dihairese, deren Gegensatzbestimmungen, wie gesagt, ebensosehr positiv wie negativ sind – ein zunächst absurd scheinender Tatbestand. Im Licht der vorhergehenden Überlegungen zeichnet sich nun eine Deutungsmöglichkeit ab: Hier wäre daran zu denken, daß die Gegensatzbestimmungen *in der Synthese* ebensowohl als entgegengesetzt wie als äquivalent bestimmt sind. Ist die eine als positiv, die andere als negativ charakterisiert, so sind in der Synthese sozusagen beide ebensowohl positiv wie negativ. Insofern sich dies aber auch als Charakteristikum der zur 4. Dihairese gehörenden Gegensatzbestimmungen ergeben hat, kann man sagen, daß sie gewissermaßen von sich her ‚synthetischen' Charakter zeigen. Dies könnte nun – analog zu der eben vorgenommenen Zuordnung der 3. Dihairese zum negativen Zyklus – so gedeutet werden, daß sie einem Zyklus angehören, der in der Zyklentopik *synthetischen* Charakter besitzt, und das ist wiederum nur in Topik B gegeben.

Man beachte, um den Sinn dieser Zuordnung der 4. Dihairese zu einem synthetischen Zyklus nicht zu verfehlen, daß die Gegensatzbestimmungen in 'normalen' Zyklen erst in der Synthese jene Ambivalenz, positiv und zugleich negativ zu sein, zeigen, d.h. erst wenn sie garnicht mehr als eigenständige Bestimmungen bestehen, sondern in der von ihnen konstituierten Synthese aufgegangen sind. Im Rahmen des ‚synthetisch' genannten Zyklus hingegen kommt ihnen diese ambivalente Struktur schon als ‚freien' Gegensatzbestimmungen zu und nicht erst in der aus ihnen gebildeten Synthese. Tatsächlich kann in keiner anderen Dihairese so wenig von einem Positiv/Negativ-Gegensatz gesprochen werden wie bei den Gegensatzbestimmungen der 4. Dihairese, ‹Geltung› und ‹Geltungsentsprechung›. Beide sind gleichsam zwei Seiten derselben Medaille, aber nicht von sich her positiv oder negativ.

Aus den Überlegungen in Kapitel 4.7 lassen sich somit, über den rein strukturellen Aspekt hinaus, Schlüsse im Sinn einer möglichen *Präferenz* für eine der kombinatorisch möglichen Topiken ziehen. Das Ergebnis sieht so aus, daß die für die 3. und 4. Dihairese konstatierte Inversion bzw. Ambivalenz im Verhältnis der Gegensatzbestimmungen eindeutig für die Topik B sprechen. Selbst die ‚verwandte' Superstruktur B', die ja das gleiche Zyklenschema zugrundelegt und gegenüber B nur leicht ‚verschoben' ist, kann so, wie schon bemerkt, ausgeschlossen werden.

Welche Konsequenzen ergeben sich daraus? Interessant ist, daß mit dieser Präferenz für Topik B *zugleich* die ihr zugrundeliegende Zyklenstruktur, also die Mikrostruktur eines einzelnen Zyklus, vor anderen denkbaren Möglichkeiten ausgezeichnet ist. Auf diese Weise wird also ein Rückschluß von der Makrostruktur auf die Mikrostruktur möglich. Der Zyklus würde danach mit der explikativen Bestimmung beginnen und mit der synthetischen Bestimmung enden. Daß dies eine durchaus einleuchtende Struktur ist, wurde schon bemerkt, in der Tat: Mit der explikativen Bestimmung beginnt demnach die Explikation der Erfüllungsbedingungen der Synthese des vorhergehenden Zyklus. Mit der Ausdifferenzierung in Gegensatzbestimmungen vollendet sich dieser Explikationsprozeß und hat so zugleich eine neue Syntheseforderung zur Folge, die mit der Einführung einer synthetischen Bestimmung zur Erfüllung kommt. Deren Erfüllungs*bedingungen* sind dabei zunächst noch verdeckt; sie ihrerseits zu explizieren, ist dann Aufgabe des nächsten Zyklus.

Durch die bemerkenswerte Möglichkeit, von der Makrostruktur auf die Mikrostruktur zurückzuschließen, kommt man so zu einem sehr plausiblen Zyklusschema, das – wie schon gesagt – aufgrund rein struktureller Überlegungen nicht zu begründen wäre. Ich werde im folgenden diesbezüglich von dem ‚*Standardzyklus*' (auch ‚Standardschema', ‚Standardstruktur') oder, wenn Verwechslungen ausgeschlossen sind, weiterhin einfach von einem ‚Zyklus' sprechen.

5.2 Zur Globalstruktur der ,Logik' im ganzen

Man kann die Frage stellen, ob aus solchen Überlegungen möglicherweise auch etwas für die *Globalgliederung* der ,Logik' im ganzen folgt. Voraussetzung dafür wäre, daß sich die Zyklusstruktur auch auf der höchsten Strukturebene wiederholt. Nach dem Standardschema würde das bedeuten, daß der erste Teil der ,Logik' *explikativen* Charakter hätte. Doch hier stutzt man: Explikation setzt offenbar etwas *voraus,* das der Explikation fähig und bedürftig ist, und das müßte dann etwas *vor* dem ersten Teil der ,Logik' sein. Etwas Derartiges ist aber nur unter der Bedingung einer *zyklisch geschlossenen* ,Logik' denkbar. Zu dieser Konsequenz hatten auch schon die früheren Überlegungen im Hinblick auf die *Absolutheit* des Logischen geführt (Kap. 4.), die durch das angegebene Argument somit weiter gestützt werden – allerdings nicht allein bezüglich der Standardstruktur, für die sich hier eine Präferenz ergeben hat. Denn auch die anderen möglichen Schemata (Beginn mit der Synthese oder Beginn mit der thetischen Gegensatzbestimmung) würden jedenfalls etwas *,Vor-Anfängliches'* voraussetzen (Gegensatzbestimmungen bzw. eine explikative Bestimmung) und insofern ebenfalls für eine zyklische Schließung der ,Logik' sprechen.

Hier wird ein grundsätzlicher Sachverhalt sichtbar: Kein *kategorialer Zyklus,* d.h. ein Zyklus auf der Ebene der Kategorien, ist in sich abgeschlossen, wie die Bezeichnung ,Zyklus' suggeriert. Jede Kategorie ist vielmehr *abhängig* von der ihr vorausgehenden und bestimmend für die ihr nachfolgende, und das heißt: Auch die erste Kategorie eines Zyklus weist auf eine ihr vorhergehende zurück, und die Abschlußkategorie eines Zyklus verweist auf die ihr nachfolgende erste Kategorie des nächsten Zyklus. Eben dadurch ergibt sich ja eine Zyklen*folge.* Jeder Zyklus weist inhaltlich über sich hinaus auf einen vorhergehenden und einen nachfolgenden Zyklus. Die Bezeichnung ,Zyklus' charakterisiert insofern keine primär inhaltliche, sondern eine strukturelle Eigenschaft[143], d.h. es treten nach der gleichen Regel immer wieder explikative Bestimmungen, Gegensatzbestimmungen und synthetische Bestimmungen auf, aber diese strukturellen Perioden sind inhaltlich voneinander abhängig und miteinander verschränkt. Das Verfahren dialektischer Begriffsentwicklung hat so zugleich *systembildenden* Charakter.

---

[143] Vgl. hierzu übrigens auch Hösles Deutung der *philosophiehistorischen* Dialektik, die in *struktureller* Hinsicht durch zyklische Wiederholungen, in *inhaltlicher* Hinsicht durch Fortschritt charakterisiert sei (1984, 141 f).

Für die Globalstruktur der ‚Logik' *im ganzen* impliziert dieser Umstand nun, wie schon gesagt, die Notwendigkeit einer *zyklisch geschlossenen Struktur.* Diese Konsequenz ergibt sich bereits aus der Einsicht in die inhaltliche Verschränktheit aufeinanderfolgender Zyklen, unabhängig von der je besonderen Zyklusstruktur. Wie stellt sich die Globalstruktur der ‚Logik' aber dar, wenn insbesondere das *Standardschema* zugrundegelegt wird, für das jedenfalls gute Gründe namhaft gemacht werden konnten?

Unter dieser Voraussetzung wäre von vier Teilsystemen der ‚Logik' auszugehen, wobei das zweite und das dritte gewissermaßen ‚antithetisch zusammengehören' würden. Der erste Teil hätte explikativen Charakter, was nach dem Gesagten nur bedeuten kann, daß hier, im Sinn *zyklischer Schließung,* der letzte, synthetische Teil der ‚Logik' Gegenstand der Explikation ist, d.h. hinsichtlich der in ihm präsupponierten Erfüllungsbedingungen thematisch wird. Zweiter und dritter Teil wären gleichsam einander opponiert, wobei der dritte Teil – analog zur antithetischen Gegensatzbestimmung – ‚negativen' Status hätte. Der vierte Teil wäre die abschließende Synthese, deren Erfüllungsbedingungen ihre Explikation im Sinn zyklischer Schließung, wie gesagt, im ersten Teil fänden.

Geht man von Hegels Gliederung der ‚Logik' in ‚Seinslogik', ‚Wesenslogik', ‚Begriffslogik' aus, erweitert um den von Hösle postulierten vierten Teil einer ‚Intersubjektivitätslogik' (vgl. Kap. 3.8), so würde dieser letztere die abschließende Synthese des Ganzen bilden. Die darin enthaltenen Präsuppositionen würden nach dem Gesagten im ersten Teil der ‚Logik' expliziert, d.h. es würde sich dabei um Erfüllungsbedingungen *‚seinslogischer'* Natur handeln: Daß etwas der Fall ist oder nicht ist, gehört einerseits zu den elementarsten Bedingungen logischen Argumentierens; auf der anderen Seite erweist sich die ‚Logik' in ihrer Vollendung, verstanden als *Fundamentallogik* in dem früher erläuterten Sinn eines Kernbestands logischer Grundkategorien und Grundprinzipien als unhintergehbar, selbstbegründend, unbedingt und somit als etwas, das *notwendig der Fall ist,* dem notwendig *Sein* zukommt. Gerade im höchsten Punkt der Begriffsentwicklung, die in der Selbstbestimmung des Logischen als eines unhintergehbaren Unbedingten gipfelt, träte somit zugleich eine *Seinshinsicht* (im eminenten Sinn eines notwendigen Seins) hervor, und so gesehen hat der Gedanke, daß durch die ‚Seinslogik' Erfüllungsbedingungen des Abschlußteils der ‚Logik' expliziert werden, durchaus Plausibilität für sich. Die *Vollendung* der Begriffsprogression wäre so in eins auch deren *Depotenzierung,* d.h. Rückkehr zum anfänglich-elementaren Seinsbegriff.

‚Wesenslogik‘ und *‚Begriffslogik‘* wären sodann – analog zu den Gegensatzbestimmungen – als antithetische Ausdifferenzierung der ‚Seinslogik‘ zu verstehen: das *‚Wesen‘* im Sinn eines *eigentlichen Seins* (im Unterschied zu bloßer ‚Erscheinung‘), der *Begriff,* antithetisch dazu, als *Nicht-Wesen.* Letzteres erscheint zunächst wenig evident. Man könnte hier aber daran denken, daß das Wesen, das als solches nicht auch schon Erscheinung ist, ein nur ‚Zugrundeliegendes‘ und damit noch Verborgenes, Verschlossenes ist, das erst durch den Begriff *explizit* wird: In diesem Sinn hätte der Begriff in der Tat *negativen* Charakter, nämlich als Negation der ‚Verschlossenheit‘ des Wesens. Der Begriff als das zur Erscheinung gebrachte Wesen wäre in diesem Sinn das Ausdrücklichwerden des ‚Wesentlichen‘[144]. Das ‚Wesen‘ des ‚Begriffs‘ selbst, das bei Hegel bekanntlich für *‚Subjektivität‘* steht[145], wäre damit freilich noch nicht expliziert. Diese noch verbleibende Einseitigkeit wäre erst im abschließend-synthetischen Teil überwunden, der den Charakter der *‚Wechselbestimmung‘* von Begriffen – also gleichsam ‚Subjektivitäten‘ – hätte und insofern in der Tat mit einer *‚Logik der Intersubjektivität‘* in Beziehung gebracht werden kann. Die durchgängige Wechselbestimmung kulminierte zuletzt in jenem *Fürsichsein,* in dessen Perspektive sich die Logik im ganzen, wie schon erwähnt, als absolut darstellt und damit als ein notwendiges *Sein,* das solchermaßen wieder in die Sphäre der ‚Seinslogik‘ verweist.

Dies sind – wie schon im vorigen Kapitel (5.1) zur Frage der Superstrukturen dialektischer Begriffsentwicklung – konjekturale, tentative Überlegungen zur Globalstruktur der ‚Logik‘ im ganzen. Die hier vor allem eingehende Annahme einer Entsprechung von Zyklusstruktur und Superstruktur bedürfte selbst der Begründung. Doch unabhängig davon sind solche Erwägungen, wie sich gezeigt hat, nicht sinnlos. Sie dienen einerseits dazu, ausgehend von dem hier detailliert rekonstruierten Teil der ‚Logik‘, *Kohärenzen* im Gesamtgefüge derselben sichtbar zu machen, soweit das möglich ist, und anderseits auch gewisse Denkmöglichkeiten *ad absurdum* zu führen: Auch *Gedankenexperimente* gehören zum Instrumentarium philosophischer Erudition.

---

[144] Hierzu Hegel in der ‚Wissenschaft der Logik‘: Der Gegenstand wird „durch den Begriff in seine nicht zufällige Wesenheit zurückgeführt“; „diese tritt in die Erscheinung“ als die „Manifestation des Wesens. Die aber ganz frei gewordene Manifestation desselben ist der Begriff“ (6.263).

[145] „... der *Begriff,* das Reich der *Subjektivität* ...“ (6.240, vgl. auch 241, 249, 253).

Auf ein Gedankenexperiment führt schließlich auch die Frage, *wieviele Kategorien* die ‚Logik' möglicherweise enthält – selbst wenn diese, wie schon bemerkt, nicht als ‚Kategorientafel' à la Kant mißverstanden werden darf. Auch hier muß mit Annahmen gearbeitet werden. Geht man etwa davon aus, daß der hier rekonstruierte Teil *einer* von insgesamt vier Teilen der ‚Seinslogik' ist, so würde diese insgesamt also die vierfache Anzahl der hier entwickelten Kategorien umfassen. Im vorhergehenden sind 4 × 4 = 16 Kategorien hergeleitet worden, also würde die ‚Seinslogik' 4 × 16 = 64 Kategorien enthalten. Ist diese ‚Seinslogik' ferner einer von wiederum vier strukturanalogen Teilen der ‚Logik' im ganzen, so käme man für diese auf 4 × 64 = 256 Kategorien.

Nun, das sind Zahlenspielereien. Ich gestehe, daß ich bezüglich der hier eingehenden Annahmen bisher keine sehr klare Vorstellung habe, nicht einmal hinsichtlich dessen, was bei Hegel ‚Seinslogik' heißt: Wenn der hier rekonstruierte Teil im wesentlichen die ‚Qualitätslogik' umfaßt, dann ist absehbar, daß der nächste Teil eine ‚Quantitätslogik' sein würde mit wiederum vier Kategorienzyklen. Aber was käme danach? Eine ‚Maßlogik' vielleicht, deren ebenfalls vier Zyklen die vorauseilende Phantasie schon erheblich strapazieren würde. Und was wäre schließlich der vierte Teil der ‚Seinslogik', gleichfalls mit vier Zyklen?

Vielleicht ist alles auch viel einfacher: Vielleicht gibt es weder eine ‚Seinslogik' noch eine ‚Wesenslogik', sondern stattdessen nur die ‚Qualitätslogik' und die ‚Quantitätslogik' mit jeweils vier Zyklen; außerdem eine ‚Begriffslogik' und eine ‚Intersubjektivitätslogik' von gleichem Umfang, sodaß man insgesamt nur auf 4 × 16 = 64 Kategorien für die ganze ‚Logik' käme. Alle diese Möglichkeiten wären zu erwägen, doch dafür ist hier nicht der Ort.

6. Metareflexion des Unternehmens

6.1 Die Stringenz dialektischer Begriffsentwicklung

Zum Abschluß muß sich die grundsätzliche Frage nach der *Stringenz* der entwickelten Überlegungen stellen: Sind die Kategorienbedeutungen *empirischer* Natur, so sind sie auch mit allen Unsicherheiten des empirischen Sprachgebrauchs belastet. Sind sie hingegen rein *apriorischer* Natur, so müßte es grundsätzlich möglich sein, sie stringent rein argumentativ herzuleiten. Es fragt sich, wie die hier durchgeführte Argumentation diesbezüglich zu beurteilen ist.

Nun sind die entwickelten Kategorien keineswegs völlig neue, bislang unbekannte Bedeutungsgehalte. Begriffe wie ‹Bestimmtsein›, ‹Anderssein›, ‹Norm› u.ä. sind natürlich der empirischen Sprache entnommen und damit in ihrer Bedeutung vorgegeben. Es bedarf insofern nicht erst des hier durchgeführten Verfahrens, um zu solchen Bestimmungen zu kommen. Diese sind vielmehr schon bekannt und für das Verfahren *vorausgesetzt.*

Hier wird ein doppeltes Problem sichtbar: Zum einen wäre zu fragen, in welchem Sinn von einer *Begriffsentwicklung* gesprochen werden kann, wenn die ‚entwickelten' Begriffe garnicht neu erzeugt, sondern aus der schon bekannten Sprache aufgenommen sind. Zum andern muß der empirische Charakter solcher Bestimmungen Bedenken bezüglich der *Stringenz* des Verfahrens wecken. Es wird sich zeigen, daß die *‚Entwicklungsfrage'* und die *‚Stringenzfrage'* eng miteinander zusammenhängen.

Daß die Begriffsentwicklung, um damit zu beginnen, nicht als ein Erzeugen völlig neuer Bestimmungen verstanden werden kann, ergibt sich bereits daraus, daß die dialektische Argumentation ja von Anbeginn an die Sprache und ihre Logik voraussetzt. Anders wäre Argumentation unmöglich; darauf wurde schon wiederholt hingewiesen. ‚Entwicklung' kann hier also nur den Sinn von *‚Explikation'* haben, d.h. die Argumentation soll sukzessiv ans Licht bringen, was für sie immer schon präsupponiert ist. Das sind zunächst einmal die für die Argumentation benötigten Begriffe. Aber um deren Bedeutungen kann es in dem hier entwickelten Verfahren nicht primär gehen, da diese, wie gesagt, grundsätzlich schon als bekannt vorausgesetzt sind; es geht vielmehr um ihren *Ordnungszusammenhang,* der sich aufgrund des Verfahrens ergibt. Indem jede Kategorie *Prinzipiat* vorhergehender Bestimmungen ist, bilden die Kategorien insgesamt eine verfahrensmäßig begründete Begriffsprogression. Das ist an früherer Stelle schon ausführlich diskutiert worden; hier genügt darum eine kurze Erinnerung:

Die *explikative Kategorie,* um – im Sinn des Standardmodells – mit dieser zu beginnen, ist durch die synthetische Bestimmung prinzipiiert. Ist diese als *Erfüllung* der vorausgehenden Syntheseforderung zu fassen, so wird durch die explikative Bestimmung, wie dargelegt, die zugehörige *Erfüllungsbedingung* ausdrücklich gemacht. Ist z.B. die synthetische Kategorie ‹Unterschied› als Erfüllung der Syntheseforderung ‹Sosein, das gleichermaßen Anderssein ist› bestimmt, so ist damit stets ein Beziehungsmoment präsupponiert, das in Gestalt der Kategorie ‹Beziehung› expliziert und für sich gesetzt wird. In ‹Unterschied› ist gleichsam ‹Beziehung› schon implizit mitgegeben. Anders wäre ‹Unterschied› keine sinnvolle Bestimmung, denn was unterschieden ist, ist ein Sosein, das *in Beziehung* auf ein Anderssein zugleich selbst als ein Anderssein charakterisiert ist. Diese zunächst implizite Erfüllungsbedingung wird in der explikativen Bestimmung explizit gemacht. Natürlich muß ich dazu schon wissen, was eine Beziehung ist. Dieses Wissen wird mir nicht durch das Verfahren vermittelt, sondern ist dafür schon vorausgesetzt. Was das Verfahren leistet, ist vielmehr der Aufweis, daß ‹Beziehung› für die Erfüllung der Syntheseforderung als Erfüllungsbedingung präsupponiert ist und daß in diesem Sinn ein *Prinzipiierungsverhältnis* zwischen synthetischer und explikativer Kategorie besteht.

Auf die explikative Bestimmung folgen die *Gegensatzbestimmungen,* die, wie sich gezeigt hat, durch die explikative Bestimmung gemeinsam prinzipiiert sind: Indem sie *komplementär* zueinander sind, gehören sie von vornherein zusammen und charakterisieren so den durch die explikative Kategorie bestimmten semantischen Raum. Als ‚thetische' Gegensatzbestimmung ist dabei diejenige bezeichnet worden, die den ausdrücklichen Sinngehalt der explikativen Bestimmung affirmiert; im Beispiel der Kategorie ‹Beziehung› ist das ‹Füranderessein›. Die bestimmte Negation der thetischen Gegensatzbestimmung ist als ‚antithetische' Gegensatzbestimmung bezeichnet worden; diese ist hier ‹Ansichsein› im Sinn einer nicht bestehenden Beziehung zu anderem. Das Prinzipiierungsverhältnis ist jetzt offenbar von anderer Art als vorher: Die *Bedingung,* unter der die synthetische Bestimmung sinnvoll ist, muß weiter expliziert werden, um die *Erfüllbarkeit* der Syntheseforderung zu zeigen. Wie sich ergeben hat, ist dadurch eine Bedeutungs*dualität* prinzipiiert. Die Notwendigkeit einer solchen Dichotomisierung des Bedeutungsgehalts ist früher dargelegt worden (Kap. 4.6): Nur so sind die Erfüllungsbedingungen der Syntheseforderung *eindeutig*. Die Dualität komplementärer Gegensatzbestimmungen ist somit *verfahrensbedingt* – was im Sinn der Eindeutigkeitsforderung freilich nicht als Folge eines willkürlich gewählten Verfahrens verstanden werden darf.

Was die *Bedeutung* der Gegensatzbestimmungen betrifft, so ist diese durch die explikative Kategorie im Grund vollständig bestimmt, eben weil die thetische Gegensatzbestimmung, wie gesagt, durch deren Gehalt definiert und die antithetische Gegensatzbestimmung die zugeordnete bestimmte Negation ist. Beider Bedeutungen sind sonach, bei gegebener explikativer Bestimmung, verfahrensmäßig determiniert. Dabei ist die antithetische Gegensatzbestimmung ihrerseits Prinzipiat der thetischen Bestimmung: eben als deren bestimmte Negation.

Zu klären bleibt das Prinzipiierungsverhältnis im Fall des eigentlich *dialektischen* Übergangs von den Gegensatzbestimmungen zur *synthetischen Bestimmung*. Wesentlich hierfür ist, wie wir wissen, daß sich die Gegensatzbestimmungen in der dialektischen Argumentation, über ihren unmittelbaren *Gegensatz* hinaus, auch als *äquivalent* erweisen. Dieser letztere Bedeutungsaspekt liegt nicht in ihrer expliziten Bedeutungsintention. Er muß vielmehr erst hergeleitet werden durch den Aufweis ihres antinomischen Verhältnisses. Der Gegensatz komplementärer Bestimmungen transformiert sich auf diese Weise – das ist ausführlich dargelegt worden – in den semantisch-dialektischen Widerspruch von Gegensatz und Äquivalenz beider und erzwingt dadurch die Synthesebildung. Das ist ein rein apriorischer Gedankengang, der zwar die Bedeutungen der Gegensatzbestimmungen als bekannt voraussetzt (ebenso natürlich auch die Formen des Argumentierens und was es heißt, einem Begriff ‚entsprechend' zu sein), aber daraus einen neuen Bedeutungskomplex generiert. Dieser erscheint zunächst als Synthese*forderung*, z. B. ‹Sosein, das gleichermaßen Anderssein ist›, die dann durch Einführung einer geeigneten Bestimmung *erfüllt* werden muß. Im vorliegenden Zusammenhang ist hierfür ‹Unterschied› gewählt worden, weil darin nach gängigem Sprachverständnis enthalten ist, daß ein Sosein in seinem Bezug auf ein Anderssein zugleich selbst als ein Anderssein qualifiziert ist.

Hier könnte man allerdings im Zweifel sein, ob sich im Deutschen möglicherweise ein noch besser passender Begriff finden ließe. Ich möchte das nicht ausschließen. Entscheidend ist aber, daß der fragliche Bedeutungsgehalt der synthetischen Bestimmung durch die Syntheseforderung jedenfalls *festgelegt* ist. Die Suche nach einem geeigneten Begriff der faktisch-empirischen Sprache muß sich daran orientieren. Dabei könnte sich gegebenenfalls auch herausstellen, daß die Sprache über *keinen* adäquaten Begriff der gesuchten Art verfügt. In diesem Fall müßte ein Kunstwort gebildet werden, dessen Bedeutung aber, wie gesagt, durch die Syntheseforderung festliegt. Das gilt sinngemäß auch für allfällige Bedeutungsschwankungen eines der empirischen Sprache entnommenen Begriffs: In jedem Fall stellt die Syntheseforderung eine *Bedeutungsnormierung* dar. Der gesuchte synthetische Begriff ist dadurch verfahrensmäßig fixiert. Im Zusammenhang mit der ‚Stringenzfrage' wird darauf noch zurückzukommen sein. Die aus den Gegensatzbestimmungen gebildete Synthese repräsentiert jedenfalls einen Bedeutungsgehalt, der in dialektischer Argumentation aus den Gegensatzbestimmungen konstruiert und damit durch diese *prinzipiiert* ist.

Damit hat sich folgendes ergeben: Es ist zweifellos so, daß für das Verfahren dialektischer Begriffsentwicklung von Anfang an die gesamte Logik vorausgesetzt ist – sonst könnte evidentermaßen nicht argumentiert werden –, desgleichen die faktisch-empirische Sprache und deren Bedeutungen. Das Verfahren *kann* also garnicht den Sinn haben, eine noch nicht vorhandene Logik und Semantik erst zu erzeugen. ‚Begriffsentwicklung' kann vielmehr nur heißen: Explikation der für diese Begriffsentwicklung selbst immer schon vorausgesetzten logisch-semantischen Mittel, wobei der *Entwicklungscharakter* im Aufweis von *Prinzipiierungszusammenhängen* besteht: in der Form einer begründeten, wohlgeordneten Folge von Kategorien derart, daß jede derselben durch vorhergehende Kategorien prinzipiiert ist: Ausgehend von der gehaltleersten Kategorie des ‹Seins› (im Sinn von ‹der Fall sein›) und der durch sie prinzipiierten Negation ‹Nichtsein› führt die Entwicklung weiter zu ‹Dasein›, ‹Bestimmtsein›, ‹Sosein›, ‹Anderssein› etc., d.h. auf der Grundlage der jeweils schon konstruierten Bedeutungen werden sukzessiv neue Bedeutungsgehalte konstruiert – nicht um diese erst kennenzulernen, sondern, wie gesagt, um ihre *Prinzipiierungsstrukturen* sichtbar zu machen. Man erkennt so, daß und wie Bedeutungen Schritt für Schritt *aufgebaut* werden können, und das ist zugleich deren *Rekonstruktion*[146], eben als Explikation von Prinzipiierungs-

---

[146] So auch K. Hartmann (1973, 225 ff; 1976, 6), dort allerdings ohne Begründung, wobei (vgl. 1976, 15) sogar eine relativistische Option offen gelassen wird.

zusammenhängen nach einem geregelten Verfahren, das ausweisbar und nachvollziehbar ist. Die Antwort auf die erste der beiden zu Beginn dieses Kapitels formulierten Fragen – die *Entwicklungsfrage* – lautet damit kurz: Entwickelt werden genaugenommen nicht Bedeutungen, sondern Prinzipiierungszusammenhänge von Bedeutungen.

Zu bedenken bleibt die *Stringenzfrage,* die sich ebenfalls aus der Überlegung ergab, daß für die entwickelten Kategorien auf Bestimmungen zurückgegriffen wird, die einer faktisch-empirischen Sprache entnommen sind und darum auch Schwankungen des empirischen Sprachgebrauchs unterliegen. Dies, so könnte befürchtet werden, verunmöglicht die Stringenz des Verfahrens.

Daß derartige Bedenken fehlgehen, dürfte schon deutlich geworden sein. Denn die empirischen Begriffe, auf die das Verfahren rekurriert, haben, wie sich gezeigt hat, im Grund nur die Funktion, die verfahrensmäßig konstruierten Bedeutungen *näherungsweise* wiederzugeben. Wie gut sie dieser Bedingung genügen oder nicht genügen, ist durch Rückgang auf das Verfahren überprüfbar. Ich denke dabei primär an die *synthetische Kategorie,* deren Bedeutung durch die Syntheseforderung – daß Gegensatzbestimmungen zugleich äquivalent sein sollen – grundsätzlich festliegt. Als synthetische Kategorie kommt nur ein Begriff in Frage, der diese Forderung *erfüllt.* Man kann natürlich darüber streiten, ob dies für einen bestimmten empirischen Begriff zutrifft oder ob ein anderer Begriff passender wäre. Aber das ist kein intrinsisches Problem des Verfahrens, sondern eine Frage des empirischen Sprachgebrauchs. Das Verfahren selbst hat, unabhängig davon, wie schon bemerkt, *normative* Funktion, jedenfalls hinsichtlich der synthetischen Bestimmung. Dem entspricht, daß ein für die synthetische Kategorie gewählter Begriff, wie schon gesagt, prinzipiell durch ein Kunstwort ersetzt werden könnte, dessen Bedeutungsgehalt durch die Syntheseforderung definiert ist. Würde anstelle der hier gewählten synthetischen Kategorie ‹Unterschied› etwa der Begriff ‹Blasein› eingeführt, so hätte dieser eben die in der Syntheseforderung festgelegte Bedeutung ‹Sosein, das gleichermaßen ein Anderssein ist›.

Nicht ganz so eindeutig fällt die Antwort auf die Stringenzfrage im Fall der *explikativen Bestimmung* aus. Diese, so hat sich gezeigt, macht – zusammen mit den ihr zugeordneten Gegensatzbestimmungen – die *Erfüllungsbedingungen* der Synthese sichtbar. Diese sind aber nicht *explizit* formuliert (wie die Syntheseforderung selbst), sondern in der Dialektik der Gegensatzbestimmungen nur *implizit präsupponiert.* Daraus resultiert eine gewisse

Schwierigkeit, sie aufzufinden. Aber auch hier gibt das dialektische Verfahren selber Hinweise. Das schon mehrfach herangezogene Beispiel macht dies deutlich: Wesentlich für die Dialektik von ‹Sosein› und ‹Anderssein› ist, daß ‹Sosein› *in bezug* auf ‹Anderssein› selbst als ein Anderssein bestimmt ist. Die sich daraus ergebende Forderung, beide Kategorien nicht nur als entgegengesetzt, sondern auch als äquivalent zu denken (kategorisiert in der synthetischen Bestimmung), setzt an dieser Stelle also unumgänglich *Beziehung* voraus und nötigt dadurch zur Einführung der Kategorie ‹Beziehung›. Aber das liegt eben nicht unmittelbar auf der Hand, sondern erfordert eine genaue Analyse der vorausgehenden dialektischen Argumentation.

Der Übergang schließlich von der explikativen Bestimmung zu den ihr adjungierten *Gegensatzbestimmungen* erscheint eher unproblematisch: Die thetische Gegensatzbestimmung übernimmt, wie wir gesehen haben, den definierenden Gehalt der explikativen Kategorie; die antithetische Gegensatzbestimmung ist deren bestimmte Negation. Im Fall der explikativen Kategorie ‹Beziehung› ist primär ‚Beziehung von etwas auf ein anderes' enthalten, was zur Kategorisierung ‹Füranderessein› als thetischer Gegensatzbestimmung führt. Die zugehörige bestimmte Negation betrifft das Nichtbestehen einer solchen Beziehung, wobei ‚Beziehung' aber als leitende Hinsicht bestimmend bleibt: etwas, das nicht auf ein anderes bezogen ist – kategorisiert durch ‹Ansichsein›. Die ‚Probe' darauf ergibt sich aus der Überlegung, daß die neuen Gegensatzbestimmungen ‹Füranderessein› und ‹Ansichsein›, als Ausdifferenzierungen der explikativen Kategorie, Erfüllungsbedingungen der vorausgehenden Syntheseforderung ‹Sosein, das gleichermaßen Ansichsein ist› sind. Erfüllbar ist diese Forderung (jedenfalls für die Synthesen der beiden ersten Zyklen) aber, so hatte sich gezeigt, in der Weise *analoger Applikation,* und das heißt im vorliegenden Fall, daß das Sosein eines Füranderesseins – also sein Beziehungscharakter – äquivalent dem Anderssein eines Ansichseins ist – womit eben ein *Nicht*-Ansichsein und so ebenfalls eine Beziehung charakterisiert ist. Diese Funktion der dihairetischen Kategorien, Erfüllungsmodi der vorausgehenden Syntheseforderung zu sein, bedeutet eine zusätzliche Kontrollmöglichkeit für die Adäquanz der gewählten Gegensatzbestimmungen.

Das vorgestellte Verfahren dialektischer Begriffsentwicklung ist insofern, denke ich, als grundsätzlich *stringent-apriorisch* durchführbar zu beurteilen. Von empirischen Bedeutungsschwankungen ist es offenbar unabhängig, weil es *konstruktiv-normativ* ist, d.h. Bedeutungen sukzessiv auseinander entwickelt und deren Sinngehalt damit zugleich vorschreibt. Die Einführung von Kategorien, die der empirischen Sprache entnommen sind, dient, wie gesagt, lediglich einem näherungsweisen Verständnis, das durch verfahrensbezogene Kriterien überprüfbar bleibt. Der konstruktiv-normative Charakter des Verfahrens, der hier im Hinblick auf die Stringenzfrage herausgestellt wird, ist im übrigen nur ein anderer Ausdruck für die vorher auf die *Entwicklungsfrage* gegebene Antwort, daß durch die dialektische Begriffsentwicklung *Prinzipiierungszusammenhänge* sichtbar gemacht werden; denn solche Prinzipiierungsbeziehungen sind es ja gerade, die den konstruktiven Aufbau von Bedeutungen ermöglichen und festlegen. Entwicklungsfrage und Stringenzfrage hängen so in der Tat eng miteinander zusammen.

Daß das Verfahren grundsätzlich stringent durchführbar ist, kann freilich nicht heißen, daß es ohne Schwierigkeiten wäre. Dies ist allerdings eher pragmatisch gemeint: Ich denke dabei vor allem an die gleichsam *subtile Umsicht,* die nötig ist, um den Übergang zu einer neuen Kategorie abzusichern. Der Schritt von der explikativen Bestimmung zu den Gegensatzbestimmungen ist dabei – aus den vorher angegebenen Gründen – noch am unverfänglichsten. Der nächste Schritt indessen von den Gegensatzbestimmungen zur Synthese macht den Nachweis einer antinomischen Struktur im Verhältnis der Gegensatzbestimmungen erforderlich. Wie sich gezeigt hat, kann dabei zwar weithin schematisch vorgegangen werden, aber jede Dihairese hat ihre eigentümliche Dialektik. Davon ist in Kapitel 4.8 schon ausführlich die Rede gewesen. Die Besonderheit der Dialektik einer jeden (‚qualitätslogischen') Dihairese beruht nach den dortigen Überlegungen darauf, daß die Gegensatzbestimmungen ihr antinomisches, syntheseerzeugendes Potential nur im Zusammenspiel mit dem passenden Prädikationselement der Grundprädikation ‚ist einem Begriff entsprechend' entfalten. Dadurch sind die Verhältnisse notwendig in jedem Zyklus anders. Auch für die Weiterführung der dialektischen Begriffsentwicklung – z. B. in der ‚Quantitätslogik' (vgl. Kap. 4.9) – darf nicht erwartet werden, daß sich das Unternehmen schließlich routinemäßig erledigen läßt. Zu befürchten ist eher, daß bei weiterem Fortschreiten immer neue, überraschende Probleme auftreten werden.

Der Übergang schließlich von der synthetischen zur explikativen Bestimmung erfordert die Auffindung der für die Synthese maßgeblichen Erfüllungsbedingungen. Diese sind, wie wir wissen, in der vorausgehenden dialektischen Argumentation bereits präsupponiert, aber die *Schwierigkeit* besteht hier darin, daß sie als solche noch *implizit* sind. Man muß sozusagen eine *Vermutung* entwickeln, was als Erfüllungsbedingung infragekommen könnte. Diese Vermutung kann dann im Rückgang auf die durchgeführte dialektische Argumentation verifiziert oder falsifiziert werden. Aber es gibt offenbar keine Regel, die ein schematisches Vorgehen ermöglichte. Es bedarf vielmehr der umsichtigen Erfassung eines komplexen Sachverhalts; und in diesem Sinn ist das, was man *einsichtiges* Erkennen nennt – im Gegensatz zu rein mechanischen Operationen –, in diesem Zusammenhang unverzichtbar.

All dies, denke ich, spricht letztlich auch dafür, daß das Verfahren dialektischer Begriffsentwicklung *nicht algorithmisierbar* ist, also auf den Menschen angewiesen und damit – bis auf weiteres – eine Herausforderung für die Philosophie bleibt. Natürlich sind Unmöglichkeitsaussagen immer heikel. Wenn *eine* Verfahrensregel nicht ausreicht – vielleicht brauchte man nur einige weitere hinzuzunehmen, um zu erreichen, daß eine Maschine dasselbe leistet. Im übrigen kranken derartige Aussagen auch daran, daß bislang noch völlig ungeklärt ist, was eine Maschine *grundsätzlich* kann und was nicht[147]. Ich möchte die Frage der *Algorithmisierbarkeit von Dialektik* hier daher nicht weiterverfolgen.

6.2 Trendelenburgs Kritik der dialektischen Methode[148]

Es ist in diesem Zusammenhang instruktiv, sich die Einwände eines der schärfsten und dabei ernstzunehmendsten Kritiker der dialektischen Methode zu vergegenwärtigen[149]. Die Rede ist von *Adolf Trendelenburg*, der in seinem zweibändigen Werk ‚Logische Untersuchungen' (1870) auch

[147] Vgl. hierzu Wandschneider 1990b.

[148] Hierzu ausführlich J. Schmidt 1977.

[149] Vgl. hierzu auch die ausführliche Gegenkritik von C.L. Michelet (1861a), die freilich eher apologetisch und häufig bloße Hegel-Paraphrase ist – wie übrigens auch Rosenkranz' Versuch, „die Hegelsche Logik mit Berücksichtigung aller gegen sie gemachten Ausstellungen, also mit Kritik der ihr zu Theil gewordenen Kritik fortzubilden" (dies unter Hinweis auf Trendelenburgs ‚Logische Untersuchungen') (Rosenkranz 1859, VII).

eine eindringende Kritik der Hegelschen Dialektik vorgelegt hat. Instruktiv, scheint mir, sind diese Überlegungen hier vor allem deshalb, weil Trendelenburg in der Tat sachlich schwerwiegende Einwände formuliert, die von der entwickelten Argumentation her, denke ich, aber entkräftet werden können: In der Auseinandersetzung mit einem starken Gegner kann sich auch die Stärke dieser Argumente beweisen.

Ein Hauptkritikpunkt Trendelenburgs betrifft das *Prinzip dialektischen Fortschreitens.* Motor der begrifflichen Bewegung sei dabei die *Negation.* „Was aber", fragt Trendelenburg, „ist das Wesen dieser dialektischen Negation? Sie kann eine doppelte Natur haben. Entweder ist sie rein logisch gefasst, so dass sie schlechthin verneint, was der erste Begriff bejaht, ohne etwas Neues an die Stelle zu setzen, oder sie ist real gefasst, so dass der bejahende Begriff durch einen neuen bejahenden Begriff verneint wird ... Wir nennen jenen ersten Fall die logische Negation, diesen zweiten die reale Opposition" (1870, 43 f). Trendelenburg hat damit also die kontradiktorische und die bestimmte Negation im Auge. Nur die letztere, erklärt er, sei für den dialektischen Fortschritt verantwortlich (44 f) – insoweit besteht Übereinstimmung mit Hegels und den hier durchgeführten Überlegungen. Aber für Trendelenburg stellt sich nun die Frage: „Läßt sich die reale Opposition auf bloss logischem Wege gewinnen?" (45)

Trendelenburg betrachtet diesbezüglich unter anderem den Gegensatz, der in der hier verwendeten, von Hegel abweichenden Terminologie durch die Gegensatzbestimmungen ‹Sosein› und ‹Anderssein› bezeichnet ist: „Woher weiss aber das dialektische Denken", das zunächst nur das Sosein ‚innerhalb' seiner Grenze betrachtet, „von einem Etwas ausser der Grenze? Hier greift zunächst die umfassendere Anschauung hinein und sodann die reflektierende Vergleichung, die das Etwas jenseits der Grenze mit dem ersten Etwas zusammenstellt und als Anderssein bezeichnet" (1870, 46). Beim Übergang zu einer neuen negativen Bestimmung, meint Trendelenburg deshalb, „schiebt sich immer die setzende Anschauung unter" (45). „Der Gegensatz stammt nicht aus dem reinen Denken, sondern aus der aufnehmenden Anschauung" (56). Die Dialektik stehe damit vor einem „unvermeidlichen Dilemma": Was rein logisch erreichbar ist, sei die ‚logische' (kontradiktorische) Verneinung, aber diese führe nicht zu einem neuen Inhalt. Oder die Verneinung sei, wie in dem betrachteten Beispiel, „der reale Gegensatz – dann ist sie wiederum nicht auf logischem Wege zu erreichen und die Dialektik ist keine Dialektik des *reinen*

Denkens“ (56). Entscheidend sei vielmehr, „dass die Anschauung da eingreift, wo die Dialektik zu Ende ist. Sie hält mit einem neuen Gewicht das ablaufende Räderwerk im Gange. In solchen Fällen ist der immanente Fortschritt nur Schein“ (70).

Trendelenburg hat dabei offenbar folgendes im Auge: Charakteristisch für die Anschauung ist ja, daß sie eine *ganzheitliche* Vorstellung gibt und dadurch nicht beim Sosein stehenbleibt, sondern dieses immer schon auf das Anderssein hin überschritten hat[150]. Dem wäre entgegenzuhalten: Auch wenn ich ‹Sosein› *denke,* muß ich es gegen sein begriffliches Komplement – und das ist eben die bestimmte Negation – abgrenzen und bin damit – aus *logisch-semantischen* Gründen – schon bei der zugeordneten Komplementbestimmung ‹Anderssein›. Diesen Gegensatz deutet Trendelenburg nun aber in einem *räumlichen* Sinn (z.B. 1870, 53, 79, 108) und sieht dabei die sinnlich-anschauliche Erfahrung am Werk, nicht das Denken: „Es wird dabei vergessen, ob denn und wie weit denn diese Begriffe auf vorangegangener Erfahrung ruhen“ (90).

Im Licht der hier entwickelten Überlegungen ist dazu folgendes zu sagen: Wenn die beiden Gegensatzbestimmungen im vorhergehenden als *komplementär* herausgestellt worden sind, so liegt dem ebenfalls der Gedanke eines Sinn*ganzen* zugrunde, das nur durch beide Bestimmungen zusammen charakterisiert ist. Aber diese Ganzheit ist nicht angeschaut, sondern gedacht. Gegeben ist ihr Gehalt nicht in einer räumlichen Anschauung, sondern durch die zugrundeliegende explikative Bestimmung, die ja ihrerseits einen wohlbestimmten Gehalt repräsentiert und auf diese Weise einen ‚semantischen Raum‘ bestimmt, der durch die komplementären Gegensatzbestimmungen gleichsam ‚ausgefüllt‘ wird. Die Frage ist daher nicht, wie man von der positiven oder besser: thetischen Bestimmung zur negativen bzw. dazu antithetischen Bestimmung kommt. Aufgrund ihrer *Komplementarität* gehören beide vielmehr von vornherein zusammen; die eine fordert die andere als notwendige Ergänzung ihres Sinns. In ‹Sosein› ist immer schon ‹nicht-Sosein› im Sinn von ‹Anderssein› *mitgesetzt,* und ‹Anderssein› setzt umgekehrt ‹Sosein› als Bezugsinstanz voraus; zu ‹Füranderessein› als Kategorie einer bestehenden Beziehung gehört von vornherein ‹Ansichsein› als Komplementbestimmung im Sinn einer nicht bestehenden Beziehung; und ‹Geltung› hat nur Sinn im Hinblick auf sein Komplement ‹Geltungsentsprechung›.

---

[150] Vgl. hierzu Michelets Kritik (1861a, 187).

Daß derartige Gegensätze als Komplementaritäten zu verstehen sind, scheint mir wesentlich zu sein, während der Charakter von Positivität und Negativität, wie sich gezeigt hat, nicht immer klar ausgeprägt ist. So ist oft garnicht eindeutig, was bezüglich einer inhaltlichen Bestimmung als deren ‚Gegensatz' in Frage kommt: Warum ist ‹schwarz› der Gegensatz von ‹weiß› und nicht etwa ‹grün› oder ‹blau› oder ‹rot›? – so auch Trendelenburg (vgl. 1870, 24). Offenbar deshalb, weil als leitende Bestimmung hier tatsächlich nicht eine Farbbedeutung, sondern der Aspekt der Helligkeit maßgeblich ist: ‹Helligkeit› ‚dissoziiert' gewissermaßen in ‹hell› und die dazu antithetische Bestimmung ‹dunkel› als bestimmte Negation von ‹hell›. Der ‚semantische Raum' der hier leitenden Hinsicht ‹Helligkeit› wird – bei dichotomer Aufteilung[151] – durch die beiden Bestimmungen vollständig ausgefüllt. Nur beide zusammen ‚exhaurieren' den Sinn von ‹Helligkeit› (wobei die Frage drei- und mehrgliedriger Alternativen hier außer Betracht bleiben kann)[152].

Auf semantische Komplementaritäten ist die dialektische Argumentation konstitutiv angewiesen. Aber Semantik ist nicht an räumliche Anschauung gebunden, wie sie Trendelenburg hier am Werk sieht und die in der Tat ein dem Denken äußerliches Element im Prozeß dialektischer Begriffsentwicklung wäre (vgl. 1870, 47). Trendelenburg könnte seinen Einwand dahin abschwächen, daß in jedem Fall schon ein Verständnis *empirischer Bedeutungen* vorausgesetzt sei; dies klingt in der schon zitierten Formulierung mit an: „Es wird dabei vergessen, ob denn und wie weit denn diese Begriffe auf vorangegangener Erfahrung ruhen" (90). Im vorhergehenden ist gezeigt worden, in welchem Sinn *empirisches* Sprachverständnis in der Tat in das Verfahren mit eingeht und inwiefern die grundsätzliche Apriorität desselben davon gleichwohl unberührt bleibt.

An anderer Stelle hebt Trendelenburg darauf ab, daß das dialektische Verfahren jedenfalls nicht voraussetzungslos sei. Voraussetzungen sprachlicher und logischer Art seien prinzipiell unvermeidlich, während die Dialektik den Anspruch erhebe, „dass das reine Denken voraussetzungslos aus der eigenen Nothwendigkeit die Momente des Seins erzeuge und erkenne" (1870, 36). Tatsächlich aber, wendet er ein, lägen die von der Dialek-

---

[151] Andernfalls liegt eine *konträre* Beziehung vor (sodaß in diesem Fall Grautöne als *Zwischenstufen* möglich sind); vgl. die Bemerkungen zum kontradiktorischen, konträren und komplementären Gegensatz in Kap. 3.2.

[152] Vgl. hierzu Kap. 4.6.

tik scheinbar erst erzeugten Begriffe „schon im Hintergrunde da und werden nur zur Thätigkeit geweckt" (98). Die semantischen Strukturen seien längst bekannt, aber durch Abstraktion werde zunächst ein Teilstück herausgetrennt; dieses „muss, da es als Theil von einem Ganzen abgerissen ist, die Spuren an sich tragen, dass es nur Theil ist, d.h. es muß eine Ergänzung fordern. Wenn diese eintritt, so wird ein Begriff entstehen, der den frühern in sich trägt" (94), und so fort „bis sich die volle Anschauung wieder hergestellt hat" (94). „Näher betrachtet", so Trendelenburg, „entdeckt sich hier das Geheimniss der dialektischen Methode. Sie ist nichts anderes als die Kunst, wodurch die ursprüngliche Abstraktion zurückgethan wird" (95). Keineswegs sei sie „das reine Denken", das „aus eigener Kraft die Begriffe erzeugt... Dieser reine Gedanke ist ein Ungedanke. Mit ihm fällt die Bedeutung der ganzen voraussetzungslosen Dialektik... Das menschliche Denken wäre auf dieser Höhe das göttliche" (98). „Dieser zum Grunde liegende Anspruch ist der logische Hochmuth des Systems genannt worden". Aber: „Wenn das göttliche Denken schafft, so verhält sich das menschliche nur nachschaffend" (99).

Nun, ich denke, man kann dem grundsätzlich zustimmen, ohne doch den damit verbundenen *Einwand* akzeptieren zu müssen – wenn das dialektische Verfahren nämlich als eine *Rekonstruktion* der Logik verstanden wird, die dafür immer schon *vorausgesetzt* sein muß. Das ist ausführlich dargelegt worden, insbesondere auch, daß dies, richtig verstanden, nicht gegen die *Voraussetzungslosigkeit* des Verfahrens spricht: Denn für eine solche Rekonstruktion der Logik ist ja wiederum nur – die Logik vorausgesetzt, d.h. die Logik setzt hier nicht ein von ihr Verschiedenes, sondern nur sich selbst voraus. Ihre Rekonstruktion ist damit ein Unternehmen, dem sie selbst auch die Mittel liefert, ist wesentlich *Selbstrekonstruktion* der Logik; davon wird im nächsten Kapitel noch zu sprechen sein. Es gibt Formulierungen bei Trendelenburg, die dieser Auffassung schon nahekommen: „In einer höheren Weise wird auch das Erkennen alle seine Elemente voraussetzen, wenn es sich in sich selbst zurecht finden soll" (1870, 131). „So ist es hier im Anfange unzulässig, eine Erklärung des Denkens oder des Seins zu fordern. Wir müssen eine Vorstellung derselben voraussetzen" (133)[153]. Aber Trendelenburg sieht nicht, welche Konsequenzen sich daraus für das

[153] Ähnlich Michelet (1861b, 228), der in diesem Punkt mit dem von ihm kritisierten Trendelenburg übereinstimmt: „Wir geben vollständig zu, dass die absolute Idee in ihrer Offenbarung in Logik, Natur und Geist schon vorhanden und

Verfahren ergeben. Er kritisiert zum Beispiel eine Auffassung, wie sie von J. E. Erdmann (und auch hier) vertreten worden ist, derzufolge die Kategorie ‹Sein› als Infinitiv der Kopula ‚ist', d. h. als ‹der Fall sein›, zu deuten ist. „Wenn dies richtig wäre", meint Trendelenburg, „so wäre es [sc. ‹Sein›] der Ausdruck der allgemeinen Beziehung zwischen Subjekt [sc. Satzsubjekt] und Prädikat und setzte beide voraus", sei daher nicht „der unvermittelte Anfang" (117).

Im Hinblick auf die erläuterte Notwendigkeit, die gesamte Logik immer schon voraussetzen zu müssen, kann das freilich nicht mehr als Einwand gelten. Schon für die Explikation der ersten logischen Kategorie ist die gesamte Logik vorausgesetzt – was somit recht verstanden nicht die damit verbundene Prätention, in der Reihe der nacheinander explizierten Bestimmungen die erste zu sein, widerlegt. Trendelenburg hat den Charakter der Dialektik als *Rekonstruktion des Prinzipiierungszusammenhangs von Begriffen* nicht erkannt. Sein Verdikt, die Dialektik sei „ein großartiger Irrthum; und die Größe der Absicht sucht den Irrthum der That still zu verdecken" (1870, 105), muß daher als unbegründet zurückgewiesen werden. Im übrigen ist das hier entwickelte und begründete Verfahren der Synthesebildung als des eigentlichen Kernstücks dialektischer Begriffsentwicklung ein ganz neuer Schritt in Richtung auf eine Theorie der Dialektik, den Trendelenburgs Kritik natürlich nicht im Blick hatte.

6.3 Das Problem einer Selbstrekonstruktion der Logik

Im vorhergehenden ist schon erläutert worden, inwiefern das Verfahren dialektischer Begriffsentwicklung als eine *Selbstrekonstruktion* der Logik – ‚Logik' im Sinn von *Fundamentallogik* (vgl. Kap. 1.1) – zu verstehen ist: Ein wesentlicher Punkt hierbei war, daß die Logik dafür immer schon vorausgesetzt ist; anders könnte garnicht argumentiert werden. Das heißt insbesondere auch, daß die verwendeten Begriffe schon bekannt sein müssen. Ziel des Verfahrens kann also nicht sein, diese allererst kennenzulernen.

---

durch unser anschauendes Denken erfasst sein muss, bevor wir die Entwickelung dieser anundfürsichseienden Wahrheit durch die dialektische Methode ... in der Wissenschaft entstehen lassen".

Hergeleitet wird, wie dargelegt, der zwischen solchen Begriffen bestehende *Prinzipiierungszusammenhang* oder anders gesagt: die Art und Weise, wie ein Begriff aus vorhergehenden zu konstruieren ist, sein *Konstruktionsgesetz*, das so gleichsam eine *Rekonstruktion* seiner Bedeutung leistet. Die Möglichkeit, Bedeutungen in dieser Weise verfahrensmäßig zu generieren, hat zugleich eine *Bedeutungsnormierung* zur Folge. Die zur Mitteilung dieser Bedeutungen gewählten umgangssprachlichen Begriffe haben demgegenüber nur die Funktion, die rekonstruierten Bedeutungen *näherungsweise* wiederzugeben. Ob und inwieweit das gewährleistet ist, ist durch das Verfahren überprüfbar, sodaß *empirische* Bedeutungsschwankungen grundsätzlich keine Rolle spielen. In diesem Sinn hat das dialektische Verfahren wesentlich *apriorischen* Charakter.

Es macht dementsprechend, so ist weiter festzustellen, nur von solchen Mitteln Gebrauch, die der Logik selbst entnommen sind; genannt seien: logische Prinzipien (z.B. der Widerspruchssatz oder das Komplementaritätsprinzip), formallogische Grundstrukturen (z.B. Deduktionsbeziehungen) und natürlich auch logische Grundkategorien (z.B. ‹Bestimmtsein›, ‹Beziehung› etc.). Mit Hilfe solcher Mittel leistet das Verfahren nun eine *Rekonstruktion* eben dieser Mittel selbst, hier zunächst als Kategorienentwicklung, die sich sodann als eine Rekonstruktion basaler Formalstrukturen und der logischen Prinzipien fortzusetzen hätte. In diesem Sinn kann in der Tat von einer *Selbstrekonstruktion* der Logik gesprochen werden: Mit ihren eigenen Mitteln macht sie sichtbar, was sie selbst ist. Die dialektische Kategorienentwicklung bildet in diesem Unternehmen nur die erste Etappe und die hier durchgeführte Untersuchung wiederum nur einen ersten Schritt auf diesem Weg.

Daß die Herleitung der fundamentalen *Kategorien* dabei am Anfang steht, erscheint plausibel: Denn um formallogische Strukturen oder logische Prinzipien charakterisieren zu können, müssen schon ‚höhere' Begriffe verfügbar sein (z.B. ‹Satz›, ‹Prädikat›, ‹Prämisse›, ‹formal›, ‹Prinzip› u.ä.), zu deren Rekonstruktion jene elementareren (wie ‹Bestimmtsein›, ‹Unterschied›, ‹Beziehung› etc.) *explizit* vorausgesetzt sind. Man beachte, daß, wie schon wiederholt bemerkt, umgekehrt jene höheren Begriffe von Anbeginn an *implizit* für die Rekonstruktion der elementaren Bestimmungen vorausgesetzt sind. Die Rekonstruktion enthält so gleichsam ein *doppeltes Voraussetzungsverhältnis:* Zum einen baut sie auf dem jeweils schon Rekonstruierten auf, das dafür also *explizit* vorausgesetzt ist, und zum andern macht sie immer schon von jenen noch nicht rekonstruierten ‚höheren' Begriffen Gebrauch, die als solche *implizit* vorausgesetzt sind. Auf dieses doppelte Voraussetzungsverhältnis ist von V. Hösle nachdrücklich hingewiesen worden (1987a, 203 f).

Hier könnte sich erneut die *Stringenzfrage* stellen: Ging es vorher nur um die Frage, ob die *rekonstruierten* Kategorien von Bedeutungsschwankungen der faktisch-empirischen Sprache abhängig sind, so hat man jetzt das Problem, daß die Bedeutungen der *noch nicht rekonstruierten* Bestimmungen, die in die dialektische Argumentation *implizit* miteingehen, der (wissenschaftlichen) Umgangssprache entnommen sind: Wird die dialektische Argumentation damit nicht doch in bedenklichem Maße vom *empirischen Sprachgebrauch* abhängig? Kann so wirklich noch von einem stringent-apriorischen Verfahren gesprochen werden? Zwar hat das verfahrensmäßig geregelte Vorgehen, wie wir gesehen haben, für die rekonstruierten Bedeutungen *normierenden Charakter.* Aber diese Rekonstruktionen sind ja ihrerseits abhängig vom Verständnis der noch nicht rekonstruierten Begriffe. Ruht damit nicht letztlich doch alles auf empirischen Sprachbedeutungen?

Hier wäre allerdings zu fragen, ob die für die *dialektische* Argumentation implizit vorausgesetzten ‚höheren' Begriffe überhaupt als *empirische* Bestimmungen gelten können. Ist es, mit anderen Worten, denkbar, daß ihre Bedeutung bei verschiedenen Sprachverwendern *wesentlich differiert?* Betrachten wir einen besonders krassen Fall: Nehmen wir an, daß der Ausdruck ‚gleich'[154] von bestimmten Menschen nicht in der üblichen Bedeutung, sondern im Sinn von ‚verschieden' verstanden wird. Es erhellt, daß dies in Wahrheit kein Bedeutungsproblem, sondern ein *Übersetzungsproblem*

---

[154] Man könnte einwenden, daß zumindest ‹gleich› keine ‚höhere', sondern eine sehr elementare Bestimmung sei, die möglicherweise auch als Gegensatzbestimmung zu ‹Unterschied› anzusetzen wäre (womit sich natürlich auch erhebliche Umstellungen in der Abfolge der Kategorien ergäben). Hierzu ist zu sagen, daß Gleichheit immer schon Verschiedenheit voraussetzt, denn nur von einem Verschiedenen kann sinnvollerweise Gleichheit prädiziert werden. Da nun Gleichheit aber der Verschiedenheit entgegengesetzt ist, kann die Gleichheit der Verschiedenen nur in bestimmten Hinsichten bestehen. Man sieht so, daß ‹Gleichheit› mindestens auch die explizite Bestimmung ‹Hinsicht› präsupponiert, die offenbar nicht zu den elementaren Kategorien gehört (selbst wenn ‹Unterschied› und ‹Verschiedenheit› als synonym betrachtet würden). ‹Unterschied› selbst setzt dagegen nicht ‹Gleichheit› als *explizite* Kategorie voraus, sondern an jener Stelle der Begriffsentwicklung lediglich die explizite Unterscheidung von ‹Sosein› und ‹Anderssein›.

ist: Was das Wort ‚gleich' hier bedeutet, wird dort durch das Wort ‚verschieden' bezeichnet, d.h. es geht in diesem Zusammenhang eigentlich nur um die Zuordnung von Worten zu Bedeutungen, nicht um die Bedeutungen selbst – denn: *Fundamentalbedeutungen* dieser Art wie ‹gleich›, ‹verschieden› etc. müssen in einer Sprache immer schon verfügbar sein, und zwar keineswegs nur zum Zweck philosophischer Argumentation. Sie sind vielmehr schon für das Erlernen der Sprache und den sprachlichen Umgang mit der Realität unverzichtbar (‚gleiche' bzw. ‚verschiedene' Gegenstände, Bedeutungen etc.). Um Fundamentalbedeutungen handelt es sich hierbei offenbar deshalb, weil dadurch *elementare logische Verhältnisse* gekennzeichnet werden. Schon Platon weist im ‚Theaitetos' (186 a) darauf hin, daß Begriffe wie ‹Gleichheit›, ‹Verschiedenheit› u.ä. grundsätzlich *nicht empirisch* sein können, weil sie umgekehrt vielmehr dazu dienen, die Erfahrung begrifflich zu strukturieren. Sie haben insofern, Kantisch gesprochen, *transzendentale* Funktion, d.h. sie gehören zu den logischen Bedingungen der Möglichkeit von Erfahrung ebenso wie zu den logischen Bedingungen von Argumentation und haben insofern wesentlich nicht-empirischen, *apriorischen* Charakter.

Sicher: Es gibt zweifellos sehr verschiedene Auffassungen darüber, was z.B. unter ‹Gleichheit› zu verstehen sei: Gleichheit in einer oder mehreren Hinsichten oder nur unter bestimmten Bedingungen (man kann z.B. an die zur Synthesebildung führenden Bedingungen denken, unter denen die Gegensatzbestimmungen sich auch als gleich – äquivalent – erweisen), Gleichheit von Bedeutungen oder von Gegenständen (intensionale bzw. extensionale Gleichheit). Diese Unterscheidungen zeigen aber auch, daß der Sinn von ‹Gleichheit› dafür *schon vorausgesetzt* ist und die besonderen Bedeutungsfacetten *Zusatzbedingungen* betreffen (‚in einer oder mehreren Hinsichten', ‚unter bestimmten Bedingungen', ‚für Bedeutungen bzw. Gegenstände' usw.). Die hier *‚Fundamentalbedeutungen'* genannten Begriffe, so wird man allgemein sagen können, müssen – unabhängig von der je faktischen Sprache – immer schon verstanden sein; und in diesem Sinn haben sie *apriorischen* Charakter[155]. Daß sie in die dialektische Argumenta-

[155] Das schließt natürlich nicht aus, mehr noch: es ist zweifellos so, daß auch die ‚Fundamentalbedeutungen' erst im Prozeß empirischen Spracherwerbs aktualisiert und *insofern auch ‚gelernt'* werden, obwohl sie nicht *aus* der Erfahrung stammen können – Platonisch würde man von ‚Anamnesis' sprechen. Zur Klärung *dieser* Zusammenhänge ist hier nicht der Ort.

tion wesentlich eingehen, bedeutet also nicht, daß diese vom empirischen Sprachgebrauch abhängig würde. Soweit es sich dabei um *Fundamentalbedeutungen* handelt, ist das Verfahren grundsätzlich stringent durchführbar.

Man kann natürlich fragen, *welche* Bestimmungen als Fundamentalbedeutungen in Betracht kommen. Nach dem Gesagten offenbar genau diejenigen, die elementare logische Verhältnisse charakterisieren, ohne die jegliches Sinnverständnis unmöglich wäre. Hier kann an die aus der Diskussion um das Problem philosophischer ‚Letztbegründung' bekannte Argumentationsfigur erinnert werden[156], auf die schon in der Einleitung rekurriert worden ist (Kap. 1.1): Wer bestreitet, daß die Kategorie ‹X› eine Fundamentalbedeutung repräsentiert und für dieses Bestreiten in *der* Form argumentieren muß, daß er dafür selbst schon ‹X› benötigt, verwickelt sich in einen *performativen Widerspruch,* der seine Position als unhaltbar erweist. Dabei ist wesentlich, daß die Verzichtbarkeit der Kategorie ‹X› nicht nur behauptet wird, sondern daß dafür *argumentiert* wird. Durch Argumentation kommen aber, prinzipiell gesehen, sämtliche Fundamentalbedeutungen ins Spiel. Denn jede Aussage, die formuliert wird, bedarf ihrerseits der Begründung usf., sodaß in der Grenze der gesamte argumentationsrelevante kategoriale Bestand und damit gegebenenfalls auch ‹X› in Anspruch genommen werden muß.

Natürlich kann der performative Widerspruch im Sinn der Letztbegründungsargumentation nur genutzt werden, wenn das *Prinzip des zu vermeidenden Widerspruchs* verfügbar ist. Aber auch hier gilt, daß für den Verzicht auf das Widerspruchsprinzip nicht sinnvoll argumentiert werden könnte. Wird der Widerspruch nämlich zugelassen, wird bekanntlich jede beliebige Aussage herleitbar und der Unterschied von ‚wahr' und 'falsch' damit hinfällig. Auch das Widerspruchsprinzip muß daher als transzendentale Bedingung möglicher Argumentation verstanden werden[157].

Es ist deutlich, denke ich, daß es – um das in der Einleitung schon Gesagte (Kap. 1.1) abschließend noch einmal aufzugreifen – so etwas wie einen *Kernbestand fundamentaler logischer Strukturen* gibt, die als transzendentale Bedingungen von Argumentation unhintergehbar sind. Wesentlich für

---

[156] Vgl. z. B. Apel 1973 (Bd. 2), Kuhlmann 1985, Wandschneider 1985, Hösle 1987b, 1990, Wandschneider 1994.

[157] Hierzu ausführlich Wandschneider 1994. Daß der *antinomisch-dialektische Widerspruch* diesbezüglich eine Ausnahme bildet (weil er genaugenommen ein *Scheinwiderspruch* ist), ist früher ausführlich dargelegt worden (Kap. 2.3, 4.2).

diese *Fundamentallogik,* wie ich jenen logischen Kernbestand genannt habe, ist somit, daß sie nicht bestritten werden kann, ohne daß sie für dieses Bestreiten selbst schon in Anspruch genommen werden muß. In diesem Sinn ist sie auch *voraussetzungslos* zu nennen, denn sie setzt nichts anderes voraus als *sich selbst.* Wer etwa geltend machte, die Fundamentallogik müsse, ohne dafür schon Logik vorauszusetzen, also *logikunabhängig* begründet werden, fordert etwas Widersinniges, denn ‚Begründen' ist ja selbst schon ein *logisches* Verhältnis[158]. Die Fundamentallogik kann keinen anderen Grund als sich selbst haben, und in diesem Sinn muß sie, wie ebenfalls schon in der Einleitung dargelegt (Kap. 1.1), endlich auch als ‚*selbstbegründend*' gelten – sicher ein schwer faßlicher *Zirkel,* der aber, das ist entscheidend, als ein *notwendiger Zirkel* erweisbar ist[159]. Im Zusammenhang mit der aktuellen Letztbegründungskontroverse sind diese Fragen bereits ausführlich diskutiert worden[160].

Die von der dialektischen Logik unternommene *Selbstrekonstruktion* der Fundamentallogik wäre also zugleich als deren *Selbstbegründung* zu verste-

---

[158] Aktuelle Versuche, die (dialektische) Logik demgegenüber an die *lebensweltliche Praxis* zurückzubinden, müssen, um dem Widerspruch einer ‚logikunabhängigen Begründung' zu entgehen, auf das Attribut ‚begründet' verzichten und stattdessen auf Metaphern wie „fundiert", „verwurzelt" u. ä. zurückgreifen – so z. B. R. Bubner (1990, 85, 107). Die Idee einer solchen ‚Fundierung' und ‚Verwurzelung' erklärt sich aus einem Dialektikverständnis, das vom *faktisch-lebensweltlichen Dialog* her konzipiert ist. Indessen: „Das Aufbrechen des Konflikts", „das auslösende Ereignis" des dialektischen Streits (Bubner 1990, 85); „Krisen des ‚Lebens', des eingelebten praktischen Begreifens" (Menke 1992, 54); „die ‚Idee', als die gemeinsame und erfolgreiche menschliche Praxisform etwa des rechten Sprachgebrauchs und der handlungsorientierenden Unterscheidungen" (Stekeler-Weithofer 1992b, 159): Derartiges steht im Rahmen einer *dialektischen Logik* mit Sicherheit nicht zur Debatte. Im übrigen: *Gültig* ist ein Argument aus *logischen,* nicht ‚lebensweltlichen' Gründen. Der Rekurs auf die Lebenswelt konfundiert *logische Geltung* mit *konsensualem Geltenlassen* im empirischen Dialog.

[159] Vgl. auch Cirne-Lima 1986, 91: „Der Schlüssel zum Verständnis der Dialektik Hegels ist dieser Übergang vom Nicht-Begründeten [sc. eines behaupteten letzten, unbegründbaren Prinzips] zum zirkulären Prozeß der Selbstbegründung, in welchem dasselbe begründet wird und durch sich selbst gründet". Dieser „Prozeß zerstört sich nicht, sondern ist im Gegenteil selbst-tragend".

[160] Hierzu z.B. Kuhlmann 1985; Wandschneider 1985, 1994; Hösle 1987b, 1990.

hen[161] und die hier durchgeführte Kategorienentwicklung so vor allem als *ein Beitrag zu diesem Programm einer Selbstbegründung der Logik* und insbesondere zur Entwicklung des dafür zu fordernden *stringenten Verfahrens* – nicht hingegen als Neuauflage einer ‚Kategorientafel' à la Kant. Ziel einer solchen Selbstbegründung der Logik wäre, wie dargelegt, zunächst die Klärung des *Prinzipiierungsverhältnisses* der fundamentalen Kategorien, d. h. deren sukzessive Begründung auseinander. Sodann wäre die Rekonstruktion basaler Formalstrukturen sowie der logischen Prinzipien zu leisten. Den Abschluß des Unternehmens müßte wohl eine Selbstreflexion der Fundamentallogik bilden, in der diese sich selbst als unhintergehbar und als selbstbegründend begründet – Überlegungen also von der Art, wie sie eben schon vorwegnehmend angedeutet wurden.

Im Rahmen einer solchen Selbstrekonstruktion der Logik wäre insbesondere auch das hier entwickelte *Verfahren dialektischer Argumentation selbst* zu rechtfertigen. Nachdem zunächst mit seiner Hilfe die für es in Anspruch genommenen Fundamentalkategorien, fundamentalen Formalstrukturen und logischen Prinzipien rekonstruiert worden sind, müßte im Prinzipiierungsgefüge der Fundamentallogik dann auch die Stelle bezeichnet werden, die das Verfahren selbst einnimmt. Denn soviel ist klar, daß es sich dabei nicht um *irgendeine* Argumentation handelt, sondern eben um die argumentative Selbstrekonstruktion von Argumentation selbst. Auch hier ist daran zu erinnern, daß das Verfahren immer schon die gesamte Logik voraussetzt, um überhaupt operabel zu sein. Diese Voraussetzungen gilt es sodann in der Durchführung des Verfahrens Schritt für Schritt einzuholen, um zuletzt dieses selbst auch noch zu begründen und zu legitimieren. Die Rechtfertigung des Verfahrens ist darum erst *am Ende*, im Stand absoluter Selbstdurchsichtigkeit hinsichtlich seiner Voraussetzungen, zu leisten[162]. Aber sie kommt deswegen nicht zu spät, denn auch ohne sie kann,

---

[161] Bezüglich der von F. Schick formulierten Alternative „Hegels Wissenschaft der Logik – metaphysische Letztbegründung oder Theorie logischer Formen?" (1994, Buchtitel) wäre somit zu antworten: *beides* – während die Autorin für die zweite Alternative optiert.

[162] Zum *Abschlußproblem* der ‚Logik' vgl. die instruktiven Überlegungen bei Hösle 1987a, Kap. 4.1.2.2, und Fulda 1991b, 73 ff. Das dialektische Verfahren der sukzessiven ‚Aufhebung' defizienter – also nicht-absoluter – Bestimmungen ist Hösle zufolge „als indirekter Beweis für die Absolutheit der absoluten Idee" zu interpretieren (Hösle 1987a, 188). Das kommt mit Fuldas Deutung überein, der-

wie gesagt, schon argumentiert und begründet werden. Wäre es anders, könnte das Verfahren nie beginnen.

Man muß sich hier *das eigentümliche Verhältnis des Denkens zur Logik* vergegenwärtigen. Die Fundamentallogik wird vom Denken beständig in Anspruch genommen, ohne daß sie dafür schon expliziert sein müßte. Man könnte fast sagen: Das Denken verfügt über einen ‚logischen Instinkt'; es bedient sich der Logik mit schlafwandlerischer Sicherheit, ohne davon selbst ein ausdrückliches Bewußtsein zu haben. Es verwendet die logischen Grundbestimmungen, tätigt formale Operationen und beruft sich auf logische Grundprinzipien. Sein Erfassen des Logischen hat gleichsam *intuitiven* Charakter oder, in umgekehrter Perspektive: das Logische ‚zeigt seinen Sinn', um eine Wittgensteinsche Formulierung aufzunehmen (1921, vgl. 4.022). Argumentierend beruft es sich auf seine logischen Intuitionen, ohne daß ihm dies von anderem Denken streitig gemacht werden könnte, da dieses ebenfalls nur einen solchen intuitiven Zugang zur Logik hat. Daß auf diese Weise dennoch Übereinstimmung erzielt werden kann, macht auf der anderen Seite deutlich, daß die Logik nicht vom Denken, sondern das Denken umgekehrt von der Logik abhängt. Zumindest als Fundamentallogik ist sie ursprünglicher als das reale Denken, liegt diesem voraus und grenzt auch dessen konstruktive Möglichkeiten ein – unter fundamentallogischem Aspekt ist nicht alles möglich. Die Fundamentallogik ist als absolutes Apriori des Denkens zu begreifen.

Das kann freilich nicht heißen, daß sich das Denken in apriorischer Perspektive nicht irren könnte, im Gegenteil: *Das Apriorische darf nicht als das Selbstverständliche mißverstanden werden* – man denke nur an die mühevolle Arbeit mathematischer Beweisführung. Als *realer Vollzug* ist das Denken grundsätzlich Störungen ausgesetzt und damit *fallibel;* das ist die Situation des *endlichen Geistes,* der Hegel zufolge die faktisch-geschichtliche ‚Realisierung' der Logik betreibt. Unter psychologisch-historischem Aspekt ist für den realen Geist also – in einem durchaus Hegelschen Sinn[163] – von der

---

zufolge Hegels Dialektik den *Skeptizismus* in einem essentiellen Sinn interpretiert habe, sodaß gleichsam „alle Begriffe durch skeptische Argumentation zu gewinnen" seien (Fulda 1991b, 71), und diese so schließlich zu einem Abschluß gelangen könne, „ohne sich dabei vom skeptischen Verstand trennen und für das dogmatische Denken Partei ergreifen zu müssen" (78).

[163] Hierzu ausführlich Wandschneider/ Hösle 1983.

prinzipiellen Fallibilität des Denkens auszugehen – nicht hingegen im *logischen* Sinn: Wer die Möglichkeit von Wahrheit überhaupt bestreitet, muß dafür selbst schon Wahrheit in Anspruch nehmen und verstrickt sich somit in einen performativen Widerspruch. Und im übrigen: Wie Platon im ‚Theaitetos' zeigt, wäre es zwar sinnlos anzunehmen, daß es nur wahre Aussagen gibt (170c f). Aber mit der entgegengesetzten Annahme der *Möglichkeit der Täuschung* ist immer schon unterstellt, daß es auch verbindliche Wahrheit gibt – anders hätte es keinen Sinn, von ‚Täuschung' zu reden. Auch der Fallibilitätsvorbehalt setzt somit schon die Existenz einer vom Denken unabhängigen Wahrheit voraus und kann insofern nicht als ein prinzipieller Einwand gegen die Absolutheit der Fundamentallogik verstanden werden.

Muß die Fundamentallogik aber als absolut begriffen werden, so kommt ihr damit – um abschließend noch einmal an die einleitenden Überlegungen (Kap. 1.1) anzuknüpfen – zugleich *fundamentale ontologische Relevanz* zu: womit sie zur Grundlage einer *objektiv-idealistischen* Ontologie wird. Wenn hier also erste Ansätze zu einer Dialektiktheorie entwickelt wurden, so ist dies zum einen als Beitrag zur Ausarbeitung der Fundamentallogik zu sehen, um damit anderseits auch schon das Projekt eines *objektiven Idealismus,* das hier den programmatischen Rahmen bildet, anzugehen und vielleicht weiterzubringen.

Literatur

Angehrn, E./ Fink-Eitel, H./ Iber, C./ Lohmann, G. (ed. 1992) Dialektischer Negativismus. Michael Theunissen zum 60. Geburtstag. Frankfurt(M.) 1992

Apel, K.-O. (1973) Transformation der Philosophie, 2 Bde. Frankfurt(M.) 1973

Apel, K.-O. (1982) Sprechakttheorie und transzendentale Sprachpragmatik zur Frage ethischer Normen, in: Apel, K.-O. (ed. 1982) Sprachpragmatik und Philosophie. Frankfurt(M.) 1982, 10–173

Arndt, A. (1994) Dialektik und Reflexion. Zur Rekonstruktion des Vernunftbegriffs. Hamburg 1994

Arruda, A.I. (1989) Aspects of the Historical Development of Paraconsistent Logic, in: Priest, G./ Routley, R./ Norman, J. (ed. 1989), Paraconsistent Logic. Essays on the Inconsistent. München/ Hamden/ Wien 1989

Bartels, J./ Holz, H.H./ Lensink, J./ Pätzold, D.(1986) Dialektik als offenes System. Historisch-systematische Untersuchungen zu Widerspiegelung – Wahrheit – Widerspruch. Köln 1986

Becker, W. (1969) Hegels Begriff der Dialektik und das Prinzip des Idealismus. Zur systematischen Kritik der logischen und der phänomenologischen Dialektik. Stuttgart/ Berlin/ Köln/ Mainz 1969

Becker W./ Essler, W.K. (ed. 1981) Konzepte der Dialektik. Frankfurt(M.) 1981

Blau, U. (1985) Die Logik der Unbestimmtheiten und Paradoxien, in: Erkenntnis 22 (1985), 369–459

Bubner, R. (1973) Dialektik und Wissenschaft. Frankfurt(M.) 1973

Bubner, R. (1976) Strukturprobleme dialektischer Logik, in: Guzzoni/ Rang/ Siep (ed. 1976), Hamburg 1976, 36–52

Bubner, R. (1980) Zur Sache der Dialektik. Stuttgart 1980

Bubner, R. (1984) Selbstbezüglichkeit als Struktur transzendentaler Argumente, in: Schaper, E. / Vossenkuhl, W. (ed. 1984) Bedingungen der Möglichkeit. ‚Transcendental Arguments‘ und transzendentales Denken. Stuttgart 1984, 63–79

Bubner, R. (1990) Dialektik als Topik. Bausteine zu einer lebensweltlichen Theorie der Rationalität. Frankfurt(M.) 1990

Burbidge, J. (1981) On Hegel,s Logic. Fragments of a Commentar. Atlantic Highlands, N.J. 1981

Burbidge, J. (1982) Transition or Reflection, in: Revue Internationale de Philosophie 36. Hegel et la Dialectique (1982), 111–123

Cirne-Lima, C.R.V. (1986) Vom Widerspruchssatz, in: Wiener Jahrbuch für Philosophie XVIII (1986), 65–93

Cirne-Lima, C.R.V. (1994) Umgekehrte Logik, in: Klein, H.-D. (ed. 1994) Letztbegründung als System? Bonn 1994, 121–168

Cirne-Lima, C.R.V. (i. Ersch.) Brief über die Dialektik, in: Wandschneider (ed., i. Ersch.)

Coelln, H.v. (1989) Was ist und was heißt Dialektik? Eine Frage nach dem Sein. Essen 1989

Cohen, R.S./ Wartofsky, M.W. (ed. 1984) Hegel and the Sciences. Dordrecht/ Boston/ Lancaster 1984

Cohn, J. (1923) Theorie der Dialektik. Formenlehre der Philosophie. Leipzig 1923

Collmer, T. (1992) Aktuelle Perspektiven einer immanenten Hegel-Kritik. Negative Totalisierung als Prinzip offener Dialektik. Gießen 1992

Costa, N.C.A. da (1974) On the Theory of Inconsistent Formal Systems, in: Notre Dame Journal of Formal Logic XV (1974), 497–510

Costa, N.C.A. da/ Wolf, R.G. (1980) Studies in Paraconsistent Logic. I. The Dialektical Principle of the Unity of Opposites; II. Quantifiers and the Unity of Opposites, in: Philosophia. Philosophical Quarterly of Israel 9 (1980)

Davidson, D./ Fulda, H.F. (1993) Dialektik und Dialog. Rede von Donald Davidson anläßlich der Verleihung des Hegelpreises 1992. Laudatio von Hans Friedrich Fulda: Donald Davidson auf dem Wege zu einer einheitlichen Theorie des Sprechens, Handelns und Interpretierens. Frankfurt(M.) 1993

Demmerling, C./ Kambartel, F. (ed. 1992) Vernunftkritik nach Hegel. Analytisch-kritische Interpretationen zur Dialektik. Frankfurt(M.) 1992

Düsing, K. (1977) Spekulative Logik und positive Philosophie. Thesen zur Auseinandersetzung des späten Schelling mit Hegel, in: Henrich (ed. 1977), 117–128

Düsing, K. (1986) Syllogistik und Dialektik in Hegels spekulativer Logik, in: Henrich (ed. 1986), 15–38

Düsing, K. (1990) Formen der Dialektik bei Plato und Hegel, in: Riedel (ed. 1990), 169–191

Düsing, K. (i. Ersch.) Dialektikmodelle. Platons ‚Sophistes' sowie Hegels und Heideggers Umdeutungen, in: Wandschneider (ed., i. Ersch.)

Eley, L. (1976) Hegels Wissenschaft der Logik. München 1976
Erdei, L. (1973) Der Gegensatz und der Widerspruch in der Hegelschen Logik, in: Hegel-Jahrbuch 1973, 18–23
Essler, W.K. (1986) Zur Topologie der Arten dialektischer Logik bei Hegel, in: Henrich (ed. 1986), 198–208
Fahrenbach, H. (ed. 1973) Wirklichkeit und Reflexion. Walter Schulz zum 60. Geburtstag. Pfullingen 1973
Fichte, J.G. (Werke 1834–1846), ed. Fichte, I.H., 1834–1846, Bd. 1
Fichte, J.G. (Werke 1965) Gesamtausgabe der Bayrischen Akademie der Wissenschaften, ed. Lauth, R./ Jacob, H. Stuttgart 1965, Bd. I, 2
Findlay, J.N. (1964) Hegel. A Re-Examination. London [2]1964
Findlay, J.N. (1977) Systematic and Dialectical Philosophy versus Analysis, in: Henrich (ed. 1977), 291–303
Flach, W. (1964) Hegels dialektische Methode, in: Gadamer, H.-G. (ed. 1964) Heidelberger Hegel-Tage 1962. Bonn 1964 (Hegel-Studien, Beiheft 1), 55–64
Fleischhacker, L. (1982) Over de grenzen van de kwantiteit. Amsterdam 1982
Frey, G. (1968) Einführung in die philosophischen Grundlagen der Mathematik. Hannover/ Paderborn 1968
Fulda, H.F. (1978a) Unzulängliche Bemerkungen zur Dialektik, in: Horstmann (ed. 1978), 33–69
Fulda, H.F. (1978b) Hegels Dialektik als Begriffsbewegung und Darstellungsweise, in: Horstmann (ed. 1978), 124–174
Fulda, H.F. (1981) Dialektik in Konfrontation mit Hegel, in: DIALEKTIK 2 (Hegel – Perspektiven seiner Philosophie heute). Köln 1981, 63–84
Fulda, H.F. (1991a) Spekulative Logik als die ‚eigentliche Metaphysik' – Zu Hegels Verwandlung des neuzeitlichen Metaphysikverständnisses, in: Pätzold/ Vanderjagd (ed. 1991), 9–27
Fulda, H.F. (1991b) Philosophisches Denken in einer spekulativen Metaphysik, in: Pätzold/ Vanderjagd (ed. 1991), 62–82
Fulda, H.F./ Horstmann, R.-P./ Theunissen, M. (1980) Kritische Darstellung der Metaphysik. Eine Diskussion über Hegels ‚Logik'. Frankfurt(M.) 1980
Gadamer, H.-G. (1971) Hegels Dialektik. Fünf hermeneutische Studien. Tübingen 1971
Gauthier, Y. (1984) Hegel's Logic from a Logical Point of View, in: Cohen, R.S./ Wartofsky, M.W. (ed.), Hegel and the Sciences. Dordrecht/ Boston/ Lancaster 1984, 303–310

Gethmann-Siefert, A. (1983) Rettung der Dialektik? Rationale Rekonstruktion oder Sacrificium rationis? in: Hegel-Studien 18 (1983), 245–294

Gloy, K./ Burger, P. (ed. 1993) Die Naturphilosophie im Deutschen Idealismus. Stuttgart 1993

Gulli, M. (1986) Lineamenti per la Metodologia Dialettica del Conoscere Scientifico in Hegel, in: Giornale di Metafisica – Nuova Serie – VIII (1986), 309–352

Günther, G. (1973) Idee und Grundriß einer nicht-Aristotelischen Logik. Hamburg ^{2}1973–1975

Günther, G. (1976) Beiträge zur Grundlegung einer operationsfähigen Dialektik. 3 Bde. Hamburg 1976–1980

Günther, G. (1978) Grundzüge einer neuen Theorie des Denkens in Hegels Logik. Hamburg ^{2}1978

Guzzoni, U./ Rang, B./ Siep, L. (ed. 1976) Der Idealismus und seine Gegenwart. Festschrift für Werner Marx zum 65. Geburtstag. Hamburg 1976

Habermas, J. (1976) Analytische Wissenschaftstheorie und Dialektik. Ein Nachtrag zur Kontroverse zwischen Popper und Adorno, in: Topitsch, E. (ed. 1976), 291–311

Haering, T. (1929) Hegel. Sein Wollen und sein Werk. 2 Bde. Leipzig/ Berlin 1929–1938

Hammacher, K. (1981) Problemgeschichtliche und systematische Analyse von Fichtes Dialektik, in: Hammacher (ed. 1981), 388–406

Hammacher, K. (ed. 1981) Der transzendentale Gedanke. Die gegenwärtige Darstellung der Philosophie Fichtes. Hamburg 1981

Hammacher, K. (1986) Fichtes transzendentale Dialektik und Hegels phänomenologische Dialektik. Eine transzendentallogische Rekonstruktion, in: Holz, H.H. (ed. 1986), 194–207

Hammacher, K. (1988) Zur Transzendentallogischen Begründung der Dialektik bei Fichte in: Kant-Studien 79 (1988), 467–475

Harris, E. (1984) The Dialectical Structure of Scientific Thinking, in: Cohen / Wartofsky (ed. 1984), 195–213

Hartkopf, W. (1987) Dialektik – Heuristik – Logik. Nachgelassene Studien (ed. Baum, H./ Hengst, M./ Schmied-Kowarzik, W.). Frankfurt(M.) 1987

Hartmann, E.v. (1868) Über die dialektische Methode. Berlin 1868

Hartmann, E.v. (1923) Kategorienlehre. Leipzig ^{2}1923

Hartmann, K. (1972) Hegel: A Non-Metaphysical View, in: MacIntyre (ed.), Hegel. A Collection of Critical Essays. New York 1972, 101–124

Hartmann, K. (1973) Zur neuesten Dialektik-Kritik, in: Archiv für Geschichte der Philosophie 55 (1973), 220–242

Hartmann, K. (1976) Die ontologische Option, in: Hartmann (ed. 1976), 1–30

Hartmann, K. (ed. 1976) Die ontologische Option. Studien zu Hegels Propädeutik, Schellings Hegel-Kritik und Hegels Phänomenologie des Geistes. Berlin/ New York 1976

Hartmann, N. (1949) Neue Wege der Ontologie. Stuttgart [3]1949

Hegel, G.W.F.: Werkausgabe in 20 Bänden. Auf der Grundlage der Werke von 1832–1845 (ed. Moldenhauer, E./ Michel, K.M.), Frankfurt(M.) 1969 ff

Hegel, G.W.F. (1812) Wissenschaft der Logik. Erster Band, erstes Buch Das Sein. Nachdruck der Erstausgabe von 1812, besorgt von W. Wieland. Göttingen 1966

Hegselmann, R. (1985) Formale Dialektik. Ein Beitrag zu einer Theorie des rationalen Argumentierens. Hamburg 1985

Heintel, E. (1984) Grundriß der Dialektik. Ein Beitrag zu ihrer fundamentalphilosophischen Bedeutung. Bd. I: Zwischen Wissenschaftstheorie und Theologie. Bd. II: Zum Logos der Dialektik und zu seiner Logik. Darmstadt 1984

Heiss, R. (1932) Logik des Widerspruchs. Eine Untersuchung zur Methode der Philosophie und zur Gültigkeit der formalen Logik. Berlin/ Leipzig 1932

Heiss, R. (1959) Wesen und Formen der Dialektik. Köln/ Berlin 1959

Heiss, R. (1963) Die großen Dialektiker des 19. Jahrhunderts. Köln/ Berlin 1963

Henrich, D. (1967) Hegel im Kontext. Frankfurt(M.) [2]1975

Henrich, D. (1976) Hegels Grundoperation. Eine Einleitung in die ‚Wissenschaft der Logik', in: Guzzoni/ Rang/ Siep (ed. 1976), 208–230

Henrich, D. (ed. 1977) Ist systematische Philosophie möglich? (Red. K. Cramer) Bonn 1977

Henrich, D. (1978) Formen der Negation in Hegels Logik, in: Horstmann (ed. 1978), 213–229

Henrich, D. (1980) Absoluter Geist und Logik des Endlichen, in: Hegel-Studien, Beiheft 20: Hegel in Jena. Die Entwicklung des Systems und die Zusammenarbeit mit Schelling. Bonn 1980, 103–118

Henrich, D. (1982) Die Formationsbedingungen der Dialektik, in: Revue Internationale de Philosophie 139/140 (1982), 139–162
Henrich, D. (ed. 1983) Kant oder Hegel? Über Formen der Begründung in der Philosophie. Stuttgarter Hegel-Kongreß 1981. Stuttgart 1983
Henrich, D. (ed. 1986) Hegels Wissenschaft der Logik. Formation und Rekonstruktion. Stuttgart 1986
Hochkeppel, W. (1970) Dialektik als Mystik, in: Kaltenbrunner (ed. 1970), 69–92
Holz, H.H. (ed. 1986) Annalen der internationalen Gesellschaft für dialektische Philosophie – Societas Hegeliana. Köln 1986
Holz, H.H. (1991) Hegels Konzept der ‚eigentlichen Metaphysik', in: Pätzold/ Vanderjagd (ed. 1991), 28–42
Holz, H.H. (ed. 1992) Strukturen der Dialektik. Hamburg 1992
Horstmann, R.-P. (ed. 1978) Seminar: Dialektik in der Philosophie Hegels. Frankfurt(M.) 1978
Hörz, H. (1972) Die Bedeutung der Hegelschen Dialektik für die Physik, in: Ley, H. (ed. 1972) Zum Hegelverständnis unserer Zeit. Berlin 1972
Hösle, V. (1982) Wahrheit und Geschichte. Stuttgart 1984
Hösle, V. (1987a) Hegels System. Der Idealismus der Subjektivität und das Problem der Intersubjektivität, 2 Bde. Hamburg 1987
Hösle, V. (1987b) Begründungsfragen des objektiven Idealismus, in: Köhler/ Kuhlmann/ Rohs (ed. 1987), 212–267
Hösle, V. (1990) Die Krise der Gegenwart und die Verantwortung der Philosophie – Transzendentalpragmatik, Letztbegründung, Ethik. München 1990
Israel, J. (1979) Der Begriff Dialektik. Reinbek 1979
Kainz, H.P. (1984) Über die philosophische Paradoxie, in: Hegel-Studien 19 (1984), 271–304
Kaltenbrunner, G.-K. (ed. 1970) Hegel und die Folgen. Freiburg 1970
Kesselring, T. (1981) Voraussetzungen und dialektische Struktur des Anfangs der Hegelschen Logik, in: Zeitschrift für philosophische Forschung 35 (1981), 563–584
Kesselring, T. (1984) Die Produktivität der Antinomie. Hegels Dialektik im Lichte der genetischen Erkenntnistheorie und der formalen Logik. Frankfurt(M.) 1984
Kesselring, T. (1992) Rationale Rekonstruktion von Dialektik im Sinne Hegels, in: Angehrn/ Fink-Eitel/ Iber/ Lohmann (ed. 1992), 273–303
Kimmerle, H. (1979) Die allgemeine Struktur der dialektischen Methode, in: Zeitschrift für philosophische Forschung 33 (1979), 184–209

Klein, H.-D. (ed. 1994) Letztbegründung als System? Bonn 1994
Kosok, M. (1966) The Formalization of Hegel's Dialectical Logic, in: International Philosophical Quarterly (New York) 6 (1966), 596–631
Kosok, M. (1984) The Dynamics of Hegelian Dialectics, and Non-Linearity in the Sciences, in: Cohen/Wartofsky (ed. 1984), 311–347
Köhler, W.R./ Kuhlmann, W./ Rohs, P. (ed. 1987) Philosophie und Begründung. Frankfurt(M.) 1987
Kröber, G./ Sandkühler, H.J. (ed. 1986) Die Dialektik und die Wissenschaften. Köln 1986
Krohn, W. (1972) Die formale Logik in Hegels ‚Wissenschaft der Logik'. München 1972
Kuhlmann, W. (1985) Reflexive Letztbegründung. Untersuchungen zur Transzendentalpragmatik. Freiburg/ München 1985
Kulenkampff, A. (1970) Antinomie und Dialektik. Zur Funktion des Widerspruchs in der Philosophie. Stuttgart 1970
Kutschera, F.v. (1964) Die Antinomien der Logik. Semantische Untersuchungen. Freiburg/ München 1964
Landgrebe, L. (1960) Das Problem der Dialektik, in: Marxismusstudien 3 (1960), 1–65
Liebrucks, B. (1964) Sprache und Bewußtsein. 6 Bde. Frankfurt(M.)/ Bern 1964–1974
Litt, T. (1953) Hegel. Versuch einer kritischen Erneuerung. Heidelberg 1953
Marcuse, H. (1968) Hegels Ontologie und die Theorie der Geschichtlichkeit. Frankfurt (M.) 1968
Marx, W. (1972) Hegels Theorie logischer Vermittlung. Stuttgart 1972
Marx, W. (1977) Der dialektische Systembegriff vor dem Hintergrund des Methodenpluralismus in den Wissenschaften, in: Henrich (ed. 1977), 255–267
McMullin, E. (1984) Is the Progress of Science Dialectical?, in: Cohen/ Wartofsky (ed. 1984), 215–239
McTaggart, J./McTaggart, E. (1910) A Commentary on Hegel's Logic. Nachdruck New York 1964
Menke, C. (1992) Der ‚Wendungspunkt' des Erkennens. Zu Begriff, Recht und Reichweite der Dialektik in Hegels *Logik,* in: Demmerling/ Kambartel (ed. 1992), 9–66
Michelet, C.L. (1861a) Die dialektische Methode und der Empirismus. Erster und zweiter Brief an Trendelenburg, in: Michelet, C.L. (ed. 1861a): Der Gedanke, Bd. 1. Berlin 1861, 111–126, 185–201

Michelet, C.L. (1861b) Dialektik und Anschauung. c. Die Verschmelzung der einseitigen Methoden, in: Michelet, C.L. (ed. 1861b): Der Gedanke, Bd. 2. Berlin 1861, 222–230
Mure, G.R.G. (1959) A Study of Hegel's Logic. Oxford 1959
Narski, I.S. (1986) Die Kategorie des Widerspruchs in Hegels ‚Wissenschaft der Logik', in: Henrich (ed. 1986), 178–197
Nuzzo, A. (1992) Logica e Sistema sull'Idea Hegeliana di Filosofia. Genova 1992
Odebrecht, R. (ed. 1988) Schleiermachers Dialektik. Darmstadt 1988
Pätzold, D./ Vanderjagd, A. (ed. 1991) Hegels Transformation der Metaphysik. Köln 1991
Petry, M.J. (1974) Hegel's Dialectic and the Natural Sciences, in: Hegel-Jahrbuch 1974, 452–456
Petry, M.J. (ed. 1987) Hegel und die Naturwissenschaften. Stuttgart 1987
Pleines, J.-E. (1991) Dialektik als Letztbegründung bei Hegel, in: Hegel-Jahrbuch 1991, 243–251
Popper, K.R. (1976) Was ist Dialektik?, in: Topitsch, E. (ed. 1976), 262–290
Priest, G. (1987) In Contradiction. A Study of the Transconsistent. Dordrecht/ Boston/ Lancaster 1987
Puntel, L.B. (1973) Darstellung, Methode und Struktur. Untersuchungen zur Einheit der systematischen Philosophie G.W.F. Hegels. Bonn 1973
Puntel, L.B. (1975) Hegel heute. Zur ‚Wissenschaft der Logik' (I), in: Philosophisches Jahrbuch 82 (1975), 132–162
Puntel, L.B. (1977) Hegels ‚Wissenschaft der Logik' – eine systematische Semantik?, in: Henrich (ed. 1977), 611–630
Puntel, L.B. (1978) Hegel heute. Zur ‚Wissenschaft der Logik' (II), in: Philosophisches Jahrbuch 85 (1978), 127–143
Puntel, L.B. (1983) Transzendentaler und absoluter Idealismus, in: Henrich (ed. 1983), 198–229
Rademaker, H. (1979) Hegels ‚Wissenschaft der Logik'. Wiesbaden 1979
Radermacher, H. (1973) Dialektik, in: Krings, H./ Baumgartner, H.M./ Wild, C. (ed.), Handbuch philosophischer Grundbegriffe, Bd. I. München 1973, 289–309
Richli, U. (1982) Form und Inhalt in G.W.F. Hegels ‚Wissenschaft der Logik'. Wien/ München 1982
Riedel, M. (ed. 1990) Hegel und die antike Dialektik. Frankfurt(M.) 1990
Rockmore, T. (1986) Hegel's Circular Epistemology. Bloomington, Indiana, 1986

Röd, W. (1986) Dialektische Philosophie der Neuzeit. München[2] 1986
Röttges, H. (1976) Der Begriff der Methode in der Philosophie Hegels. Meisenheim 1976
Röttges, H. (1987) Dialektik und Skeptizismus. Die Rolle des Skeptizismus für Genese, Selbstverständnis und Kritik der Dialektik. Frankfurt(M.) 1987
Rosen, M. (1982) Hegel's Dialectic and its Criticism. Cambridge/ London/ New York/ New Rochelle/ Melbourne/ Sydney 1982
Rosenkranz, K. (1858) Wissenschaft der logischen Idee. Erster Theil: Metaphysik. Königsberg 1858
Rosenkranz, K. (1859) Wissenschaft der logischen Idee. Zweiter Theil: Logik und Ideenlehre. Königsberg 1859
Sabelli, H.C. (1984) Mathematical Dialectics, Scientific Logic and the Psychoanalysis of Thinking, in: Cohen/ Wartofsky (ed. 1984), 349–359
Sandkühler, H.J. (1977) Dialektik der Natur – Natur der Dialektik. Schelling in der widersprüchlichen Entwicklung der klassischen bürgerlichen Philosophie zwischen Materialismus und Idealismus, in: Henrich (ed. 1977), 141–158
Sandkühler, H.J. (1987) Aufklärung über Erkenntnis. Zur Dialektik kognitiver Prozesse, in: Avineri, S./ Barata-Moura, J./ Chitas, E./ D,Hondt, J./ Holz, H.H./ Lauth, R./ Manninen, J./ Sandkühler, H.J./ Schrader, W.H./ Steigerwald, R./ Verra, V. (1987) Fortschritt der Aufklärung. Klassische europäische Philosophie und materialistische Dialektik. Köln 1987, 191–216
Sarlemijn, A. (1971) Hegelsche Dialektik. Berlin/ New York 1971
Sarlemijn, A. (1973) Dialektik, moderne Logik, moderne Systemideologie, in: Hegel-Jahrbuch 1973, 127–161
Sarlemijn, A. (1977) Semantisch explizierte Dialektik, in: Henrich (ed. 1977), 269–277
Schick, F. (1994) Hegels Wissenschaft der Logik – metaphysische Letztbegründung oder Theorie logischer Formen? Freiburg/ München 1994
Schleiermachers Dialektik (ed. Odebrecht, R.), Darmstadt 1988
Schmidt, J. (1977) Hegels Wissenschaft der Logik und ihre Kritik durch Adolf Trendelenburg. München 1977
Schmidt, K.J. (1990) Formale Logik und Dialektik in Hegels Seinslogik, in: Oosterling, H./ Jong, F. de (ed.), Denken unterwegs. Philosophie im Kräftefeld sozialen und politischen Engagements. Festschrift für Heinz Kimmerle zu seiem 60. Geburtstag. Amsterdam 1990, 127–143

Schmitz, H. (1978) Das dialektische Wahrheitsverständnis und seine Aporie. (Hegel-Studien, Beiheft 17) Bonn 1978, 241–254

Schmitz, H. (1992) Hegels Logik. Bonn/ Berlin 1992

Schneider, F. (1977) Funktionalismus und Dialektik, in: Henrich (ed. 1977), 515–529

Scholz, H. (1921) Die Bedeutung der Hegelschen Philosophie für das philosophische Denken der Gegenwart. Berlin 1921

Schulz, W. (1959) Hegel und das Problem der Aufhebung der Metaphysik, in: Neske, G. (ed. 1959) Martin Heidegger zum 70. Geburtstag. Pfullingen 1959, 67–92

Schulz, W. (1962) Das Problem der absoluten Reflexion. Zur Auseinandersetzung mit dem Deutschen Idealismus, in: Oehler, K./ Schaeffler, R. (ed. 1962) Einsichten. Gerhard Krüger zum 60. Geburtstag. Frankfurt(M.) 1962, 334–360

Schulz, W. (1972) Philosophie in der veränderten Welt. Pfullingen 1972

Schulz, W. (1975) Die Vollendung des Deutschen Idealismus in der Spätphilosophie Schellings. Pfullingen[2] 1975

Schulz, W. (1977) Philosophie als absolutes Wissen. Hegels Systembegriff und seine geschichtliche Aufhebung, in: Henrich (ed. 1977), 15–34

Schulz-Seitz, R.-E. (1973) ‚Sein' in Hegels Logik: ‚Einfache Beziehung auf sich', in: Fahrenbach (ed. 1973), 365–383

Schüßler, R. (1986) Nachwuchs für den Lügner. Vom Lügner und verstärkten Lügner zum Super-Lügner, in: Erkenntnis 24 (1986) 219–234

Seebohm, T.M. (1976) The Grammar of Hegel's Dialectic, in: Hegel-Studien 11 (1976), 149–180

Simon, J. (1966) Das Problem der Sprache bei Hegel. Stuttgart/ Berlin/ Köln/ Mainz 1966

Simon-Schaefer, R. (1973) Dialektik. Kritik eines Wortgebrauchs. Stuttgart 1973

Soll, I. (1984) Comments on Kosok's Interpretation of Hegel's Logic, in: Cohen/ Wartofsky (ed. 1984), 361–364

Stekeler-Weithofer, P. (1992a) Hegels Analytische Philosophie. Die Wissenschaft der Logik als kritische Theorie der Bedeutung. Paderborn/ München/ Wien/ Zürich 1992

Stekeler-Weithofer, P. (1992b) Verstand und Vernunft. Zu den Grundbegriffen der Hegelschen Logik, in: Demmerling/ Kambartel (ed. 1992), 139–197

Stetter, C. (i. Ersch.) Logik und Schrift. Die Ausprägung des Formalitätsprinzips in den platonischen Spätdialogen (i. Ersch.)

Taylor, C. (1986) Dialektik heute, oder: Strukturen der Selbstnegation, in: Henrich (ed. 1986), 141–153

Theunissen, M. (1980) Sein und Schein. Die kritische Funktion der Hegelschen Logik. Frankfurt(M.) 1980

Topitsch, E. (ed. 1976) Logik der Sozialwissenschaften. Köln [9]1976

Trendelenburg, A. (1870) Logische Untersuchungen, Bd. 1, Leipzig [3]1870

Ulrici, H. (1841) Über Princip und Methode der Hegelschen Philosophie. Ein Beitrag zur Kritik derselben. Hildesheim 1977 (Nachdruck der Ausgabe Halle 1841)

Vardy, P. (1979) Some Remarks on the Relationship between Russell's Vicious-Circle Principle and Russell's Paradox, in: Dialectica 33 (1979), 3–22

Vardy, P. (1987) Zur Dialektik der Metamathematik, in: Petry (ed. 1987), 183–203

Viertel, W. (1983) Eine Theorie der Dialektik. Königstein (Ts.) 1983

Wandschneider, D. (1981) Analyse und Synthese bei Hegel, in: Becker/ Essler (ed.1981), 178–181

Wandschneider, D. (1982) Raum, Zeit, Relativität. Grundbestimmungen der Physik in der Perspektive der Hegelschen Naturphilosophie. Frankfurt(M.) 1982

Wandschneider, D./ Hösle, V. (1983) Die Entäußerung der Idee der Natur und ihre zeitliche Entfaltung als Geist, in: Hegel-Studien 18 (1983), 173–199

Wandschneider, D. (1985) Die Absolutheit des Logischen und das Sein der Natur. Systematische Überlegungen zum absolut-idealistischen Ansatz Hegels, in: Zeitschrift für philosophische Forschung 39 (1985), 331–351

Wandschneider, D. (1987) Die dialektische Notwendigkeit des Negativen und ihre ethische Relevanz, in: Hegel-Jahrbuch 1987, 185–194

Wandschneider, D. (1990a) Das Problem der Entäußerung der Idee zur Natur bei Hegel, in: Hegel-Jahrbuch 1990, 25–33

Wandschneider, D. (1990b) Die Gödeltheoreme und das Problem Künstlicher Intelligenz, in: Ethik und Sozialwissenschaften 1 (1990), 107–116, 148–154

Wandschneider, D. (1991) Dialektik als antinomische Logik, in: Hegel-Jahrbuch 1991, 227–242

Wandschneider, D. (1993a) Das Antinomienproblem und seine pragmatische Dimension, in: Stachowiak, H. (ed.): PRAGMATIK, Bd. IV. Hamburg 1993, 320–352

Wandschneider, D. (1993b) Natur und Naturdialektik im objektiven Idealismus Hegels, in: Gloy/ Burger (ed. 1993), 267–297

Wandschneider, D. (1994) Letztbegründung und Logik, in: Klein (ed. 1994), 84–103

Wandschneider, D. (ed., i. Ersch.) Das Problem der Dialektik. Bonn, i. Ersch.

Wetzel, M. (1971) Reflexion und Bestimmtheit in Hegels Wissenschaft der Logik. Hamburg 1971

Wetzel, M. (1986) Dialektik als Ontologie auf der Basis selbstreflexiver Erkenntniskritik. Neue Grundlegung einer ‚Wissenschaft der Erfahrung des Bewußtseins' und Prolegomena zu einer Dialektik in systematischer Absicht. Freiburg/ München 1986

Wieland, W. (1978) Bemerkungen zum Anfang von Hegels Logik, in: Horstmann (ed. 1978), 194–212

Wittgenstein, L. (1921) Tractatus logico-philosophicus. Frankfurt(M.) 1963

Wohlfart, G. (1981) Der spekulative Satz. Berlin/ New York 1981

Wolff, M. (1981) Der Begriff des Widerspruchs. Eine Studie zur Dialektik Kants und Hegels. Königstein(Ts.) 1981

Wolff, M. (1986) Über Hegels Lehre vom Widerspruch, in: Henrich, D. (ed. 1986), 107–128

Zeleny, J. (1992) Parakonsistenz und dialektisches Widerspruchsdenken, in: Holz (ed. 1992), 57–73

Sachregister

Aufgrund der Vielzahl grammatischer Varianten eines Begriffs stellen die Seitenangaben in der Regel eine Auswahl dar.

Autorenregister